ADAC

Das große Kreuzfahrtbuch

MICHAEL WOLF (HRSG.),
gründete Mitte der 1990er Jahre die deutsch-französische Foto- und Presseagentur enapress.com, die auf Reisereportagen und Kreuzfahrten spezialisiert ist. Er publiziert in zahlreichen deutschen und ausländischen Medien wie der Süddeutschen Zeitung und Art & Reise. Seit über 15 Jahren zeichnet Michael Wolf als Chefredakteur und Herausgeber für das alle zwei Monate erscheinende Kreuzfahrt-Magazin »an Bord« verantwortlich.

Liebe Kreuzfahrtfreunde,

Smoking und Abendkleid, Kapitänstisch, Mitternachtsbüfett und Shuffleboard – so stellte man sich bis vor wenigen Jahren noch die Welt der Kreuzfahrt vor. Eine Welt für reiche und alte Leute. Solche Vorurteile halten sich hartnäckig, bis in die heutige Zeit.

Doch kaum eine andere Branche hat sich in so kurzer Zeit so gewaltig geändert wie die Kreuzfahrtindustrie. Aus der manchmal angestaubten, elitären und steifen klassischen Kreuzfahrt ist eine völlig neue Urlaubsart geworden, die immer mehr den Pauschalurlaub an Land ablöst.

Noch nie gab es so viele Kreuzfahrtschiffe: Etwa 400 Hochseedampfer fahren gegenwärtig auf den Weltmeeren, und der Zenit ist längst noch nicht überschritten. Gut zwei Millionen Deutsche buchten im Jahr 2018 eine Kreuzfahrt, mehr als doppelt so viel wie vor 20 Jahren.

Entdecken Sie in diesem ADAC-Führer die Welt der Kreuzfahrten von heute mit ihren so unterschiedlichen Produkten – vom Eisbrecher bis zum luxuriösen Großsegler, vom Megaschiff bis zum romantischen Schaufelraddampfer, von der Expeditionsyacht bis zum Flusskreuzer. Es gibt Schiffe unterschiedlichster Größe für fast jeden Geschmack und jedes Budget.

Vorsicht: Nicht immer ist das sensationelle Last-Minute-Schnäppchen von wenigen Euro die gute Wahl. Einige Reedereien gleichen den kleinen Einstiegspreis auf die Schiffe durch gepfefferte Nebenkosten an Bord aus. Hier hilft nur: vor der Reise informieren und vergleichen. Im Dschungel der verschiedenen Angebote und Möglichkeiten bieten wir Ihnen viele Informationen und Tipps.

Als Kreuzfahrt-Neuling werden Sie die unschlagbaren Vorteile dieser Urlaubsform schnell zu schätzen wissen: Sie lernen unterschiedlichste Destinationen kennen, ohne ständig den Koffer packen zu müssen. Sie treffen viele Menschen, können sich aber jederzeit zurückziehen. Auf jedem Kreuzfahrtschiff gibt es ruhige Ecken. Für so manche ist das Meer mit seinen ständig wechselnden Stimmungen und Küstenlinien besser als jedes Fernsehprogramm der Welt. Auch das macht diese Reiseart so anders und lässt viele von uns nicht mehr los.

Ich hoffe, dass dieser Führer Ihnen bei der Wahl des richtigen Schiffes etwas hilft, und wünsche Ihnen eine gute Zeit an Bord.

Michael Wolf

AIDAvita

Das große Kreuzfahrtbuch

Crystal Esprit >> Seite 156

AIDAnova>> Seite 64

Hurtigruten >> Seite 162

Aranui 5 >> Seite 138

AmaLyra >> Seite 204

Road to Mandalay >> Seite 224

DIE BERLIN.
FÜR LIEBHABER UND WERTSCHÄTZER.
FTI
CRUISES
ANZEIGE
BERLIN
ABWECHSLUNGSREICHE ROUTEN UND
FAMILIÄRE ATMOSPHÄRE AN BORD
Buchbar in Ihrem Reisebüro oder auf www.fti-cruises.de

Tipps für die »Jungfernfahrt«

Sie standen Kreuzfahrten immer höchst skeptisch gegenüber? Aber dann nahm die Neugier irgendwann überhand? Da gibt es nur eins: ausprobieren. So wird die Premiere bestimmt zum Volltreffer.

VOM VERANSTALTER BERATEN LASSEN

Auch wenn Urlaubsreisen zunehmend im Internet gebucht werden, so sollten Kreuzfahrt-Einsteiger auf ein ausführliches Beratungsgespräch mit einem Reiseveranstalter nicht verzichten. Machen Sie eine Liste mit Fragen, Vorlieben und Vorbehalten. Wollen Sie sich auf das Erlebnis Megaschiff mit mehreren tausend Passagieren einlassen oder ist Ihnen ein kleineres Schiff sympathischer? Wie wichtig sind Fitness- und Wellnessangebote für Sie? Welche Leistungen sollten am besten im Reisepreis enthalten sein? Ziehen Sie die Gesellschaft Erwachsener der von Familie vor? Gemeinsam mit den Profis kommen Sie der maßgeschneiderten Seereise am nächsten.

SCHNUPPERN BEI EINER MINIKREUZFAHRT

Immer beliebter sind Kurzkreuzfahrten von drei bis vier Tagen. Da bleibt ausreichend Zeit, um zu einem günstigen Preis ein Gefühl für diese Reiseart zu bekommen und zu beurteilen, ob sie einem liegt. Wer sich für eine Seereise so gar nicht erwärmen kann (»Einmal und nie wieder!«), hat das baldige Ende vor Augen. Und wer beim Schnuppern Blut geleckt hat, kann voller Vorfreude die nächste größere Kreuzfahrt planen.

BEISPIELE FÜR MINIKREUZFAHRTEN AB DEUTSCHEN HÄFEN:

- 4 Tage von Warnemünde über Kopenhagen und Oslo bis Hamburg (AIDA Cruises)
- 4 Tage von/bis Barcelona über Marseille und Savona (Costa Kreuzfahrten)
- 3 Tage von/bis Kiel über Kopenhagen (TUI Cruises)

KABINENWAHL – PRIORITÄTEN SETZEN

In der Regel kann man zwischen mehreren Kabinen-Kategorien wählen. Einmal in einer Penthouse-Suite im Luxus schwelgen, eine normale Außenkabine buchen oder sich mit der Innenkabine begnügen? Die Entscheidung fällt natürlich über den Preis, definiert sich aber auch über die Frage, wie viel Zeit man in der Kabine zu verbringen beabsichtigt – und das bei der Unterbringung gesparte Geld lieber für tolle Ausflüge oder Souvenirs ausgibt.

SPRACHBARRIEREN BERÜCKSICHTIGEN

Wer mit Fremdsprachen auf Kriegsfuß steht, ist mit einer Kreuzfahrt mit Bordsprache Deutsch am besten aufgehoben. Es gibt viele Schiffe mit international gemischtem Publikum, auf denen die Bordsprache Englisch vorherrscht. Auch wenn, insbesondere auf großen Schiffen, in der Regel deutschsprachige Mitarbeiter an Bord sind und wichtige Informationen sowie Tagesprogramme auch in Deutsch und anderen Sprachen erhältlich sind, so wird man sich ohne Englischkenntnisse mehr wie ein Zaungast fühlen. Auf den Schiffen folgender Anbieter ist die Bordsprache deutsch: AIDA Cruises, FTI Cruises, Hansa Touristik, Hapag-Lloyd Cruises, Phoenix Reisen, Plantours, TransOcean Kreuzfahrten und TUI Cruises. Deutsch neben anderen Bordsprachen ist auf den Schiffen von Costa Crociere und MSC Cruises.

EINEN TAG FRÜHER ANREISEN

In der Regel legen die Kreuzfahrtschiffe am Tag der Einschiffung abends ab, sodass alle Passagiere den ganzen Tag Zeit für die Anreise haben. Aber auch dann können sich Engpässe ergeben, sodass die Gäste auf den letzten Drücker das Schiff erreichen. Wer sich diesen Stress ersparen möchte, reist einen Tag zuvor an, sieht sich in Ruhe die jeweilige Hafenstadt an und geht entspannt an Bord.

AUSFLÜGE VORAB BUCHEN

Wer nicht kommt zur rechten Zeit, der bekommt bekanntlich das, was übrig bleibt. Das gilt auch für die angebotenen Landausflüge. Dem Ratschlag des Reiseveranstalters/der Reederei, die Ausflüge vor Reiseantritt zu buchen, sollte man nachkommen, denn die besten Touren sind schnell ausgebucht. Und: Man kann gebuchte Ausflüge an Bord meist gebührenfrei stornieren, wenn auch nicht ganz kurzfristig. Grundsätzlich lohnt es sich, im Internet die Gäste-Kommentare zu den verschiedenen Landprogrammen zu studieren. Hier zeichnet sich meist ab, welche Ausflüge top und welche verzichtbar sind.

KLASSIKER FÜR EINSTEIGER

Bekanntlich gibt es keine zweite Chance für den ersten Eindruck. Das gilt auch für die Kreuzfahrt-Premiere. Umso wichtiger ist es, für die erste Seereise die richtige Schiffswahl zu treffen. Das klingt leichter, als es ist. Denn die Angebotspalette ist riesig, die Auswahl von Schiffen und Fahrtgebieten verlockend. Auf diesen Schiffen könnte aus der Premiere an Bord eine Liebe fürs Leben werden.

TRAUMSCHIFF auf WIKINGERKURS

Mit der eleganten Amadea geht es zu den Höhepunkten im hohen Norden Europas.

Schon von Weitem wirkt das schwimmende Zuhause für die kommende Woche sehr einladend. Der stromlinienförmige Schiffskorpus glänzt majestätisch. Die Farbgebung ist Weiß und besticht durch einzelne Elemente in dem Türkis von Phoenix Reisen. Das Innere des Schiffs kommt gediegen und luxuriös daher. Wunderschöne Teppiche, ein großzügiges Treppenhaus, viele Glaselemente – das Wohlfühlen kann beginnen. Eine Jazzband begleitet die Gäste musikalisch auf der Hafenausfahrt von Hamburg. Das erste Ziel sind die Westmännerinseln kurz vor Island. Den Beinamen »Pompeji

Klappe, die Erste: Die elegante Amadea kennen Fernsehzuschauer als »Hauptdarstellerin« der ZDF-Serie »Traumschiff«.

DAS SCHIFF
BRZ: 29 000
Länge: 193 m **Breite:** 25 m
Tiefgang: max. 6,5 m
Bauwerft: Mitsubishi Heavy Industries (Nagasaki, Japan)
Indienststellung: 24. Dezember 1991
Passagiere: 600
Crew-Mitglieder: 315
Passagierdecks: 8 **Kabinen:** 317
Bordsprache: Deutsch
Restaurants: 2
Bars: 4
Sport & Wellness: Meerwasserpool, Fitnesscenter, Wellnessbereich
Entertainment: Bücherei, Internet-Café, Kurse und Vorträge, Showbühne und Disco
Info: Phoenix Reisen, www.phoenixreisen.com
Preisklasse: €

des Nordens« verdankt die kleine Inselgruppe einem gewaltigen Vulkanausbruch im Jahr 1973. Die Geschichte

Westermännerinseln: Seit dem Vulkanausbruch von 1973 werden sie auch »Pompeji des Nordens« genannt.

und gut erhaltene Überreste der verschütteten Gebäude können in dem Ort Heimaey auf der gleichnamigen Insel besichtigt werden.

An Bord werden viele Möglichkeiten des Zeitvertreibs geboten. Golfspieler können aus Fischfutter bestehende Golfbälle vom Sonnendeck in die Fluten schlagen, und im Bordkino stehen regelmäßig spannende Vorträge auf dem Programm. Auch wenn die Amadea nicht mehr das jüngste Schiff ist (Baujahr 1991), so verzaubert sie die Menschen mit Charme und Atmosphäre. Die Bordboutique ist gut sortiert. Wer sich körperlich betätigen will, kann den Fitnessraum auf Deck 10 mit schöner Aussicht nutzen. Alternativ bietet sich das Promenadendeck wunderbar zum Spazierengehen an.

Polarlichter: faszinierendes Naturschauspiel im hohen Norden.

RITUAL POLARTAUFE

Das Erreichen bzw. Überqueren des Polarkreises (66° 33' 55" Nördliche Breite) wird von Seeleuten traditionell mit der Polartaufe gefeiert. Sie ist das Pendant zur Äquatortaufe. Der Brauch soll aus der Zeit der portugiesischen Weltentdecker stammen. Sie waren offenbar der Meinung, dass es am Äquator so heiß sei, dass sie möglicherweise sterben müssten. Daher wollten sie ihren Mut beim Überschreiten des gefürchteten Äquators durch eine Taufe bekräftigen. Äquatortaufe und Polartaufe sind heute ein weltweit übliches Ritual, das sich auch in der Kreuzfahrt großer Beliebtheit erfreut.

Das Restaurant 4 Jahreszeiten bietet ein gehobenes und stilvolles Ambiente mit À-la-carte-Essen. Das Restaurant Amadea ist etwas lockerer, am Büfett gibt es eine große Auswahl an Spezialitäten. Ein abwechslungsreiches Unterhaltungsprogramm erwartet die Gäste in der roten Atlantik Showlounge. Edle Zigarren und Whiskeys (und vieles mehr) werden in der Havanna Bar gereicht.

SONNE IM HERZEN UND AM HIMMEL

In Island angekommen, erstreckt sich vor den Augen der Touristen eine faszinierende Landschaft. Das herzliche Gemüt der Isländer kommt an sonnigen Tagen noch mehr als sonst zum Vorschein. Einer der Hauptwirtschaftszweige des Landes bedient den Tourismus. Es empfiehlt sich, einen Abstecher zum gewaltigen Wasserfall Goðafoss zu unternehmen, alternativ eine Besichtigung der Geysire mit ihren Wasserfontänen. Abgesehen von eher kargen Landstrichen ist Island von einem Geflecht klarer Flüsse durchzogen. Bäume sucht man hier weitgehend vergeblich, da die Bewohner des Mittelalters diese für Häuser und Boote benötigt haben und sich der Bestand seither nicht mehr erholen konnte.

DER MEERESGOTT HÄLT EINE REDE

Nach fünf eindrucksvollen Tagen in Island nimmt die Amadea Kurs auf Spitzbergen. Gäste und Mannschaft feiern bei Überquerung des Polarkreises ausgelassen die Polartaufe. Der Gott des Meeres hält persönlich eine Ansprache, segnet das Schiff und garantiert eine sichere Weiterreise. Jeder Passagier bekommt im Anschluss eine Urkunde.

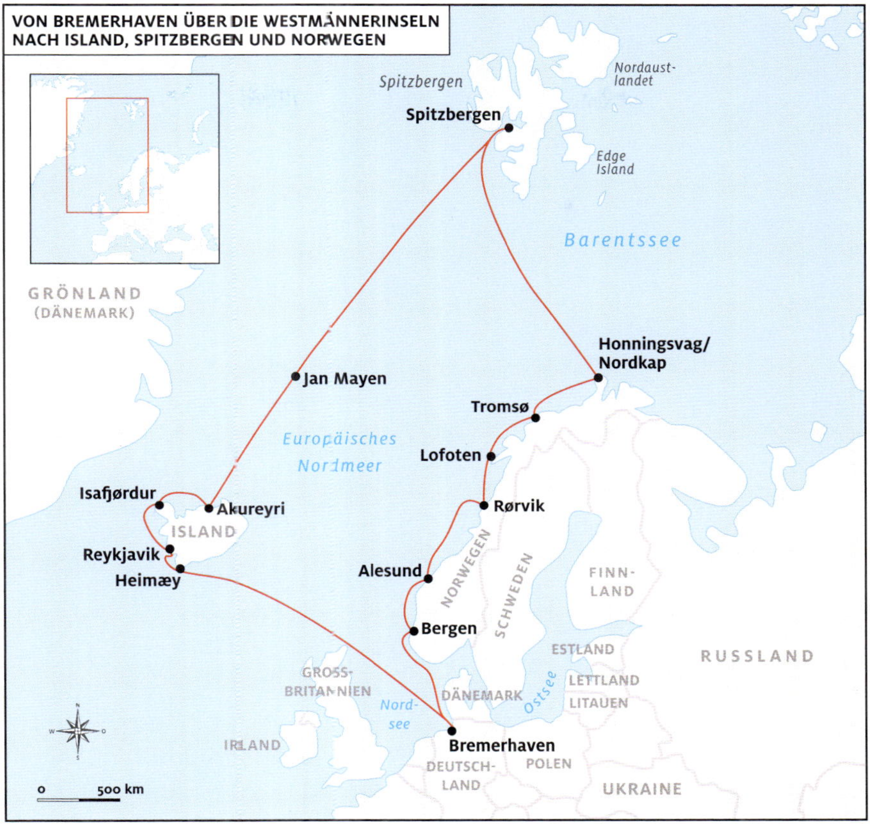

Angekommen am 71. Breitengrad auf Spitzbergen, sieht man wider Erwarten kein Eis – schuld sind die warmen klimatischen Bedingungen in diesen Tagen. Alles wirkt sehr karg und öd. Auf jeden Fall sollte man nach Eisbären Ausschau halten oder zumindest ein Andenkenfoto vom Eisbärenwarnschild schießen. Die rund 400 Einwohner von Barentsburg arbeiten für die russische Ölraffinerie oder für das nördlichste Postamt der Welt mit dem einzigen Telefon der ganzen Siedlung (mit nostalgischer Wählscheibe). Auf der norwegischen Seite von Spitzbergen ist ebenfalls wenig zu sehen, allerdings gibt es hier einen Briefkasten für den Weihnachtsmann. Außerdem befindet sich hier ein einigermaßen gut sortierter Supermarkt und das nördlichste Sushi-Restaurant der Welt.

ABSCHIED VON DER FAMILIE

Bald ist Norwegen erreicht. Das Schiff fährt jetzt nah an der Küste entlang, die Passagiere genießen die üppige Vegetation und das geschäftige Trei-

Stokkur Superstar: Alle zehn Minuten schießt der bekannteste Geysir Islands seine Wassersäulen bis zu 35 Meter hoch in die Luft.

Selten wird es im Norden so warm, dass es auf den Sonnenliegen um den Pool der Amadea zu Engpässen kommt.

ben auf den Fischmärkten. Die Lust, in den vielen Krämerläden nach Herzenslust einzukaufen wird durch die hohen Preise allerdings gedämpft.

Eine leicht melancholische Stimmung liegt in der Luft, als sich die Amadea Bremerhaven und somit dem Ende ihrer Reise nähert. Die Passagiere und die Besatzung sind längst zu einer kleinen Familie zusammengewachsen, der Abschied fällt schwer. Viele Gäste werden sich vielleicht schon in naher Zukunft abermals an Bord begegnen, denn die Zahl der Wiederholer ist enorm hoch und die Chance auf ein »Familientreffen« groß.

ADAC Tipp

Kamera läuft!
Die Amadea ist das aktuelle »Traumschiff« und Schauplatz des gleichnamigen TV-Klassikers. Mehrmals im Jahr dreht das ZDF hier neue Folgen. Die Chance ist groß, eine (unbezahlte) Komparsenrolle zu bekommen. Einfach bei der Reederei informieren, wann wieder gedreht wird. Wer sich von Dreharbeiten eher gestört fühlt, tut auch gut daran, sich über die bevorstehenden Termine zu informieren, da unter Umständen einzelne Bereiche für die Drehs gesperrt werden.

FAMILIENSPASS auf ITALIENISCH

Eine Mittelmeer-Kreuzfahrt mit der Costa Diadema ist die richtige Wahl, um sich mit dieser Urlaubsform vertraut zu machen.

Der gelb-blaue Schornstein mit dem großen »C« darauf ist im Hafen nicht zu übersehen. Der Transfer-Bus hat die Passagiere vom Flughafen Mailand nach Savona gebracht und nimmt die letzte Kurve vor der Hafeneinfahrt. Auf der schneeweißen Costa Diadema mit ihren stattlichen 306 m Länge haben rund 3700 Passagiere Platz. Das scheint zunächst viel. Balkonkabinen, mehrere Außenpools, verschiedene Restaurants, Theater, Bars, großzügige Sitzbereiche und jede Menge Liegestühle bieten jedoch reichlich Raum für den persön-

Ein großes Herz für Kinder, gutes Essen und vieles mehr: Auf der Costa Diadema wird ein wahres Erlebnis-Feuerwerk gezündet.

lichen Rückzug und gleichzeitig das Miteinander an Bord.

Italiener sind gastfreundlich, lieben die Familie und vor allem eines: Essen. Nach dem kurzen Ausstrecken auf dem Kabinenbett fällt beim ersten Gang durch das Schiff auf, dass es Restaurants in allen Varianten gibt. Eines davon ist für das Abendessen – aber welches? Das freundliche Personal an der Rezeption erklärt in fließendem Deutsch den Weg, während gleich nebenan Englisch, Holländisch und Französisch gesprochen wird. Die Schiffe der Reederei Costa sind international.

ABENDESSEN IN ETAPPEN

Die viel gepriesene deutsche Pünktlichkeit ist beim Abendessen von Vorteil. Wer für die erste Sitzung eingeteilt ist und nicht rechtzeitig im Hauptrestaurant eintrifft, verpasst möglicherweise einen Teil des Drei-Gänge-Menüs. Denn nach dem Dessert müssen die Tische frei sein und komplett neu für die zweite Sitzung eingedeckt werden. Auf dem Schiff von Costa sind in den Katalogpreisen nicht nur die Trinkgelder für das Bordpersonal enthalten. Auch die Tischgetränke wie offene Weine, Bier oder Alkoholfreies sind Bestandteil der Vollpension.

Das Schiff hat inzwischen abgelegt und ist bei spiegelglattem Meer auf dem Weg nach Marseille. Im Theater läuft eine Tanzshow. Viele Passagiere ziehen die Seeluft im Freien vor. Am Pool spielt

DAS SCHIFF

BRZ: 132 500
Länge: 306 m **Breite:** 37,2 m
Tiefgang: max. 8,3 m
Bauwerft: Fincantieri (Marghera, Italien)
Indienststellung: 1. November 2014
Taufe: 7. November 2014
Passagiere: 4947
Crew-Mitglieder: 1253
Passagierdecks: 14 **Kabinen:** 1862
Bordsprache: mehrsprachig
Restaurants: 7 **Bars:** 11
Sport & Wellness: Spa, 3 Pools, 8 Whirlpools, Fitnessbereich
Entertainment: 4D-Kino, Theater, Laserparcours, Rennwagen-Simulator, Country Rock Club, Disco, Kids Club
Info: Costa Crociere, www.costakreuzfahrten.de
Preisklasse: €

ADAC Tipp

Logenplatz ganz oben

Bei aller Kontaktfreudigkeit – irgendwann will man dem Trubel vielleicht den Rücken kehren und möchte mit sich und dem Meer allein sein, sollte man das obere Außendeck in der Schiffsmitte aufsuchen. Über ein paar Treppen geht es bis an die Spitze des Schiffes. Die charmante Plattform mit Platz für einige Liegestühle bietet nicht nur reichlich Sonne und Ruhe, sondern auch noch den freien Blick über den weiten Ozean.

eine Band. Mit einem kühlen Cocktail in der Hand lässt es sich im Liegestuhl aushalten. Wer vor der Reise ein entsprechendes Getränkepaket dazu gebucht hat, ist doppelt entspannt und spart. Der gut gelaunte Barkeeper scannt nur kurz die Kabinenkarte ein.

BILDERBUCHHAFEN MARSEILLE

Am nächsten Morgen legt die Costa Diadema bei strahlendem Sonnenschein in Marseille an. Die Stadt wartet mit berühmten Kirchen wie Notre-Dame de la Garde, Plätzen und verwinkelten kleinen Gassen und dem schönen alten Bilderbuchhafen auf. Einer der deutschsprachigen Ausflüge führt zum Fischerdorf Cassis an der Côte d'Azur. Die Touren sind schnell ausgebucht. Die Gäste tun gut daran, sie vor Reiseantritt online zu buchen, sonst sind unter Umständen

ADAC Tipp

Marseille mit Zeit für Genießer
Eine Mittelmeer-kreuzfahrt ist sehr abwechslungsreich und bietet viele Eindrücke. Das ergibt sich allein schon aus der Vielzahl der spannenden Städte auf der Fahrtroute. Eine gute Alternative zu gebuchten Ausflügen ist eine Tour auf eigene Faust. Dafür ist Marseille die perfekte Stadt. Am Ausstiegspunkt des Shuttle-Busses führt hinter der Stadtmauer eine Treppe in die Gassen der Altstadt und der Weg direkt zur Place de Lenche. Der lauschige Platz mit Bäumen, alten Häusern und gemütlichen Bistros mit Außensitzplätzen lädt zum Verweilen und Durchatmen ein. Den Altstadtbummel kann man direkt von hier aus starten.

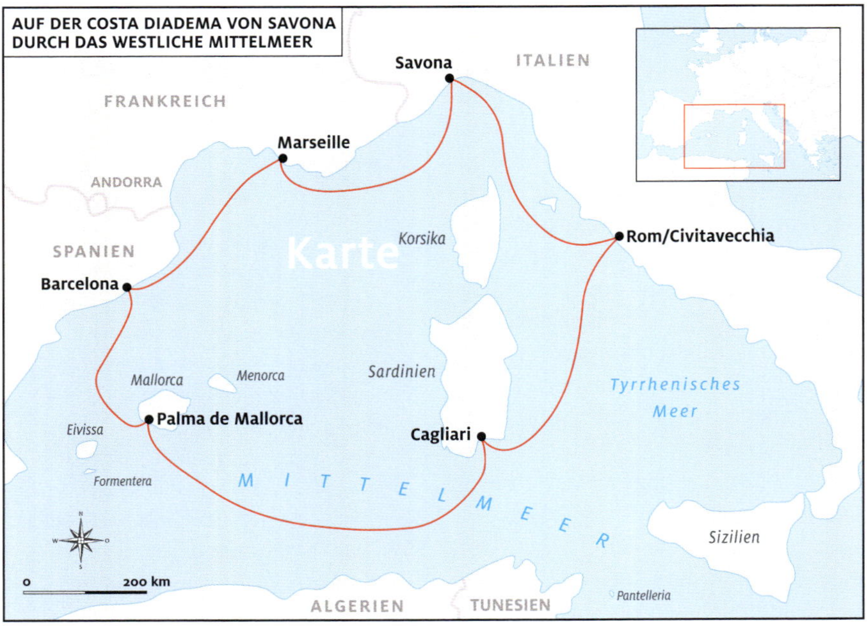

keine Plätze mehr verfügbar. Aber auch das Erkunden der Hafenstädte auf eigene Faust ist eine schöne Alternative. In Marseille macht die ausgedehnte Pause in einem typischen Bistro mit frischem Fisch und Rotwein den Altstadtbummel perfekt.

Über Nacht geht es nach Barcelona. Auf dem Schiff locken neben dem kostenlosen Hauptrestaurant und dem Büfett noch andere Restaurants gegen Gebühr, ob Pizza, Burger oder japanisch.

Dass die Familie auf den Costa-Schiffen traditionell seit 70 Jahren eine große

Die Hafenstädte auf eigene Faust erkunden – eine spannende Alternative zum gebuchten Landausflug.

Rolle spielt, liegt nicht zuletzt an dem verlockenden Angebot: Kinder bis zum Alter von 17 Jahren reisen bei Costa auf vielen Strecken in der Kabine der Eltern gratis mit. Kinder und Jugendliche haben ihre eigenen Bereiche. Da wird von früh bis spät gebastelt, gemalt und gespielt. Sie gehen auf Schatzsuche oder gucken Videos. Bei den Älteren spielen Sport und Disco eine Rolle.

In Barcelona wartet auf der Rundreise die weltberühmte Kathedrale des Architekten Gaudí auf die Passagiere. In der Innenstadt sollte man unbedingt spanische Tapas mit Hackbällchen, frittiertem Fisch und gebratenen Kartoffelspalten probieren.

Mediterranes Lebensgefühl begleitet die Passagiere der Costa Diadema auf dieser Reise. Ein Event-Höhepunkt an Bord ist die »Notte Bianca«. Am Pool haben sich die Passagiere mit weißer Kleidung in Jeans, T-Shirt, Bluse, Kleid oder Sakko versammelt. Der Discjockey legt Italo-Gassenhauer auf. Sein gesungenes »Volare« wird vom tanzenden Chor in Weiß mit einem fröhlich-geschmetterten »Cantare« beantwortet.

Palma de Mallorca begeistert mit seiner Altstadt und der Kathedrale direkt am Meer. Auf Sardinien nimmt einen der ursprüngliche Charme italienischer Lebensart gefangen. In Civitavecchia bzw. beim Ausflug nach Rom ist es die über 2000 Jahre alte Geschichte, die den sonnigen Tag erfüllt. Das Kolosseum, der Petersdom, der Trevi-Brunnen, die Spanische Treppe – was für ein Erlebnis zum Ausklang einer turbulenten, fröhlichen und action-geladenen Seereise.

Die Kathedrale der Heiligen Maria – im Volksmund nur »Le Seu« genannt – ist der imposante Blickfang von Mallorcas Hauptstadt Palma.

GLETSCHERRIESEN und GOLDSUCHER

Richtung Norden, bis nach Alaska: Mit der Nieuw Amsterdam geht es entlang der zerklüfteten Inside Passage zu den Stätten des Goldrausch.

Dienstag, zwei Uhr morgens. Das Crow's Nest, die Lounge auf dem höchsten Deck, ist fast leer. Ein Steward hantiert mit einem Staubsauger. Nur ein älteres Paar sitzt noch auf einem Sofa, direkt an einem der großen Panoramafenster. Draußen lässt das Licht des Nordens dem Dunkel der Nacht keine Chance: Majestätisch ziehen schneebedeckte Berge und Gletscher im diffusen blauen Licht an den Betrachtern vorbei.

Seit über vier Stunden sind Greg und Meredith aus North Carolina bereits an diesem Fenster, können sich gar nicht sattsehen an der Schönheit der Landschaft, am Zauber der weißen Nächte.

Das ist Alaska, das riesige Land, von dem es über die Beringstraße im Westen ganze 88 Kilometer bis Asien sind

Die Schiffe der Holland America Line sind seit Jahrzehnten die Platzhirsche in Alaska.

und das nicht mal so viel Einwohner hat wie zehn Prozent der Stadt New York. Das Land der Natur, der Gletscher und der Seeadler.

Seit 45 Jahren fahren die Schiffe der Holland America Line nach Alaska, sind auch heute noch dort Platzhirsch. Die Nieuw Amsterdam gehört mit ihren 2100 Passagieren zu den größeren Einheiten der Flotte, ist aber im Vergleich zu den heutigen Megaschiffen relativ klein. Ideal für Alaska. Und ideal für Kreuzfahrer, die sich in einer amerikanisch dominierten Gästeschar wohlfühlen.

FRISCHE BLUMEN ALLERORTEN

Knallige Farben oder Dekorationen im Las-Vegas-Stil wird man auf diesem Schiff vergeblich suchen. Dafür findet sich fast überall frischen Blumenschmuck, ein auf vielen Kreuzfahrtschiffen rar gewordener Luxus.

Allgegenwärtig sind auch das Lächeln und die Freundlichkeit der meist aus den ehemaligen holländischen Kolonien wie Indonesien stammenden Servicemitarbeitern.

Herz des Schiffes ist das dreistöckige Atrium mit seinem Kronleuchter (mit nach unten hängender Skyline von New York, Teil einer großen Kunstsammlung an Bord) und den Glastreppen, die von der Rezeption und dem Ausflugsdesk auf Deck 1 über den Pinnacle Grill ein Deck höher (exklusives Seafood- und Steakrestaurant) zur Ocean Bar auf dem Promenadendeck führt. Auf diesem Deck kann man auch einen Spaziergang auf dem Außendeck rund ums Schiff machen. Direkten Meerblick bieten auch die Glaslifte an den Seiten des Schiffes.

VON VANCOUVER ÜBER DIE INSIDE PASSAGE NACH ALASKA UND ZURÜCK

ADAC Tipp

Juwel für Eisenbahn-Nostalgiker

Für Liebhaber historischer Eisenbahnen ist die Fahrt mit der White Pass & Yukon Railway ab Skagway ein Muss. 1900 war dieses Technikwunder fertiggestellt worden, das den Goldgräbern den beschwerlichen Marsch über den Pass ersparte. In alten Waggons, gezogen von drei Dieselloks, führt die Schmalspurstrecke über wilde Schluchten, durch Tunnel vorbei an Wasserfällen bis zur Passhöhe und zurück.

Augen auf! Im Sommer tummeln sich Tausende Buckelwale in Alaskas Gewässern.

Hier oder am schönen Pooldeck warten an diesem ersten Seetag, der durch die berühmte Inside Passage führt, viele Gäste auf ersten Kontakt mit der Tierwelt: Sie suchen mit Ferngläsern die nahen Ufer nach Bären ab, andere liegen eingekuschelt in warme Decken auf ihren Liegen.

Grau in grau präsentiert sich am nächsten Morgen Juneau, Alaskas Hauptstadt, mit ihren gerade mal 30.000 Einwohnern. An den Ufern längs des Gastineau-Channels drängeln sich Unmengen kleiner und großer Wasserflugzeuge – Anzeichen dafür, dass die Stadt nur auf dem Wasser- oder Luftweg erreicht werden kann.

Im Fjord auf den kleinen Ausflugsschiffen klicken wenig später zahllose Kameras und Handys: Wale, Orkas und Seelöwen geben sich wie auf Bestellung ein Stelldichein. Eine Seilbahnfahrt auf den Mount Roberts belohnt danach mit einem faszinierenden Blick über Stadt, Wasser und Inseln.

Bevor es zurück aufs Schiff geht, lockt die Goldgräberkneipe Red Dog Saloon: Zu den Klängen eines alten Klaviers wird gesungen, das würzige Alaska-Bier fließt in Strömen, auf dem Boden liegen Sägemehl und Erdnussschalen.

Dagegen geht es auf der Nieuw Amsterdam eher gesittet zu. Im rot dekorierten und über drei Decks reichenden Theater sorgt heute ein klassisches Konzert für eine sanfte Beruhigung nach den Abenteuern des wilden (Nord-)Westens.

Und schlummern lässt es sich gut in den 1052 Kabinen und Suiten, von denen einige bodentiefe Fenster und 718 eine eigene Veranda haben. In den meisten Badezimmern befinden sich sogar Wannen. Servicebetont: Der Obstkorb wird täglich auf Wunsch gefüllt, frische Blumen und Schuhputzservice unterstreichen den Premiumcharakter auf diesem Schiff.

Weiter geht es Richtung Norden nach Skagway, zu Zeiten des Goldrausches die wichtigste Station, um zu den Goldfeldern am Klondike und Yukon River zu gelangen. Was die Goldgräber so mühe-

DER AMERIKANISCHE TRAUM

Tradition verpflichtet: Mehr als eine Million Emigranten brachten die Schiffe der Holland Amerika Lijn vom Firmensitz Rotterdam ins ferne New York. Für sie begann der Traum von der Neuen Welt dort, wo holländische Siedler einst mit »Nieuw Amsterdam« das Herz der Stadt gründeten. Kein Wunder also, dass dieser Name gleich viermal an ein Schiff der Reederei vergeben wurde.

voll verdienten, wurde ihnen meist auf dem Weg nach Hause bereits wieder abgeknöpft. In Skagway machten sich Bordelle und Saloons in den Straßen breit, Falschspiel und Überfälle waren an der Tagesordnung. Viele der Goldgräber und Gauner haben auf dem Gold Rush Cemetery im Norden der Stadt ihre letzte Ruhe gefunden. Ein Besuch gehört für Kreuzfahrtgäste zum Pflichtprogramm. Viele Gäste buchen einen Goldwaschkurs. Die Betreiber sorgen dafür, dass jeder frisch gebackene Goldwäscher tatsächlich kleine Goldnuggets in seinem Sieb findet.

RELAXEN IN DER SEA VIEW BAR

Zurück an Bord kehren die Passagiere zu ihren Lieblingsplätzen zurück. Für viele ist es der Pool am Heck des Schiffes mit seinen umlaufenden, holzgetäfelten Sitzgelegenheiten und dem fantastischen Ausblick. Die Sea View Bar ist stets bis spät in die Nacht umlagert.

Bei strahlender Sonne fährt die Nieuw Amsterdam tags darauf in die Yakutat Bucht mit ihren sattgrünen Hügeln ein. Am Ende das Kontrastprogramm: der über 122 Kilometer lange Hubbard-Gletscher, der längste kalbende Eisstrom Nordamerikas. Mit Getöse brechen riesige Eisstücke ab, stürzen ins Wasser und schwimmen als kleine weiße Inseln weiter.

Auf dem Rückweg zum Starthafen in Vancouver gibt es einen letzten Stopp in Ketchikan. Hier befindet sich das größte Totempfahl-Museum Alaskas. Die bunten Häuser auf hohen Pfählen in der Creek Street dienten zur schnellen Geldfluktuation: Hier saßen die Damen des horizontalen Gewerbes, das »Dollyhouse« kann noch heute besichtigt werden. Die zu den leichten Damen passenden starken Kerle lassen täglich in den Holzfällershows die Muskeln spielen.

In zahlreichen Shops und Einkaufszentren kann man kaufen, was auch am letzten Abend in mehreren der Restaurants serviert wird: Lachs in allen Formen. Frisch importiert und mit Rafinesse von den Köchen zubereitet, deren Geheimnisse im Queens‘s Lounge & Culinary Art Center, einem kleinen Theater für Koch-Shows, bereits in den letzten Tagen vor Publikum gelüftet wurden. Greg und Meredith jedenfalls brauchte man auch heute nicht zu suchen: Sie waren wieder auf Alaska-Spurensuche im Crow‘s Nest.

i

DAS SCHIFF

BRZ: 86 700
Länge: 285 m **Breite:** 32,2 m
Tiefgang: max. 7,8 m
Bauwerft: Fincantieri (Italien)
Indienststellung: Juli 2010
Taufe: 4. Juli 2010; Taufpatin ist Königin Maxima der Niederlande
Passagiere: 2106
Crew-Mitglieder: 929
Passagierdecks: 11 **Kabinen:** 1052
Bordsprache: Englisch
Restaurants: 5 **Bars:** 16
Sport & Wellness: 2 Pools, Spa, Beauty Salon, Fitnesscenter
Entertainment: Koch-, Mal- und Computerkurse, Weinproben, Konzerte, Shows
Info: Holland America Line, www.hollandamerica.com
Preisklasse: €

STADT Land SCHIFF

Auf einer Kreuzfahrt durch die Ostsee lassen sich mehrere interessante Metropolen auffädeln – wobei die Mein Schiff 1 selbst eine Stadt mit vielen originellen Attraktionen ist.

Sankt Petersburg, Tallinn, Kopenhagen, Stockholm, Helsinki, Danzig – das erwartet die Gäste auf einer achttägigen Kreuzfahrt durchs Baltikum. Die Route ist ideal für Kreuzfahrtneulinge: Die Mein Schiff 1 von TUI Cruises startet in Kiel, das ermöglicht eine schnelle Anreise mit dem eigenen Auto oder per Bahn.

Zu Beginn der Kreuzfahrt lädt ein Seetag zum Einstimmen und Entspannen ein. Die Mein Schiff 1 wurde 2018 in Dienst gestellt und überzeugt mit modernen Restaurants, einer frischen Inneneinrichtung und vielen Designelementen. Sie ist das Fitnessschiff der Flotte – mit einer Panoramajoggingstrecke am Heck und einer überdachten Arena für Kletterfans und Ballsportarten. Auch neue Fitnessangebote feierten Premiere, wie beispielsweise »Flyletics« – ein Krafttraining im schwebenden Tuch.

Zauberhaftes Stockholm: Vom Anlegehafen sind es nur wenige Gehminuten zur Altstadt Gamla Stan.

Wie wäre es mit einem kostenlosen Besuch der großzügigen Wellnesslandschaft an Bord der Mein Schiff 1? Von der größten Panoramasauna auf See kann der Blick ungehindert Richtung Horizont schweifen. Die Erlebnisdusche wirkt wie ein bunter Sommerregen.

DANZIG MIT DEM KAJAK

Die finnische Hauptstadt Helsinki lässt sich hervorragend zu Fuß erkunden. Danzig können die Passagiere bei einer Kajaktour aus der Wasserperspektive kennenlernen. Und in Kopenhagen bietet sich ein Fahrradausflug an. Zurück an Bord stehen den knapp 2900 Passagieren zwölf Restaurants zur Auswahl (darunter das erste »Ganz-schön-Gesund«-Bistro), 15 Bars und Lounges. Anschließend offeriert die kleine »Schaubühne« der Mein Schiff 1 ein paralleles

DAS SCHIFF

i

BRZ: 111 554
Länge: 315,7 m **Breite:** 35,8 m
Tiefgang: max. 8,05 m
Bauwerft: Meyer Turku (Turku, Finnland)
Indienststellung: 27. April 2018
Taufe: 11. Mai 2018
Passagiere: 2894
Crew-Mitglieder: ca. 1000
Passagierdecks: 14
Kabinen: 1447
Bordsprache: Deutsch
Restaurants: 12 **Bars:** 17
Sport & Wellness: Spa- und Fitnessbereich, 2 Pools, Sportplatz, Joggingstrecke & Trimm-Dich-Pfad
Entertainment: Showbühne, DJ Roboter, Kino
Info: TUI Cruises, www.tuicruises.com
Preisklasse: €

ADAC Tipp

(Fast) alles inklusive

Dank des Premium-Alles-Inklusive-Konzepts sind rund 100 Markengetränke, neun von zwölf Restaurants und Bistros, Trinkgelder, das Sportangebot und vieles mehr im Reisepreis inbegriffen. Für den kleinen Hunger zwischendurch ist eine 24-Stunden-Verpflegung gewährleistet. Kostenpflichtig sind u. a. einige Spezialitätenrestaurants, die Landausflüge, Spa-Anwendungen und Fitnessangebote, z. B. Personal Trainer oder Sportprogramme an Land.

Ein Schiff für alle Fälle: Die Angebotsvielfalt auf der Mein Schiff 1 ist schwer zu übertreffen.

Abendprogramm zum großen Theater – das Unterhaltungsangebot reicht von Schauspielkomödien bis hin zu Zauberei und Artistik.

IM REICH DER ZAREN

Ein Höhepunkt der Ostsee-kreuzfahrt ist der Aufenthalt in Sankt Petersburg – am besten im Sommer zur Zeit der Weißen Nächte, wenn es niemals richtig dunkel wird. Damit die Passagiere von TUI Cruises die einstige Hauptstadt der russischen Zaren ausgiebig erkunden können, bleibt die Mein Schiff 1 gleich zwei Tage und eine Nacht in der Stadt. Praktisch: Wer mit dem Kreuzfahrtschiff nach Russland kommt, muss sich nicht selbstständig um ein Visum kümmern, sondern bucht lediglich einen Landausflug der Reederei, um von Bord gehen zu können.

Zu den beliebtesten Zielen im Umland der russischen Metropole zählt die Parkanlage Peterhof mit goldglänzenden Figuren inmitten aufwändiger Wasserspiele. Auch das prachtvoll restaurierte,

> Die Städte des Nordens bestechen durch Schönheit, Charme und Lebensfreude.

nachgebaute Bernsteinzimmer im Katharinenpalast zieht täglich Tausende von Besuchern an. Wer lieber innerhalb der Stadtgrenzen bleibt, erfährt von Guides die dramatische Geschichte der Blutskirche, wandelt durch die beeindruckenden Räume der Eremitage und fotografiert die tiefroten Rostra-Säulen auf der Wassiljewski-Insel.

VON TALLINN NACH STOCKHOLM

Das estnische Tallinn bildet einen reizvollen Kontrast zur russischen Millionenmetropole. Ihr nahezu vollständig erhaltener mittelalterlicher Stadtkern ist geschützt von mächtigen Verteidigungsanlagen. Das Rathaus zählt zu den besterhaltenen gotischen Gebäuden Nordeuropas, und die Apotheke gleich gegenüber soll die älteste Europas sein.

Nordischen Charme und Lebensfreude versprüht auch die schwedische Hauptstadt Stockholm – im Herzen des Schärengartens gelegen. Frühes Aufstehen lohnt sich, denn die Durchfahrt der Inselwelt gehört zu den schönsten Erlebnissen einer Ostseekreuzfahrt. Hunderte grüner Inseln wachsen aus dem Meer, oft gekrönt von den typischen Sommerhäusern in leuchtendem Rot. Schweden, wie man es aus den Astrid-Lindgren-Büchern kennt.

SCHIFFE ZUM STAUNEN

Auch das Stadtgebiet verteilt sich auf mehrere Inseln: Kungsholmen mit dem beeindruckenden Rathaus, der Königspalast steht auf der Altstadtinsel Gamla Stan, und Skeppsholmen ist die Museumsinsel. Djurgården lockt als grüne Lunge der Stadt Besucher mit dem Freilichtmuseum Skansen an. Für Schiffsliebhaber gibt es im Vasamuseet das weltweit einzige erhalten gebliebene Schiff aus dem 17. Jahr zu bestaunen. Allerdings ist die mächtige Galeone schon auf ihrer Jungfernfahrt gesunken.

ADAC Tipp

Stippvisite bei der Königsfamilie
Neben der offiziellen Residenz des schwedischen Königshauses mit Reichssaal und Schatzkammer in Stockholms Altstadt Gamla Stan gibt es noch etliche weitere königliche Anwesen rund um Stockholm. Das Barockschloss Drottningholm wurde ab dem Jahr 1662 für Königin Hedwig Eleonora gebaut und bezaubert mit einem Prunkschlafzimmer und einer Rokokobibliothek. Der Garten zeigt Einflüsse des französischen Barocks sowie der englischen Romantik. Obwohl die königliche Familie in dem UNESCO-Weltkulturerbe wohnt, kann es zwischen Mai und September täglich besichtigt werden.

Der Dom von Helsinki: Das Wahrzeichen der finnischen Metropole thront strahlend weiß über der Stadt.

BLAUE NÄCHTE in der ÄGÄIS

Mit der Celestyal Crystal wird Inselhüpfen zu den schönsten Inseln Griechenlands zu einer herrlichen Reise durch die Antike.

Wenn am Nachmittag die Dunstglocke über Piräus und der Megapole Athen im Fahrtwasser verschwindet, kommt bereits das erste Ferienfeeling auf. So bunt ist die Mischung der meist jüngeren Passagiere aus den unterschiedlichsten Ländern, und so ausgelassen ist auch die Stimmung an Bord der Celestyal Crystal. Kurz nach dem Auslaufen sind bereits die meisten Sonnenliegen vergeben, die Plätze an den Bars besetzt, ist der Pool erobert. Munter plaudert man türkisch, englisch, spanisch oder auch deutsch durcheinander – und lernt im Nu die wichtigsten griechischen Vokabeln: Kalimera (Guten Tag) und Yamas (Zum Wohl).

Mykonos mit seinen Mühlen und weißen Häusern ist Griechenland wie aus dem Bilderbuch.

PARTY FEIERN AUF MYKONOS

Viele der jungen Leute freuen sich vor allem auf Mykonos, weil das Schiff hier einmal übernachtet. Da bleibt Zeit genug, um die Insel mit ihren schönen Stränden, den Bilderbuchmühlen, den Bars und Restaurants direkt am Meer zu entdecken. Besonders die legendären Partys von Mykonos haben es den Youngstern angetan: So manch einer schafft es nur auf den letzten Drücker, das Schiff pünktlich zur Abfahrt am nächsten Morgen um 7 Uhr zu erwischen…

ESEL ODER SEILBAHN

Vier der interessantesten griechischen Inseln stehen bei dieser Reise auf dem Fahrplan. Santorin, die Bilderbuchinsel, auf der sich zahllose würfelförmige, weiß getünchte Häuser mit ihren blauen Türen und Fensterläden hoch oben

Die Celestyal Crystal hat ein bewegtes Leben hinter sich. Jetzt ist das Mittelmeer ihr Zuhause.

auf den schwarzen Lavafelsen aneinanderreihen. Eine kleine Seilbahn führt vom Hafen bis hoch zur Stadt Frá. Man kann sich aber auch auf einem Esel nach oben schaukeln lassen oder ganz einfach zu Fuß gehen. Belohnt wird der Aufstieg durch einen der schönsten Postkartenaussichten: ein tief unten glitzerndes blaues Meer, etliche Inselchen, dazu die vor Anker liegenden Kreuzfahrtschiffe, eingerahmt von rot leuchtenden Bougainvillea.

Auf den Spuren der Venus von Milo, der weltberühmten Staue, wandern die Passagiere auf der Kykladeninsel Milos mit ihren antiken Stätten, den weißen Felsbuchten und den farbenfrohen Fischerdörfchen am Wasser. Auch Kreta wird angelaufen. Wer sich für die griechische Mythologie interessiert, ist bei Streifzügen durch die Palastruinen von Knossos bestens aufgehoben. Dort herrschte der sagenhaft reiche König Minos, und die Legenden vom Stiermenschen Minotaurus haben hier ihren Ursprung. Selbst Geschichtsmuffel haben in Heraklion genug zu tun – allein im Hafenbereich gibt es unzählige wirklich gute und preiswerte Fischrestaurants oder Bars.

Ein Stopp im türkischen Kusadasi erlaubt einen Besuch im historischen Ephesos – mit dem Artemis-Tempel eines der sieben Weltwunder und UNESCO-Weltkulturerbe. Dieser Anlauf ermöglicht gleichzeitig den türkischen Passagieren, in ihrem eigenen Land einzusteigen. So ist im Übrigen in fast jedem Hafen dieser Fahrt ein Ein- oder Auschecken möglich.

GRIECHISCHE WURZELN

Wo heutzutage viele Reedereien ihre Zukunft in der Internationalisierung ihrer Produkte sehen, hat sich Celestyal Cruises auf seine griechische Herkunft be-

BEWEGTES VORLEBEN

Die Celestyal Crystal hat etliche Namens- und Besitzerwechsel hinter sich: 1980 als Viking Saga für die Viking Line als Fähre gebaut, wurde sie 1986 unter dem Namen Sally Albatross für Kreuzfahrten auf der Ostsee eingesetzt. Nach einem verheerenden Brand 1990 wurde sie neu aufgebaut. Als Leeward wurde sie von der Norwegian Cruise Line in der Karibik eingesetzt, bevor sie für Star Cruises unter dem Namen Superstar Taurus nach Asien wechselte. Die nächsten Stationen: Silja Opera (im Fährdienst auf der Ostsee) und Opera, bevor das Schiff als Louis Cristal an die damalige Reederei Louis Cruises, die sich in Celestyal Cruises umbenannte. Heute fährt die Celestyal Crystal zu Destinationen im östlichen Mittelmer, Ägypten und Israel.

ADAC Tipp

VIEL GRIECHENLAND AUF EINEN STREICH

Das Schiff bietet eine der besten Gelegenheiten, möglichst viele griechische Inseln in einer relativ kurzen Fahrt zu entdecken. Ein großes Plus ist die All-Inclusive-Politik von Celestyal Cruises, die eine Vielzahl von Getränken und einige Landausflüge sowie die Trinkgelder inkludiert.

sonnen. Man hat sich die griechischen Wurzeln und Gastfreundschaft auf die Fahnen geschrieben, die jetzt für die neue Philosophie der Reederei wehen.

Griechische Gerichte tauchen auf den Karten aller Restaurants und in den Büfetts auf sowie regionale Weine, Biere oder die berühmten Ouzos. Auf der

Fischerdorf-Romantik: Die griechischen Inseln wecken Aussteigerträume.

Karte der Tagesaktivitäten, in mehreren Sprachen gedruckt, werden die landesbezogenen Ereignisse praktischerweise mit einer kleinen griechischen Fahne gekennzeichnet.

Und natürlich gibt es Folklore und griechische Musik, meist in der Muses Lounge, dem Theater des Schiffes. Dabei darf auch die Musik zum unvergesslichen Film »Alexis Sorbas« nicht fehlen. Eine kleine Tanzgruppe präsentiert dazu klassische lokale Tänze wie Sirtaki, Hasapiko oder Hasaposerviko, lädt auch das Publikum zum Mittanzen ein. Außerdem gibt es in der Helios-Bar jeden Nachmittag Tanzunterricht.

OLDIE AUF SEE

Die Celestyal Crystal ist ein Kreuzfahrt-Oldie, bietet aber trotz der relativ hohen Passagierzahl (1200) überall ausreichend Platz, unter anderem die großzügigen Außenbereiche am Heck mit echtem Teakholz. So verteilen sich die Liegestühle auf nicht weniger als fünf Decks, die noch über Außentreppen miteinander verbunden sind. Auf dem untersten sorgen ein kleiner Pool und eine nette Bar für Erfrischung, für den Sundowner sicherlich eine der schönsten Plätze des Schiffes. Die Decks sind nach griechischen Göttern von Zeus über Poseidon bis zur Liebesgöttin Venus benannt.

MEHR MEER

Hoch oben unter dem Schornstein schwebt die Horizons Bar mit traumhaftem Blick aufs Meer, das sich obendrein in den verspiegelten Decken und Wänden reflektiert. Zu nächtlicher Stunde verwandelt sie sich auf der Backbordseite in eine Disco. Auch Theater und Casino sind an Bord – also nur ein paar Schritte zu Slotmaschinen, Roulette und Black Jack. Eine Bar und die große Eros Lounge mit Jugendstilmalereien bieten auch auf diesem Deck viel Platz zum Lesen oder Unterhalten sowie große Fensterflächen zum Meer.

In den beiden Hauptrestaurants ist immer auch mindestens ein griechisches Gericht im Angebot, dazu gibt es auf jedem Tagesprogramm ein typisch griechisches Rezept wie Dolmades (gefüllte Weinblätter) oder Spanakopita (Käse-Spinat-Quiche) zum Nachkochen für zu Hause.

i

DAS SCHIFF

BRZ: 25 611
Länge: 161,7 m **Breite:** 30,5 m
Tiefgang: max. 6,1 m
Bauwerft: Oy Wärtsilä Ab (Helsinki, Finnland)
Indienststellung: Januar 1980 (Neubau 1992)
Taufe: März 1980
Passagiere: 1200
Crew-Mitglieder: 406
Passagierdecks: 10 **Kabinen:** 483
Bordsprache: Englisch
Restaurants: 4 **Bars:** 3
Sport & Wellness: Fitnesscenter, Pool, Spa, Beauty Salon, Whirlpool
Entertainment: Kunst-Workshops, Tanzkurse, Sprachkurse, Disco, Casino
Info: Celestyal Cruises, www.celestyalcruises.de
Preisklasse: €

Ein SCHIFF für die GROSSEN SEEN

Die kleine, feine MS Hamburg setzt auf Routen fernab des Mainstreams und liegt damit goldrichtig. Die Great Lakes Nordamerikas gehören zu den Top-Revieren.

Das kann niemals gut gehen. Von der Terrasse vor dem Büfett-Restaurant der Hamburg verfolgen die Passagiere voller Skepsis, wie der mächtige Bug auf die erste Schleuse des Wellandkanals zusteuert. Rein optisch müsste es eigentlich gleich krachen und knirschen, doch der Kapitän manövriert das 21,5 m breite Schiff gemeinsam mit dem Lotsen ganz sachte in den 24,4 m breiten Metallkasten hinein. 1,5 m Spielraum hat er auf jeder Seite – da darf der Wind nicht zu sehr gegenhalten. Aufatmen und anerkennendes Nicken unter den Schiffsfans auf den Außendecks: Kapitän Vorobyov weiß, was er tut.

Mit nur 400 Passagieren entsteht auf der Hamburg schnell eine familiäre Atmosphäre.

Nur wenige Hochseeschiffe passen durch diese Engstelle zwischen den Großen Seen und dem Nordatlantik. Der Wellandkanal dient zur Umfahrung der Niagarafälle, die wenige Kilometer weiter 100 m in die Tiefe rauschen. Acht Schleusen müssen die Schiffe passieren, um den Höhenunterschied zu überwinden. Die Hamburg wurde gezielt für Routen wie diese stromlinienförmig gebaut: Die Außennocks der Brücken können eingeklappt werden, es ragen keine Balkone über die Außenwand, und sie ist deutlich kleiner als moderne Neubauten.

ADAC Tipp

DETROIT – EIN MUSS FÜR MUSIKFANS

Wer sich für Musikgeschichte interessiert, sollte beim Stopp in Detroit unbedingt einen Besuch des Motown Museums einplanen. Hier ließ nicht nur Michael Jackson Hut und Handschuh zurück, im legendären und original erhaltenen Studio A scheinen die Größen des Musikbusiness der 1960er–Jahre noch immer präsent. Hier produzierte Berry Gordy Musiklegenden wie Diana Ross, Stevie Wonder, die Jackson 5 und Lionel Richie. Im Eintrittspreis von 15 US-Dollar sind persönliche Anekdoten der Stars und Gesangseinlagen der Guides enthalten.

ZEITREISE INS 19. JAHRHUNDERT

Maximal 400 Passagiere haben auf dem Schiff Platz, das sich einer großen Fangemeinde erfreut. Das liegt nicht nur an der familiären Atmosphäre an Bord, sondern auch an den außergewöhnlichen Routen. Die Großen Seen Nordamerikas sind ein Highlight im Katalog und schnell ausgebucht. Der Ontariosee, der Eriesee und der Huronsee bilden die Grenze zwischen Kanada und den USA, an den Ufern warten kleine Juwelen wie die autofreie Insel Mackinac, die zu einer Zeitreise ins 19. Jahrhundert einlädt, aber auch Großstädte wie Detroit oder Chicago.

Atemberaubende Skyline: Chicago ist eine der größten und aufregendsten Metropolen der USA.

CHICAGO: ARCHITEKTUR UND AL CAPONE

»Hier wurde das moderne Hochhaus erfunden«, erzählt Chicago-Guide Robert mit seinem lässigen Hut. Er zeigt den

Eindrucksvoll markieren die Niagarafälle die Grenze zwischen den USA und Kanada.

Passagieren architektonische Meisterwerke von Ludwig Mies van der Rohe und Daniel Burnham. Dazwischen stehen Kunstwerke von Chagall und Picasso wie selbstverständlich auf der Straße. Doch die drittgrößte Stadt Amerikas ist nicht nur für Architektur und Kunst bekannt – zu Zeiten der Prohibition trieben Gangster wie Al Capone unter den dunklen Hochbahntrassen ihr Unwesen. Schwer vorstellbar angesichts des strahlenden Sonnenscheins an diesem Tag.

Goethe- und Schillerstraße zeugen von deutschen Einwanderern, das Anwesen von Playboy-Gründer Hugh Hefner liegt in der Nähe, in der Mag Mile warten Luxuskaufhäuser von Gucci und Prada. Und plötzlich öffnet sich der

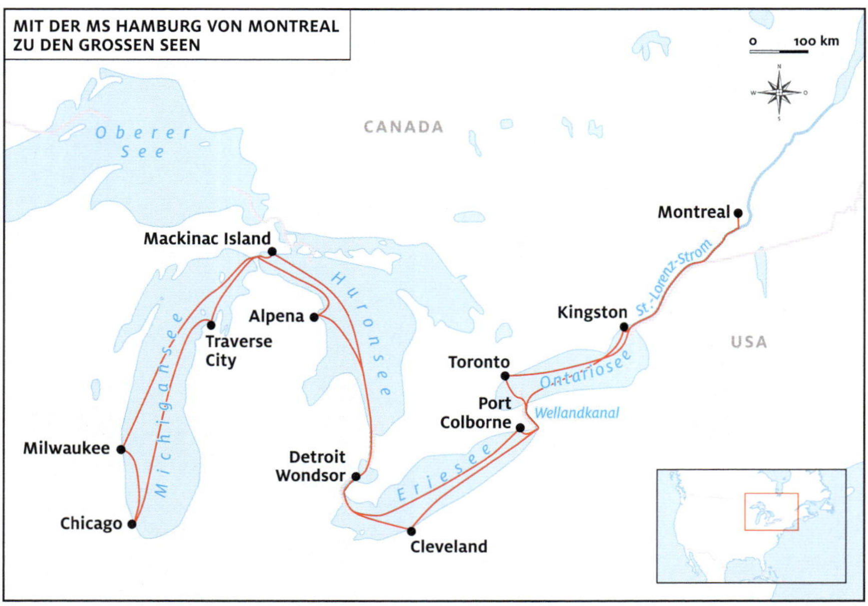

Blick, und der Michigan See liegt weit und offen vor den staunenden Besuchern. Er wirkt fast wie ein Meer. 45 Kilometer Küstenlinie dürfen die Chicagoer ihr eigen nennen, mit Parks, Stränden, Bootsanlegern. Im Sommer baden die Großstädter hier, im Winter frieren die Ufer hingegen zu, und mächtige Schneewolken entstehen über der großen Wasserfläche.

DÜNEN HOCH WIE WOLKENKRATZER

Die beste und klassische Reisezeit für die Großen Seen ist der Herbst, wenn der Indian Summer die Wälder an den Ufern in ein Meer aus Farben taucht. Als die Hamburg in Chicago ablegt, passiert sie zur Überraschung der Passagiere an Deck die Sleeping Bear Dunes, die mit 140 Meter höchsten Dünen Nordamerikas. Ein mächtiges Schiffswrack zeugt von den Gefahren unter der Wasseroberfläche – die Manitou Passage wurde vielen Schiffen in vergangenen Zeiten zum Verhängnis. Kräftige Wolkenformationen ziehen über den Himmel, die Kreuzfahrt bekommt allmählich Expeditionscharakter. Zwei Lektorinnen vermitteln an Bord Hintergrundwissen. So lernen die Passagiere, dass ein paar Nachtfröste Voraussetzung für das wunderschön eingefärbte Laub sind, auf das alle als Fotomotiv hoffen.

> Der Indian Summer verwandelt die Laubwälder in ein Meer aus leuchtenden Farben.

DAS SCHIFF

i

BRZ: 15 067
Länge: 144 m **Breite:** 21,5 m
Tiefgang: max. 5,15 m
Bauwerft: MTW Schiffswerft (Wismar, Deutschland)
Indienststellung: Sommer 1997
Taufe: 7. Juni 2012
Passagiere: 400
Crew-Mitglieder: 170
Passagierdecks: 6 **Kabinen:** 197
Bordsprache: Deutsch
Restaurants: 2 **Bars:** 3
Sport & Wellness: beheizbarer Außenpool, Wellness- und Fitnessbereich, Yoga
Entertainment: Bibliothek, Shows, Livemusik, LektorenVorträge
Info: Plantours Kreuzfahrten, www.plantours-partner.de
Preisklasse: €

EIN HAUCH VON BROADWAY

Wenn sich das Schiff auf dem Rückweg nach Montreal im Sankt-Lorenz-Strom an den Thousand Islands mit ihren Millionärsvillen vorbeischiebt, glänzen die Augen der Passagiere. Ihnen geht es um diese besonderen Momente, die man nur auf einem kleinen Schiff erleben kann. Gerne verzichten sie dabei auf Luxussuiten oder Broadway-reifes Entertainment. Die Crewshow ist ohnehin viel charmanter und mitreißender, vor allem, wenn die indonesischen Stewards hinterher noch eine spontane Zugabe mit Gitarre, Trommel und Tanz im Treppenhaus geben.

KLASSIKER in den BESTEN JAHREN

Die Astor steht für gute deutsche Kreuzfahrttradition. Hier stimmt die Mischung aus Top-Service, Erholung und erstklassiger Unterhaltung.

Im Jahr 1987 wurde die Astor in Dienst gestellt – sie gehört zu den traditionsreichsten und beliebtesten Kreuzfahrtschiffen in Deutschland. 2010 wurde das Schiff, das mit maximal 587 Passagieren unterwegs ist, komplett modernisiert. Heute gibt es wahrscheinlich nur noch wenige vergleichbare Schiffe auf dem Hochseemarkt. Das betrifft nicht nur ihre »schiffige« Form, sondern auch das

Auf ihren Nordlandreisen passiert die Astor den Geirangerfjord. Mit ihrer klassisch-schiffigen Form ist sie in jedem Hafen gerne gesehen.

Routenangebot. Überwiegend von deutschen Häfen, also ohne umständliche Anreise, geht es auf klassische Nord- und Ostsee-, auf Nordland-, Spitzbergen- und Island-Grönland-Kurse, aber auch rund um England oder die Seine aufwärts bis Rouen.

ENTSPANNTE ATMOSPHÄRE

Willkommens- und Abschiedscocktails sind genauso Bestandteil der Reisen wie das Captain's Dinner und der Galaabend. Angesprochen werden sollen in erster Linie Gäste, die zwar entspannt, aber ohne allzu großen Luxus reisen möchten. So locker wie auf Clubschiffen geht es hier allerdings nicht zu, denn Stil ist nach wie vor gefragt. Beim Dresscode gilt die Empfehlung »sportlich-leger bis festlich«. In den Restaurants allerdings geht es gesittet zu, was Sonnen-, Bade- und Freizeitbekleidung natürlich ausschließt. Hier greift das Prädikat »klassisch« wieder. Dazu gehört eben auch, den Anzug oder zumindest ein Jackett einzupacken.

Die Tradition der Captain's Dinner und Galaabende bleibt aufrecht erhalten.

Stilvoll, aber schnörkellos sind die Innenbereiche gestaltet. Zu den Höhepunkten gehören neben den Empfängen internationale Musik- und Tanzvorführungen, die durch deutschsprachige Elemente gut ankommen. Das künstlerische Ensemble ist mit 19 Mitgliedern im Verhältnis zur Schiffsgröße erstaunlich groß und bietet ansehnliche Shows mit Tanz- und Gesangseinlagen von hohem Niveau. Darüber hinaus treten Gastkünstler auf: Magier, Artisten, Sänger, Musiker oder auch Schriftsteller, die aus ihren Werken lesen und diese signiert verkaufen. Erfahrene Lektoren ergänzen das Programm in der Astor-Lounge. Sie bereiten die Gäste per Multimedia-Vorführung auf die Landausflüge vor und geben allgemeine Informationen über die jeweiligen Länder.

Gediegen-sportlich geht es auf den weiträumigen holzbelegten Außendecks bei Shuffleboard-Spielen zu. Die Decks eignen sich auch hervorragend für Jog-

DAS SCHIFF i

BRZ: 20 704
Länge: 176,5 m **Breite:** 22,6 m
Tiefgang: max. 6,1 m
Bauwerft: Howaldtswerke-Deutsche Werft (Kiel, Deutschland)
Indienststellung: Januar 1987
Taufe: 1986
Passagiere: 578
Crew-Mitglieder: 282
Passagierdecks: 7 Kabinen: 289
Bordsprache: Deutsch
Restaurants: 4 **Bars:** 3
Sport & Wellness: 2 Pools, Wellnessbereich, Fitnesscenter, Joggingstrecke, Volleyball, Tischtennis
Entertainment: Spielzimmer, Bibliothek, Quiz, Bingo
Info: TransOcean Kreuzfahrten, www.transocean.de
Preisklasse: €

FÜR DIALYSE-PATIENTEN

An Bord der Astor ist eine Dialysestation vorhanden, die nach den höchsten Standards ausgestattet ist. Viele Reisen auf der Astor werden von einem erfahrenen Dialyse-Arzt begleitet, sodass die Dialyse-Behandlung während der Kreuzfahrt aufrecht erhalten werden kann. Die Behandlungstermine werden an das Kreuzfahrtprogramm angepasst, sodass für den Dialyse-Patienten möglichst wenige Einschränkungen entstehen und er seine Kreuzfahrt so voll und ganz genießen kann.

ging und Walken. Auch Freunde von Handball, Fußball, Volleyball und Tischtennis kommen am Oberdeck auf ihre Kosten. Sport und Wellness rund um das beliebte Innenschwimmbad mit Sauna und Massageräumen runden die Möglichkeiten ab. Besonders reizvoll sind die Fitnessgeräte auf dem Achterdeck mit Meerblick.

In den Gesellschaftsräumen kann man sich bei Bingo- und Kartenspiel samt Kreativkursen wie Zeichnen oder Seidenmalerei die Zeit vertreiben. Spezielle Räume für Kinder gibt es zwar nicht, aber während der Ferienzeit organisiert die Reiseleitung Angebote für kleine Passagiere.

Gespeist wird in zwei Sitzungen mit Tischreservierung im Restaurant Waldorf und im Übersee-Club, einem hervorragenden Büffet-Restaurant mit vielen frisch zubereiteten Spezialitäten. Im Romantic kann man ohne Aufpreis Sonderreservierungen vornehmen lassen. Zusätzlich gibt es einen bayerischen Frühschoppen, Eisspezialitäten oder ein nächtliches Schokoladen-Büfett.

VIELE WIEDERHOLUNGSTÄTER

Die Führungskräfte im Servicebereich sind deutsche Muttersprachler, während die übrigen Positionen von internationalen Mitarbeitern eingenommen werden, die ebenfalls Deutsch sprechen – denn das ist die Bordsprache. Sie alle verstehen es hervorragend, die Wünsche des ihnen wohlvertrauten Publikums zu erfüllen. Das wissen viele Gäste sehr zu schätzen, die aus diesem Grund auch immer wieder gern mit der Astor fahren – die Zahl der Wiederholungstäter ist groß.

ADAC Tipp

BESONDERES ROUTING, KLEINE HÄFEN

Die Astor mit ihrem ausgesuchten Routing ist ideal für Kreuzfahrtgäste, die überlaufene Häfen scheuen. Meist geht es von deutschen Häfen wie Bremerhaven los. Ein Beispiel für eine Reise ist die zwölftägige Fahrt rund um England unter dem Motto »Highlands, Tea Time & Military Tattoo«. Die dortigen kleinen Häfen kann kein größeres Schiff anlaufen. Die beliebte England-Schottland-Irland-Route findet man selten bei anderen Anbietern.

Bild oben: Eine internationale Crew sorgt für die Sicherheit und das Wohl der Passagiere.
Bild unten: Die Astor auf ihrem Weg durch den Weißmeer-Ostsee-Kanal mit seinen 19 Schleusen.

ASTOR

MSC
MSC SEASIDE
VALLETTA

DAS SCHIFF IST DAS ZIEL

Einchecken, Leinen los und aus dem Staunen nicht mehr herauskommen: willkommen auf einem Ozeanriesen, auf dem Tausende Menschen komfortabel untergebracht, kulinarisch verwöhnt, hervorragend unterhalten und bespaßt werden. Diese Schiffe sind eine Welt für sich, in der es so viel zu erleben gibt, dass die angesteuerten Häfen zur Nebensache geraten.

Ein SCHIFF wie eine STADT

Mit der Symphony of the Seas hat die amerikanische Reederei Royal Caribbean International wieder einmal das größte Kreuzfahrtschiff der Welt in Betrieb genommen.

Die Ruhe im Central Park ist beinahe surreal. Die über 12 000 echten Pflanzen lassen glatt vergessen, dass man sich auf einem Schiff befindet. Das dezente Vogelgezwitscher kommt freilich aus Lautsprechern. Im Café plaudern Gäste in der Sonne, auf einer Bank im Baumschatten schmökert jemand in einem Buch, einige bummeln entlang der Restaurants und Boutiquen. Seitlich wird der Park von den Kabinen-Aufbauten gerahmt: »Innenkabinen« mit Balkon und Parkblick – auch dies ist eine Besonderheit der Symphony of the Seas.

Die Schiffsbau-Revolution lancierte Royal Caribbean International (RCI) bereits 2009 mit der baugleichen Oasis of the Seas. Es folgten die ebenfalls weitgehend baugleiche Allure of the Seas und 2016 die Harmony of the Seas.

EINSATZGEBIET KARIBIK

Die Symphony of the Seas führt diese Revolution nun weiter. Sie weist die neue Rekordmarke von 228 081 BRZ auf. Und RCI kann sich einmal mehr des größten Kreuzfahrtschiffes der Welt rühmen. Von Miami bricht sie zu einwöchigen Touren abwechselnd in die westliche und östliche Karibik auf. Daneben gibt es Kurzreisen auf die Bahamas.

Die Innenkabinen auf dem Riesenschiff haben Blick auf den Park mit 12 000 Echtpflanzen.

Platz da! Nur große Häfen – wie hier die spanische Stadt Malaga bei der Schiffspräsentation im Jahr 2018 – sind der überdimensionalen Symphony of the Seas gewachsen.

Die außergewöhnliche Breite von 66 m ermöglicht über dem Rumpf den Aufbau von zwei längsseitig angelegten Kabinen-Trakten. Dadurch ergeben sich in der Mitte des Schiffes die beiden nach oben offenen Bereiche des ruhigen Central Parks und des anschließenden Boardwalks.

In den insgesamt 2756 Kabinen finden maximal 6680 Gäste Platz. Dazu kommen noch rund 2200 Crew-Mitglieder, was sich zu einer schwimmenden Kleinstadt summiert. Diese Zahl mag begeistern oder verstören – die Schiffsbauer haben sich sehr wohl ihre Gedanken zum Thema Massengefühl gemacht. Wie bei ihren Vorgängerinnen wurden über das ganze Schiff sieben Erlebniswelten angelegt, welche die unterschiedlichsten Gäste-Bedürfnisse ansprechen. Neu im Kabinen-Angebot ist die 125 Quadratmeter große, über zwei Ebenen angelegte Ultimate Family Suite für bis zu acht Personen. Ultimativ ist

DAS SCHIFF i

BRZ: 228 081
Länge: 362 m **Breite:** 65,68 m
Tiefgang: max. 9,32 m
Bauwerft: STX France (St-Nazaire, Frankreich)
Indienststellung: 23. März 2018
Taufe: 15. November 2018
Passagiere: 6680
Crew-Mitglieder: 2200
Passagierdecks: 16 **Kabinen:** 2759
Bordsprache: Englisch
Restaurants: 6 **Bars:** 13
Sport & Wellness: 4 Pools, Aqua Theater, Basketballplatz, Zipline, Surf-Simulator
Entertainment: Shows, Disco, Tanzkurse, Comedy Club
Info: Royal Caribbean International, www.royalcaribbean.de
Preisklasse: €

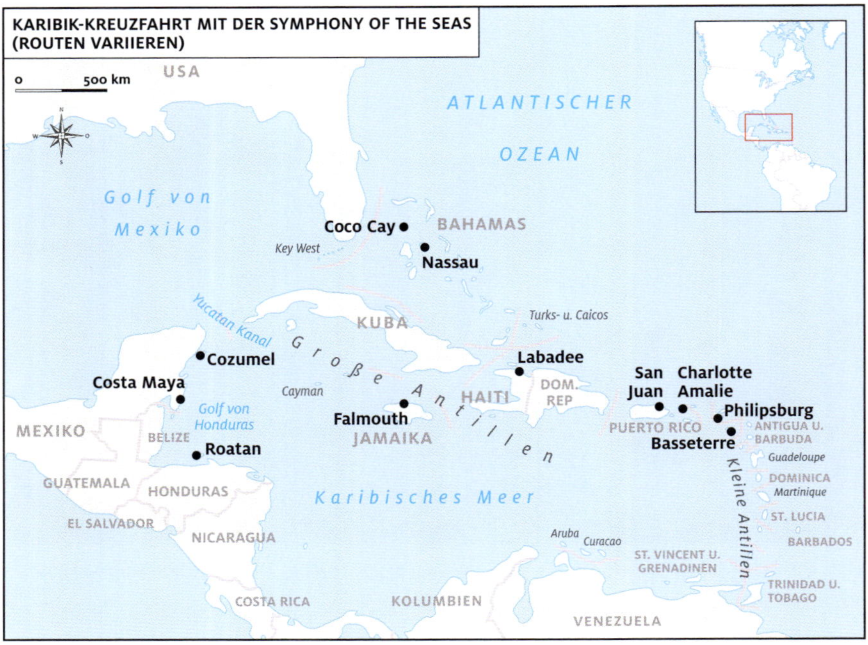

KARIBIK-KREUZFAHRT MIT DER SYMPHONY OF THE SEAS (ROUTEN VARIIEREN)

auch der Preis, der – je nach Auslastung und Saison – bei umgerechnet 17 000 bis 75 000 Euro pro Woche liegt.

Trubel herrscht in der sonnig-luftigen Pool- und Sportzone mit vier Pools und einem Kidsbereich. Eine Reggae-Band spielt gegen die Jauchzer an, die aus den vier Wasserrutschen dringen. Wer Ruhe sucht, hat sich nach vorne in das neu gestaltete und immense windgeschützte Solarium verzogen, wo auch die neue Seafood-Brasserie Hooked Einzug gehalten hat.

WELLENREITER AN BORD

Aktive treffen sich derweil hinten am Schiff: Auf den zwei Flowrider Surf-Simulatoren wird Wellenreiten geübt, hoch über dem Boardwalk zieht sich eine Zipline dahin, auf dem Sportplatz läuft ein Basketballspiel, und Wagemutige stürzen sich durch den furchterregenden Schlund der Ultimate-Abyss-Rutsche über zehn Decks in die Tiefe.

An den Central Park schließt sich der nach oben offene Broadway an. Ein Karussell, Schnellrestaurants, eine Bar und Süßigkeitenstände verströmen Rummelplatzatmosphäre. Zum Heck hin geht es in das große Aqua Theater, wo Wassershows mit spektakulären Sprüngen aus 15 Meter Höhe geboten werden.

ROUTEN

Angelaufen werden u. a. Philipsburg (St. Maarten), San Juan (Puerto Rico), Labadee (Privatinsel RCI), Basseterre (St. Kitts und Nevis), Charlotte Amalie (St. Thomas) bei den Touren in der Ost-Karibik – teilweise auch die Coco Cay (weitere Privatinsel). Bei der Westkaribik stehen u. a. Falmouth (Jamaika) und Cozumel (Mexiko) auf dem Plan. Die Anlaufhäfen können von Tour zu Tour ein wenig variieren.

Rummelplatzstimmung herrscht auf dem Broadway im Innenbereich des Schiffs. Karussell, Fast Food und Süßigkeiten lassen Kinderherzen höher schlagen. Erholsamer ist der Central Park. Die Pflanzen sind echt, aber das Vogelgezwischer kommt aus Lautsprechern.

Auch auf der Flaniermeile der Royal Promenade mit Restaurants, Bars und Shops ist immer etwas los. Zu entdecken gibt es auch hier Originelles, etwa die mit Robotern als Barkeeper ausgerüstete Bionic Bar. Ein Hingucker ist die Rising Tide Bar, welche die Gäste inklusive Drink wie ein Mega-Aufzug in den Central Park hoch transportiert. Das Vitality at Sea Spa & Fitness Center hat eine breite Palette an Wellness- Kosmetik- und Sportangeboten. Kinder und Teenager haben ihre eigenen Bereiche und wer-

Nie hat man das Gefühl, Teil einer Masse zu sein – eine logistische Meisterleistung.

ADAC Tipp

Man spricht auch Deutsch
Royal Caribbean International ist eine amerikanische Reederei mit kosmopolitischem Charakter. Auch auf der Symphony of the Seas ist deshalb Englisch die offizielle Bordsprache, Grundkenntnisse der englischen Sprache empfehlen sich somit. Auf Fahrten in Europa und in der Karibik bemüht sich die Reederei jedoch um einen Gästeservice in fünf Sprachen, darunter auch Deutsch. Erwartet werden kann ein deutschsprachiges Tagesprogramm, eine deutschsprachige Menükarte im Hauptrestaurant und deutschsprachige Ansprechpartner (sog. International Ambassadors). Auch das Sicherheits-Video am Bord-TV steht u. a. auf Deutsch zur Verfügung, und je nach Nachfrage werden deutschsprachig geleitete Landausflüge angeboten.

It's Showtime! Im Entertainment Place dürfen sich die Gäste auf temporeiche Broadway-Musicals, Weltklasse-Eislaufshows, Livemusik und viele mehr freuen.

Schwimmendes Küchenduell: Auf der Symphony of the Seas sind die Küchen der Welt vereint, darunter auch die japanische. Gäste können zwischen 22 Restaurants wählen.

den sich garantiert nicht über Langeweile beklagen. Ein Feuerwerk an guter Unterhaltung lockt die Gäste in den Entertainment Place: Musicals im Royal Theater, Eislaufshows mit Weltklasse-Eiskunstläufern, Livemusik, Comedy, Hochbetrieb im Pub, und im On Air Club üben sich verkannte Talente in Karaoke.

JEDEM SEIN BEREICH

Diese »Welten«-Vielfalt vermag tatsächlich die Gästeströme zu entflechten, sodass nie das Gefühl aufkommt, Teil einer mehrere Tausend Köpfe zählenden Masse zu sein – ohne Zweifel eine logistische Meisterleistung. Dazu tragen auch die 22 Restaurants bei, von denen 13 zuschlagspflichtig sind. Das Hauptrestaurant ist separat über drei Decks angelegt und vermeidet so den Eindruck eines Speisesaals.

An Bord kann also jeder Passagier »seinen« Bereich finden. An Land ist jedoch Schluss mit diesem Stück Individualität: Wenn das Schiff anlegt, dauert es nicht lange und kleine, verschlafene Hafenstädtchen sind »geflutet« mit Menschen.

NERVENKITZEL INBEGRIFFEN

Die Symphony of the Seas wartet mit einer Vielzahl von zum Teil einmaligen Attraktionen auf. Etwa der 12 Meter lange Flowrider Surfsimulator, die sich über zehn Decks stürzende Ultimate-Abyss-Rutsche, Schlittschuhlaufen im Studio B, die Zipline, die sich hoch über dem Broadway dahinzieht, die Laser-Tag-Battle um den Planet Z, die rasanten Wasserrutschen des Perfect Storm oder die Kletterwand.

LANG LEBE die TRADITION!

Eine Atlantiküberquerung mit der Queen Mary 2 ist Kreuzfahrt-Klassik pur – mit Streichern beim 5-Uhr-Tee und großen Roben bei Galaabenden.

Lange Kleider rauschen beim Maskenball der Queen Mary 2 über das Parkett. Das Orchester spielt im Dreivierteltakt, und die Gentlemen Hosts haben viel zu tun: Ihr Job besteht darin, die allein reisenden Damen zum Tanz aufzufordern. Britische Noblesse trifft amerikanischen Prunk. Wir gehören zu den deutschen Zaungästen, wollen dem klassischen Auswanderertraum nachspüren.

Queen-Mania in Hamburg: Wenn die Queen Mary 2 der Hansestadt ihre Aufwartung macht, kennt die Begeisterung der Menschen keine Grenzen.

Die Queen Mary 2 bietet ihren Gästen als letzter Transatlantikliner besonders viel Raum. Sie ist 345 Meter lang, es gibt aber nur halb so viele Kabinen wie bei anderen großen Kreuzfahrtschiffen. Von ihrem Atrium gehen fünf Meter breite Flure aus – das wirkt majestätisch.

Etwa die Hälfte des Jahres verbringt das Luxusschiff der Reederei Cunard im Liniendienst zwischen Southampton und New York. An ausgewählten Terminen startet sie in Hamburg zur großen Fahrt. Das ist zumeist ein Riesenspektakel: Wir erleben, wie sich die Menschen am Ufer drängen und dem Schiff zujubeln, das im Schritttempo, begleitet von unzähligen kleinen Booten, den Strom hinabgleitet. In einem Hotelfenster wehen weiße Bettlaken, und auch hinter Blankenese stehen noch winkende Fans am Wasser Spalier. Ein Teil ihres Ruhms gehört nun auch uns – ein erhabenes Gefühl.

Geregelte Tischzeiten, Klassentrennung und elegante Kleidung zum Dinner: So lieben es die Fans der eleganten Königin.

DER LETZTE TRANSATLANTIKLINER

Das Schiff mit dem klassischen Stufenheck bietet deutlich mehr Platz pro Passagier als normale Kreuzfahrtschiffe. Und bei den so genannten Crossings wird Unterhaltung groß geschrieben: Tanzkurse, Kreativworkshops, Lesungen oder Vorführungen im bordeigenen Planetarium.

Im Schiffsinneren geht es klassisch zu. Während andere traditionelle Reedereien strikte Bekleidungsvorschriften zunehmend lockern, herrschen auf der Queen Mary 2 noch die alten Konventionen – der komplette Gegenentwurf zum Clubschiff-Konzept. Der Fünf-Uhr-Tee wird mit weißen Handschuhen serviert, dazu spielt ein Streichquartett. Am Ball-

ADAC Tipp

Tierische Kreuzfahrer

Als einziges Kreuzfahrtschiff befördert die Queen Mary 2 auch Hunde und Katzen auf ihren Transatlantikreisen. Sie wohnen nicht in den Passagierkabinen, sondern im Hundehotel auf Deck 12. Es bietet Platz für 22 Tiere. Im Service inkludiert sind frisch an Bord gebackene Leckerlis und ein Crewmitglied, das mit den Hunden Gassi geht. Für die Notdurft steht den internationalen Vierbeinern sowohl ein New Yorker Hydrant als auch eine Straßenlaterne aus Liverpool zur Auswahl.

abend wird vom Herrn ein schwarzer Anzug oder Smoking erwartet, die Dame trägt ein langes Kleid. Und wie früher herrscht Klassentrennung: Das Gros der Gäste speist im Britannia-Restaurant (was ein exakter Nachbau eines Schiffsspeisesalons von 1840 ist), zu zwei Tischzeiten. Die Suitenbewohner haben hingegen zwei eigene Restaurants und einen größeren Zeitrahmen. Auch hier wird noch einmal fein säuberlich in zwei Preisklassen unterschieden.

Nach den üppigen Mahlzeiten tut es gut, auf dem Promenadendeck Seeluft zu inhalieren. Vier Runden draußen entsprechen gut zwei Kilometern. Sie führen unter den orangefarbenen Rettungsbooten entlang und durch die Schotten am Bug, die bei rauer See geschlossen werden. Doch auf unserer Überfahrt im Sommer ist nicht mehr als ein sanftes Schaukeln zu spüren.

3290 nautische Meilen liegen nach dem Zwischenstopp in Southampton vor uns, das heißt sechs Tage nichts als Wasser. Es rauscht leise in 45 Meter Tiefe; unsere Kabine liegt auf Deck 12, höher geht es nicht. Vom Vortrag im Planetarium auf Deck 2 geht es zur Enthüllung eines Dalí im Wintergarten auf Deck 7. Beim Songwriting-Workshop lernen wir Jerry und Nick kennen. Jerry ist Amerikaner; er kehrt gerade von einer Europareise zurück, auf der er seine Wurzeln gesucht hat. Der Gitarrist Nick ist von London nach New York ausgewandert. In mehreren Sessions

DAS SCHIFF

BRZ: 151 400
Länge: 345,03 m **Breite:** 41 m
Tiefgang: max. 10,3 m
Bauwerft: Chantiers de l'Atlantique (St-Nazaire)
Indienststellung: 22. Dezember 2003
Taufe: 8. Januar 2004
Passagiere: 2691
Crew-Mitglieder: 1292
Passagierdecks: 13 **Kabinen:** 1310
Bordsprache: Englisch
Restaurants: 7 **Bars:** 12
Sport & Wellness: 6 Whirlpools, 4 Pools, Golfsimulator, Basketballfeld
Entertainment: Royal Court Theatre, Planetarium <<Illuminations>>
Info: Cunard Line, www.cunard.com
Preisklasse: €€

Und ewig lockt die Magie des Meeres: Wo lässt sie sich besser erspüren und genießen als auf einer Transatlantiküberquerung?

entwickeln wir ein gemeinsames Lied, das Teil einer Vorführung wird. Applaus für uns im prächtigen Theater der »Queen«. So vergeht die Zeit wie im Flug. Täglich überqueren wir eine Zeitzone und bekommen so eine Stunde nach der anderen geschenkt.

Viele Passagiere ziehen den meditativen Blick aufs Meer vor. Mal unterbricht eine komplette Delfinschule die wohltu-

Trendsportarten? Nein danke! Auf der Queen Mary 2 halten sich die Gäste beim Shuffleboard in Schwung und setzen eher auf Genuss.

ende Ereignislosigkeit. Immer wieder wechselt die Farbe des Wassers, es gibt tiefblaue, türkise und grüne Stunden.

New Yorks Skyline und die Freiheitsstatue in Sicht bedeutet leider das Ende der Reise...

Den Rhythmus eines grauen Tages prägt der Schall des Nebelhorns. Und in einer Nacht gibt es die Information, die niemanden kalt lässt: Knapp vier Kilometer unter uns im schwarzen Meer liegt die Titanic. Die kalten Schauer, die einem über den Rücken laufen, kommen nicht von ungefähr. Schließlich gibt es große Ähnlichkeiten zwischen der Queen Mary und der Titanic. Bis zu ihrer folgenschweren Kollision mit einem Eisberg am 14. April 1912, in deren Folge sie mit über 2000 Passagieren an Bord sank, war sie das größte und eleganteste Kreuzfahrtschiff der Welt.

NIMM UNS MIT, KAPITÄN!

Dann ein Möwenschwarm! Und auf einmal geht alles sehr schnell. Land in Sicht, die Freiheitsstatue, die Skyline. Sind wir wirklich schon am Ziel unserer Reise? Etwas in uns weigert sich, wieder Teil der Welt da draußen zu werden. Wir möchten weiterfahren, möchten die Wirkung des Meeres auf die Seele weiter erleben. Doch schnell reißt uns der pulsierende Rhythmus New Yorks fort. Vom Hotelzimmer aus sehen wir, wie »unsere Queen« zu ihrer nächsten Reise aufbricht. Ein letztes Seufzen: Nimm uns mit, Kapitän!

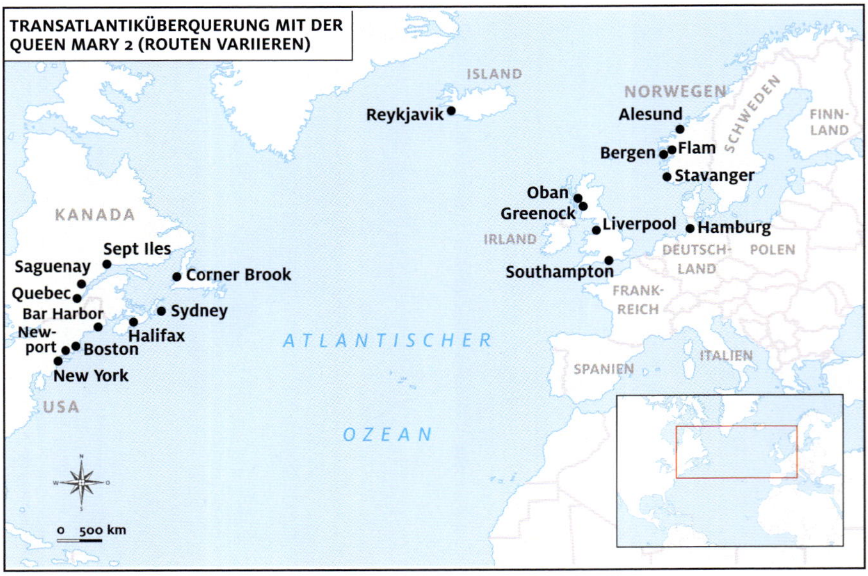

KREUZFAHRT in die ZUKUNFT

Die neue Celebrity Edge ist eine schwimmende Wundertüte mit erstaunlichen, in der Kreuzfahrt nie da gewesenen Neuheiten.

Dieses Schiff bietet schon von außen einen anderen Anblick als die üblichen Kreuzfahrtschiffe. Vorne ein steiler Steven, der die Meereswellen besser zerteilen soll. An der Seite prangt wie eine riesige orangefarbene Bauchbinde eine Metallstruktur, die vom Wasser bis zum höchsten Deck reicht. Wie ein Mega-Lift bewegt sich der Magic Carpet, der Zauberteppich, an der Bordwand zwischen Deck und dem Wasserniveau. Die fast tennisplatzgroße Plattform kann über 100 Personen aufnehmen. Es gibt eine Bar, bequeme Sitzecken und viel Ausblick durch die teilweise verglaste Front. Mal dient er als Poolbar auf Deck 14, mal als Restaurant oder für private Empfänge auf Deck 5, dann wieder als Tenderplattform direkt am Wasser. Ein echtes Novum auf den Weltmeeren.

Über fünf Jahre lang hatten die Planer der amerikanischen Premium-Reederei Celebrity Cruises Zeit gehabt, sich den Kopf über die besonderen Kicks zu zerbrechen, mit denen dieses neue Schiff seine Gäste verblüffen und entzücken sollte. Nicht nur kreative Geniestreiche flossen in den Neubau: Mit Baukosten von 1,1 Milliarden Dollar ist die Celebrity Edge eines der teuersten je gebauten Kreuzfahrtschiffe. Mittlerweile sind bereits vier weitere Schwesterschiffe bestellt.

NOBELPREISTRÄGERIN MALALA ALS TAUFPATIN

Eine besondere Frau jenseits des Showgeschäfts wurde als Taufpatin für die Celebrity Edge auserkoren: die jüngste Nobelpreisträgerin der Welt, die Pakistanin Malala Yousafzai. Mit ihrer elektronischen Unterschrift auf einem Ipad löste sie die Flasche aus und ließ sie am Bug zerschellen. Die Flasche enthielt 18 Liter prickelndes Mineralwasser, vielleicht auch eine Referenz an die muslimische Religion der Patin.

NÄHER AM MEER

Im Heck des Schiffs befindet sich die Eden Lounge, die sich über drei Decks erstreckt. Die Ebenen vermischen sich hier auf erstaunliche Weise. Das geht von der pflanzenumrankten Bibliothek über eine Designerbar bis zu zwei Res-

Eine besondere Frau für ein besonderes Schiff: Die junge pakistanische Friedensnobelpreisträgerin Malala Yousafzai ist Taufpatin der Celebrity Edge.

13 Stockwerke über dem Meeresspiegel schwebt Magic Carpet, die erste schwimmende Plattform der Welt. Die Aussicht ist atemberaubend.

taurants. Manchmal findet hier auch eine Kochschule statt. Jeder Gast soll nicht nur näher am Meer, sondern auch am Show-Geschehen sein und bestmöglich daran teilnehmen, so versprechen die Macher der Celebrity Edge. In der Eden Lounge kommt diese Idee am besten zum Tragen: Schauspieler und Tänzer mischen sich zwischen die Gäste, künstlicher Nebel wabert, Discokugeln schleudern ihre Blitze durch den Raum. Mal sind es angedeutete Tänze, mal kriechen die Schauspieler über den Boden – die avantgardistische Choreografie passt zum futuristischen Design des Schiffs. Auch im Theater ragt die größte der vier Bühnen weit in den Zuschauerraum hinein. Die Gäste sollen in das Geschehen der Shows und Konzerte mit einbezogen werden, und die meisten lieben diese Art der Animation.

FRAUENPOWER

Wie Lisa Lutoff-Perlo, die Chefin von Celebrity Cruises, bei der Taufe betonte, sei die Edge das einzige Schiff in der Kreuzfahrtbranche, auf dem fast ein Drittel der

> Das Kommando hat Kapitänin Kate McCue, die erste Amerikanerin in dieser Position.

Besatzung weiblich ist. Und sie hört auf das Kommando von Kapitänin Kate McCue, der ersten Amerikanerin in dieser Position.

In 918 der 1467 Kabinen sind sogenannte Infinite Verandas eingebaut: Bo-

Alles Haifisch, oder was? Originelles Design ist allgegenwärtig.

dentiefe Fenster bieten einen uneingeschränkten Blick nach außen, und der obere Teil des Fensters kann auf Knopfdruck versenkt werden. Innen trennt eine Verandatür die Kabine von diesem »Wintergarten«. Optisch wirkt die Kabine dadurch größer, genau 23 Prozent sollen es sein. Etliche erfahrene Kreuzfahrtgäste beklagen aber, dass so der Balkon auf ein größeres Fenster reduziert wird.

DAS SCHIFF

BRZ: 129 500
Länge: 306 m **Breite:** 39 m
Tiefgang: max. 8 m
Bauwerft: Chantiers de l'Atlantique (St-Nazaire)
Indienststellung: Ende 2018
Taufe: 4. Dezember 2018; Taufpatin ist Malala Yousafzai
Passagiere: 3373
Crew-Mitglieder: 1320
Passagierdecks: 14
Kabinen: 1467
Bordsprache: Englisch
Restaurants: 10, davon 4 inkl. **Bars:** 10
Sport & Wellness: Fitnesscenter, Spa mit Massagen
Entertainment: Theater, Musik
Info: Celebrity Cruises, www.celebritycruises.de
Preisklasse: €€

VIRTUELLES KOCHEN

29 Restaurants, Bars und Cafés verteilen sich über das Schiff. Die vier Hauptrestaurants sind thematisch geordnet (griechisch, französisch, italienisch und klassische Küche), in sieben Spezialitätenrestaurants (von Sushi bis Steakhouse) muss bezahlt werden. Besonderer Gag: Im Le Grand Bistro wird abends das Essen durch eine Animation scheinbar auf dem eigenen Teller vom »Le Petit Chef« zubereitet. Ist das virtuelle Kochen beendet, steht auch schon der Kellner mit der richtigen Mahlzeit am Tisch.

WIE EIN RESORTHOTEL

Generell ähnelt die Edge in vielen Bereichen einem modern Resorthotel. Durch das dreistöckige Atrium mit seiner Martini-Bar und der von Musik gesteuerten riesigen »Lichtorgel« ziehen sich Promenadenpassagen wie in einer modernen Mall. Auch am Resortdeck mit seinem 25-Meter-Pool, über dem zwei Whirlpools schweben, führen solche

ADAC Tipp

Ehe für alle
Seit September 2018 können sich gleichgeschlechtliche Paare an Bord von Celebrity-Schiffen rechtskräftig trauen lassen. Dieser Schritt wurde möglich, da Malta, unter dessen Flagge ein Großteil der Celebrity-Flotte fährt, die Ehe für alle beschlossen hatte. Einzige Bedingung: Die Zeremonie muss in internationalen Gewässern stattfinden.

Flanierwege von einem Deck zum anderen. Dieses Pooldeck ist nicht nur dadurch untypisch, sondern auch völlig unsymmetrisch eingerahmt Auf der einen Seite bietet es Meerblick durch eine Glaswand, auf der anderen Seite liegen auf dem Weg zum Magic Carpet Cabanas in angedeuteten Haifischmäulern. Solche auffälligen Designstücke sind über das ganze Schiff verstreut. Besonders auffällig: eine Pferdeskulptur auf einem der Außendecks von Sophie Dickens, einer Ur-Ur-Enkelin des berühmten Schriftstellers Charles Dickens. Das bronzene Pferd hat schon einen Spitznamen: Mister Edge.

Einer der schönsten Plätze an Bord der Celebrity Edge ist der Rooftop Garden, ein Bereich mit Pflanzen, Relaxmöbeln, Großleinwänden für Filmabende und einem Restaurant auf dem höchsten Deck. Und über allem thront das riesige X, Logo der Reederei, auf diesem Schiff, flankiert vom orangenen Tor des Magic Carpet.

Mehr Meerblick: In 918 der 1467 Kabinen sind Infinite Verandas mit bodentiefen Fenstern eingebaut.

KUSSMUND mit frischem ATEM

Die AIDAnova ist das erste deutsche Riesenschiff für mehr als 6000 Passagiere. Ein Novum: Angetrieben wird es mit umweltfreundlichem Flüssiggas-Brennstoff.

Staunend stehen die drei älteren Damen auf der Gangway von Santa Cruz de Tenerife und zählen die Decks der AIDAnova: »17, 18, 19, 20 …« Der Neubau wirft einen großen Schatten auf die Pier. 20 Decks und 2626 Kabinen für mehr als 6000 Passagiere sind absoluter Rekord für ein deutsches Kreuzfahrt-

schiff. Wie sich das wohl anfühlen mag? Um es vorwegzunehmen: Wer sich darauf einlässt, wird angenehm überrascht. Auch nach Tagen wird man verblüfft feststellen, dass man zu keinem Zeitpunkt das Gefühl von Enge oder Gedrängtheit hat. Keine langen Schlangen, kein Gewusel. Faszinierend.

RAFFINIERTE ARCHITEKTUR

Was auf der AIDAprima und AIDAperla begonnen hat, wurde auf der AIDAnova konsequent zu Ende geführt: Eine ausgeklügelte Architektur lässt das Mehrgenerationen-Schiff selbst zur Destination werden. 17 Restaurants, 23 Bars und ein Feuerwerk an Unterhaltungsangeboten reihen sich geschickt kombiniert aneinander: So bilden beispielsweise das Büfett im East Restaurant, die Spezialitätenrestaurants Sushi House und Teppanyaki Asia Grill und die

6600 Passagiere – das ist Rekord für ein deutsches Kreuzfahrtschiff.

Tokyo Bar auf Deck 6 eine asiatische Erlebniswelt. Das Brauhaus hat einen Außenbereich sowie eine Bühne für Livemusik. Eine Eisbar und ein Fischrestaurant gehören ebenso zu den Neuerungen an Bord wie das äußerst be-

»HANGING GARDENS« AUF HOHER SEE

Der Mehrzweckbereich Four Elements ist auf der AIDAnova 600 qm größer als auf den Vorgängerschiffen und bietet viele verschiedene Stimmungen. Bei gutem Wetter kann man sich tagsüber auf den großen Stufen unter dem geöffneten Dach sonnen. Eine große Leinwand verwandelt den Bereich manchmal zum Kino. Die Hanging Gardens kommen am Abend besonders gut zur Geltung. Der Hochseilgarten mit drei unterschiedlich schwierigen Strecken hat bis Mitternacht geöffnet, die längste Wasserrutsche ist 54 m lang.

Der Umwelt zuliebe: Die AIDAnova ist mit Flüssiggas unterwegs.

DAS SCHIFF

BRZ: 183 900
Länge: 337 m **Breite:** 42 m
Tiefgang: max. 8,8 m
Bauwerft: Meyer Werft (Papenburg)
Indienststellung: 12. Dezember 2018
Taufe: 31. August 2018
Passagiere: 6600
Crew-Mitglieder: 1500
Passagierdecks: 16
Kabinen: 2626
Bordsprache: Deutsch
Restaurants: 17 **Bars:** 23
Sport & Wellness: Spa, Fitnesscenter, Sportkurse, Kletterpfad, Wasserrutschen, Volleyballfeld
Entertainment: Theatrium, Studio X, Escape Room, Club, Tanzstudio
Info: AIDA Cruises, www.aida.de
Preisklasse: €

liebte Restaurant Best Burger@Sea. Für jeden Geschmack ist etwas dabei. Nur kann es eine Weile dauern, bis man sich einen Überblick verschafft hat.

Familien mit Kindern halten sich besonders gern auf den oberen Decks auf: Hier sind Kids- und Teensclub, das Familienrestaurant Fuego und das Four Elements angesiedelt – ein lichtdurchflutetes Allwetterparadies mit Hochseilgarten und Wasserrutschen. Gleich nebenan im Beach Club herrschen unter einem durchsichtigen Folienhimmel konstante 24 Grad, tagsüber entspannt man sich am Pool, abends finden hier Lasershows und Partys statt.

ATTRAKTIVE ROUTEN

Um alle Angebote an Bord kennenzulernen, reicht eine Woche kaum aus. Kein Wunder, dass etwa die Hälfte der Passagiere auf den ersten Reisen des Schiffs gar nicht an Land gegangen ist. Dabei ist das Routing sehr attraktiv: Im Winter fährt die AIDAnova rund um die Kanaren und nach Madeira. Die siebentägigen Reisen bieten die ideale Gelegenheit, die unterschiedlichen landschaftlichen Reize von Gran Canaria, Fuerteventura, Lanzarote und Teneriffa sowie der Blumeninsel Madeira zu erleben: riesige Sanddünen, schwarze Lavalandschaften, quirlige Hafenstädte, verschlafene Dörfer, Palmenhaine, der mit 3718 Meter höchste Berg auf spanischem Staatsgebiet (Tejde) und Steilküsten. Alle Inseln lassen sich auch gut auf eigene Faust erkunden. Im Sommer kreuzt das größte Kussmundschiff auf einer ebenfalls einwöchigen Route im Mittelmeer. Es geht nach Rom, Florenz und Marseille, und ein Zustieg ist in den spanischen Häfen von Barcelona sowie Palma de Mallorca möglich.

> Hochseilgarten und Wasserrutschen – die AIDAnova verspricht Spaß ohne Grenzen für Kinder und Teenager.

NEUARTIGER ANTRIEB

Charakteristische Blickfänger auf der AIDAnova sind die drei Schornsteine:

AIDAnova — KANAREN-KREUZFAHRT IM WINTERREVIER (ROUTEN VARIIEREN)

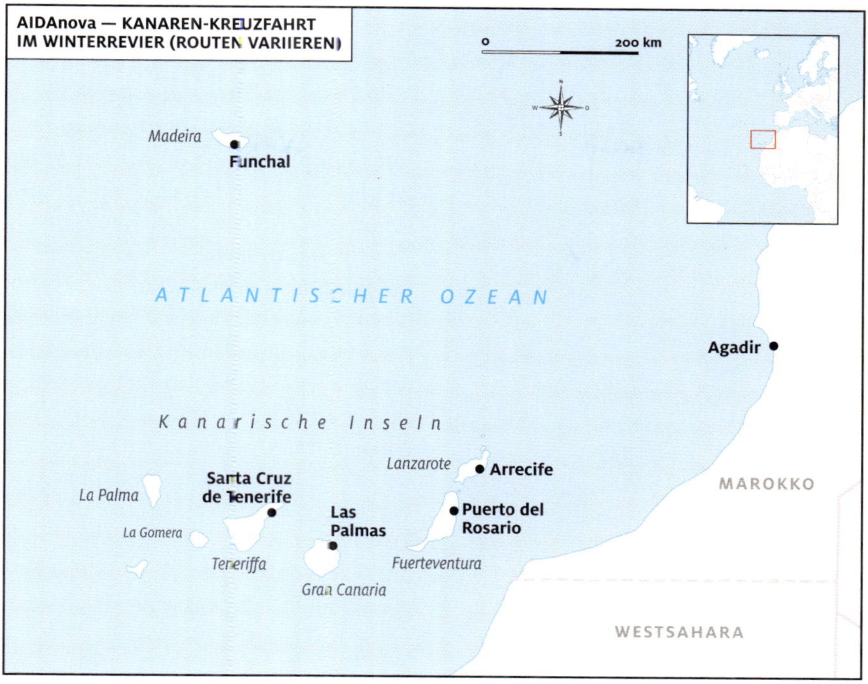

AIDAnova — MITTELMEER-KREUZFAHRT IM SOMMERREVIER (ROUTEN VARIIEREN)

ADAC Tipp

Ein Hauch von Jauch
AIDA Cruises hat für die AIDAnova und weitere AIDA-Schiffe die erfolgreiche Quizshow »Wer wird Millionär« für sein abendliches Unterhaltungsprogramm adaptiert. Wer es auf den Ratestuhl schafft, bekommt vom Moderator maximal 15 Fragen gestellt. Je mehr dieser Fragen richtig beantwortet werden, desto höher ist der Gewinn. Zwar lockt kein Millionengewinn. Doch winkt als Hauptgewinn z. B. eine Kreuzfahrt auf einem AIDA-Schiff. Weitere Preise reichen von einem Panoramafoto aus dem Fotoshop bis zu einem Essen im Buffalo Steak House.

Zwei entsorgen lediglich die warme Abluft aus der Küche und der Wäscherei. Und auch aus dem dritten kommt nur heller Rauch. Denn die AIDAnova ist als erstes europäisches Kreuzfahrtschiff mit einem umweltfreundlichen Gasantrieb unterwegs. Sie nutzt als Brennstoff Liquified Natural Gas (LNG). Das Flüssigerdgas senkt im Vergleich mit herkömmlichem Marinediesel den Ausstoß von Feinstaub und Schwefeldioxid auf nahezu Null, die Stickoxidemissionen um bis zu 80 und die CO_2-Emissionen um bis zu 20 Prozent. Und durch einen im Vergleich zu den Vorgängerschiffen nochmals reduzierten Treibstoffverbrauch von weniger als 2,7 Litern pro Passagier fährt auch das gute Gewissen mit.

Es gibt viele Außenbereiche, auf denen die Gäste den ewigen Sommer genießen können.

Immer der SONNE NACH

Die MSC Seaside mag's gerne warm. Sie hat so viele Freiflächen für Outdoor-Spaß und Erholung, dass sie sogar als Flugzeugträger einspringen könnte.

Eigentlich haben Kriegsschiffe und Kreuzfahrtschiffe fundamental gegenläufige Zielsetzungen. Dennoch haben die Konstrukteure der neuen Kreuzfahrtschiffe der Seaside-Klasse von MSC wesentliche Elemente aus dem Bau von den größten Kriegsschiffen der Welt übernommen. Die Schaffung großer Freiflächen an Oberdeck bei gleichzeitig maximaler Auslastung des Rumpfs ist

MSC – DAS IMPERIUM

Die Mediterranean Shipping Company (MSC) ist die größte Reederei in Familienbesitz. Das 1970 von Kapitän Gianluigi Aponte gegründete Unternehmen startete einst mit aus Deutschland gekauften Frachtern in der Afrikafahrt. Heute gehören 530 Containerschiffe, 30 Fähren und 16 Kreuzfahrtschiffe sowie zahlreiche Massengutfrachter zur Flotte. 2,1 Millionen Passagiere reisen pro Jahr mit den Kreuzfahrtschiffen. Haupteigner ist Gianluigi Aponte mit seiner Frau Rafaela. Sohn Diego leitet die Containerflotte, während Tochter Alexa und Schwiegersohn Pierfrancesco Vago die Kreuzfahrt-Division führen. Übrigens: Die große Sophia Loren, eine gute Freundin der Reederfamilie, ist die Taufpatin der meisten MSC-Schiffe.

Platz für alle: Große Überhänge sind das architektonische Geheimnis der vielen Freiflächen.

seit über 70 Jahren ein Geheimnis beim Bau der großen Flugzeugträger. Denn Flugzeuge brauchen Platz auf freien Flächen – Passagiere auf Kreuzfahrtschiffen auch.

> Geschaffen für sommerliche Gefilde: »Es ist das Schiff, das der Sonne folgt.«

NORWEGISCHE FJORDE? LEIDER NEIN

Die italienische Fincantieri-Werft baut Flugzeugträger. Sie baut aber auch die Schiffe der MSC Seaside-Klasse. Mit dem neuen Schiffstyp nutzt sie genau die Elemente, die ein gutes Schiff bei einer Kreuzfahrt in sonnigen Gewässern auszeichnen. »Es ist das Schiff, das der Sonne folgt«, sagt Pierfrancesco Vago, Chef bei MSC Cruises. Einen norwegischen Fjord wird die MSC Seaside nie sehen. Das neue Schiff ist für Gewässer mit Sonnengarantie gebaut.

Das bedeutet eine gigantische Anzahl an Sonnendecks. Und nicht nur das, es gibt für die bis zu 5000 Passagiere auf fünf Decks Platz fürs Bräunen. Damit das möglich wurde, haben die Konstrukteure große Decksflächen über den Rumpf gebaut. Gewaltige Überhänge sind an beiden Seiten und oben auf den Decks.

DECK 17 FEHLT

Wer mit einem der 28 Fahrstühle nach oben auf die Decks 16 bis 19 fährt, findet

ADAC Tipp

www überall
MSC bietet auch auf See unbegrenzte Reichweite. Wer sein Smartphone auf WLAN und Bluetooth stellt, kann sich auf der MSC Seaside überall mit der App »MSC for Me« vernetzen. 3602 Bluetooth-Beacons und 660 WLAN-Empfänger garantieren an jeder Stelle Zugang zum Netz. Hinzu kommen Armbänder mit Chip, die die eigene Kabinentür entriegeln oder Getränke bestellen. Eltern können per App so auch immer den genauen Standort der Kinder erfahren. Die Internetpakete für den freien Zugang zum Internet kosten je nach Dauer und Datenvolumen ab 19,90 Euro.

viel Platz vor. Aufmerksamen Passagieren wird auffallen, dass das Deck 17 fehlt. Der Grund: Die 17 gilt in Italien als Unglückszahl, wie bei uns die 13. Der Gang über die Außendecks ist auch zur Mittagszeit ohne das sonst übliche Gedränge möglich. Die Außendecks sind außerdem in verschiedene Bereiche aufgeteilt: Im Zentrum des Schiffs gibt es den Jungle-Pool mit Palmen, Papageien und Poolliegen in ruhiger Atmosphäre. Will man es lebhaft, sind nur wenige Schritte und eine Schleuse nach achtern vonnöten: Der Forest Aquaventure- und Abenteuerpark sind das, was als lebhaftes Spaßbad dient. Kinder lieben es – da dort eigentlich alles geboten wird. Ihn überspannen nicht nur der Hochseilgarten, sondern auch die beiden 160 m langen Doppel-Wasserrutschen für Wettfahrten und obendrein die 105 Meter lange Hochseilbahn – die Zipline.

BLICK DURCH DEN GLASBODEN

Insgesamt bietet die MSC Seaside vier große Poolbereiche. Der schönste ist am Heck, der South Beach Pool. Tief unter dem Skywalk mit seinem schwindelerregenden Blick durch den Glasboden liegt er auf 1045 Quadratmeter in einer Ruhezone. Keine Kinder, keine laute Musik und dafür viel freier Ausblick aufs Meer – einzig das leichte Plätschern ist beim Blick auf das Kielwasser zu hören.

Auch fünf der 17 größeren und kleineren Bars sind in den Außenbereichen zu finden. Ein wunderbarer Ort bei Sonnenuntergang ist die South Beach Bar.

Von Miami aus startet die MSC Seaside zu meist einwöchigen Karibikkreuzfahrten.

Etwas weniger pompös als bei vielen Schiffen im amerikanischen Markt ist das Unterhaltungsprogramm. Im Metropolitan-Theater mit seinen 934 Sitzplätzen gibt es vier Shows pro Tag.

EIGENES RESTAURANT FÜR KINDER

Auch hier hat MSC Cruises mit der Seaside Neuland beschritten. Mit 1000 Plätzen ist das größte Speiselokal an Bord erstmals ein Büfett-Restaurant. Das karibische Flair hat hier die sonst stark auf À-la-carte-Küche ausgerichteten Konzepte auf MSC etwas reformiert. Es gibt sogar ein eigenes Büfett für Kinder. Unter den zehn Restaurants gibt es einige kleinere Spezialitätenrestaurants, etwa das Fischrestaurant Ocean Cay oder das Teppanyaki des japanisch-amerikanischen Starkochs Roy Yamaguchi. Sie kosten einen Aufpreis, was der Nachfrage allerdings keinen Abbruch tut. Daher gilt die dringende Empfehlung, schon rechtzeitig vor der Seereise die Tische zu reservieren. Eine kulinarische Attraktion an Bord befindet sich auf Deck 6, auch Copacabana genannt. Dort steht eine Schokoladenfabrik von Venchi. Eingebettet in ein Café ist es der Platz für eine Ruhepause mit viel Sinn fürs Süße. Und da Schokolade auch Nachteile mit sich bringen kann, lohnt sich für den Einklang von Körper und Seele ein Besuch im Wellness- und Sportbereich. 2400 Quadratmeter sind für Fitness und Gesundheit reserviert, das Angebot reicht von privaten Wellness-Cabanas mit Meerblick bis hin zum Spinning-Angebot für Fahrradfahrer.

DAS SCHIFF

BRZ: 153 516
Länge: 323,3 m **Breite:** 41 m
Tiefgang: 8,5 m
Bauwerft: Fincantieri (Monfalcone)
Indienststellung: 1. Dezember 2017
Taufe: 21. Dezember 2017
Passagiere: Bei Doppelbelegung 4134, bis zu max. 5300
Crew-Mitglieder: 1413
Passagierdecks: 13 **Kabinen:** 2067
Bordsprache: Englisch
Restaurants: 10, darunter diverse Spezialitätenrestaurants **Bars:** 17
Sport & Wellness: Spa, Fitnessstudio, zwei Pools
Entertainment: Metropolitan Theatre, Bowlingbahnen
Info: MSC Cruises, www.msc-kreuzfahrten.de
Preisklasse: €

50 BIS 60 PROGRAMME TÄGLICH

14000 der insgesamt 46000 Quadratmeter öffentlicher Flächen befinden sich bei der MSC Seaside im Außenbereich, einen Teil davon bildet die um das Schiff verlaufende Promenade mit Bars. Der klassische Rundgang ist in. »Man muss das Meer spüren«, sagt Vago. Das gilt auch bei voller Auslastung.

Um ein Schiff wie die MSC Seaside zu erkunden, muss man Freude an Bewegung haben. Bei einem Tag an Bord kommt der Schrittzähler schnell in den fünfstelligen Bereich. Angesichts von fast 50 bis 60 Angeboten im Tagesprogramm würde der Anspruch auf vollumfängliche Nutzung des Bordangebots zu einer Herkulesaufgabe mit hohem Stressfaktor.

Schlemmen mit Aussicht im Yacht Club Restaurant.

Die SEEFAHRT mit der MAUS

Augen auf bei der Schiffswahl! Wer mit der Disney Magic unterwegs ist, sollte ein eingefleischter Fan von Micky, Goofy & Co. sein – ob Jung oder Alt.

Micky Maus hat's drauf. Eben noch im Hawaii-Hemd am Pool, steht er wenig später schon im Smoking auf der Freitreppe im großen Atrium. Immer mit dabei, wie es sich bei Stars gehört: Dutzende von Paparazzi. Kameras klicken, Smartphones zeichnen auch die kleinsten Bewegungen des Mäuserichs auf, der im Sekundentakt mit seinen Fans abklatscht, sich auch von Erwachsenen drücken lässt – und vor allem Kinderaugen zum Strahlen bringt. Aber auch Donald Duck, Ahörnchen und Behörnchen oder Goofy laufen über den Weg. Und wo sich dann auch noch gemeinsam fünf Prinzessinnen präsentieren, kann man eigentlich nur im Disneyland sein. Oder eben auf einem Disney-Schiff. Mehr als 30 ausgebildete Schauspieler schlüpfen turnusweise in die Rollen der insgesamt 16 verschiedenen Charaktere, die an Bord der Disney Magic auftreten.

SCHORNSTEINE ALS MARKENZEICHEN

Die Disney Magic galt bei ihrer Indienstnahme 1998 als revolutionär. Sie war das erste Kreuzfahrtschiff, das seit den 1950er-Jahren mit zwei Schornsteinen gebaut wurde, ganz im Stil der klassischen Oceanliner. Allerdings ist nur der hintere Schornstein »echt«; im vorderen verbirgt sich u. a. eine Art Loft für Teenager. Auch die umlaufenden Holzpromenadendecks und der elegante schmale Bug erinnern an die legendären Transatlantikschiffe.

30 SchauspielerInnen schlüpfen an Bord in die Kostüme der beliebtesten Disney-Figuren...

Die Rettungsboote sind (mit Sondergenehmigung) quietschgelb, passend zu Minnies Schuhfarbe. Eine fast fünf Meter hohe Goofy-Figur pinselt, so scheint es, gerade am Heck den Schiffsnamen fertig,

DAS SCHIFF

BRZ: 83 338
Länge: 294 m **Breite:** 32,2 m
Tiefgang: max. 8 m
Bauwerft: Fincantieri (Marghera/Ancona)
Indienststellung: 30. Juli 1998
Taufe: 28. Juli 1998
Passagiere: 2713
Crew-Mitglieder: 950
Passagierdecks: 11 **Kabinen:** 875
Bordsprache: Englisch
Restaurants: 12 Restaurants und Bistros, z. B. Rapunzel's Royal Table und Pinocchio's Pizzeria **Bars:** 8, Cafés, Bars, Nightclubs und Lounges
Entertainment: Disney-Musicals, Nightclub im Stil einer Pianobar
Info: Disney Cruise, disneycruise.disney.go.com
Preisklasse: €€

Alles Disney? Natürlich, und zwar hochdosiert: Im Freiluftkino laufen die berühmten Trickfilm-Klassiker. Die Stars im Disney-Universum sind zur Freude der Kinder allgegenwärtig.

Mit ihren beiden rot verkleideten Schornsteinen, die an die guten alten Transatlantikliner erinnern, ist die Disney Magic unverwechselbar. Die Rettungsboote sind gelb, wie Minnies Schuhe.

und am Bug prangt natürlich ein Bild von Mickey als Zauberer – it's magic!

Dreh- und Angelpunkt des Schiffs ist das hohe Atrium mit seinem riesigen Kronleuchter im Art-déco-Stil. Am Ende einer Freitreppe steht eine knapp zwei Meter hohe Bronzestatue des Ur-Mickeys am Steuerrad seines kleinen Schiffs, Hingucker für Familienfotos. In diesem Atrium werden beim Einchecken alle Gäste namentlich begrüßt und von einer Servicecrew-Riege beklatscht.

Auf dem Disney-Schiff steht das Wohlbefinden der Kinder und Jugendlichen eindeutig im Zentrum: Der einzige wirkliche Erwachsenenbereich findet sich auf Deck 3, dort können Eltern oder Großeltern zum Tanz bitten oder in einer der diversen Bars und Restaurants einkehren. Speziell auf die jungen Gäste zugeschnitten sind zahlreiche Bereiche mit Kinderbetreuung. Nicht weniger als 50 ausgebildete Mitarbeiter,

ADAC Tipp

Do you speak English?
Gäste aus Nordamerika sind an Bord eindeutig in der Überzahl. Daher sind Englischkenntnisse notwendig, um die Disney-Fantasiewelt und das Unterhaltungsangebot genießen zu können. Aber: Kinder passen sich schnell an, setzen sich meist mühelos über Sprachbarrieren hinweg und profitieren vom internationalen Miteinander. Eine tolle Erfahrung.

die keine Tattoos tragen dürfen, kümmern sich um die rund 900 Kinder – die wichtigste Zielgruppe unter den Passagieren.

Auch auf den Pooldecks haben die kleinen Passagiere eigene (Themen-) Bereiche – für die ganz Kleinen und für die etwas Älteren, dazu gibt es Eis und Softdrinks gratis. Zwei Bademeister bewahren mit Argusaugen Ordnung und Sicherheit. Für Nervenkitzel sorgt die dreistöckige durchsichtige Wasserrutsche, die weit über das Meer führt. Im riesigen Spa gibt es für Teenager eine eigene Abteilung.

Die Kabinen der Disney Magic sind hell eingerichtet – und auch sie sind familiengerecht ausgestattet, beispielsweise verfügen alle Kabinen über zwei getrennte Badezimmer und schnurlose Telefone, mit denen die auf dem Schiff verstreute Familie immer in Kontakt bleiben kann.

900 Kinder sind an Bord. Für die Betreuer gilt die Regel: Keine Tattoos.

Jeden Abend steht eines von drei Restaurants zur Auswahl, wobei durch ein ausgeklügeltes Konzept die eigenen Kellner dieselben bleiben, sie ziehen sozusagen mit ihren Gästen durch das Schiff. Französisch, karibisch oder international – das sind die Hauptoptio-

ROUTING UND FLOTTE

Um einmal eine Brise Disney-(See-) luft zu schnuppern, bietet sich eine Kurzreise mit vier Nächten an, bei der zwei Häfen besucht werden: Key West, die Südspitze Floridas, und Castaway Cay, die Privatinsel von Disney auf den Bahamas. Letztere ist ein gut eingerichtetes karibisches Paradies mit weißen Sandstränden, grünem Wasser und zahlreichen Sportmöglichkeiten wie Schnorcheln, Jetski oder Fahrradtouren. Dazu gibt es Bootsausflüge und ein Open-Air-Barbecue. Disney Cruise Line ist mittlerweile weltweit unterwegs – von norwegischen Fjorden bis zum Pazific, von Transatlantik bis zum Mittelmeer.

Die aktuelle Flotte der Disney Cruise Line umfasst derzeit vier Schiffe: Disney Dream, Disney Fantasy, Disney Wonder und Disney Magic. Drei LNG-Neubauten mit einer Vermessung von ca. 135 000 BRZ und 1250 Gästekabinen sollen 2021, 2022 und 2023 hinzukommen.

Auch in den Restaurants ist dafür gesorgt, dass es den Kleinen keine Sekunde langweilig wird.

Poolbereiche für unterschiedliche Altersgruppen.

BADESPASS AUF DER PRIVATINSEL
Bei vielen Karibik-Kreuzfahrten der Disney Magic wird ein Stopp auf Castaway Cay eingelegt, einer 4 qkm großen Insel der Bahamas, die im Privatbesitz von Disney Cruise Line ist. Für die kleinen und großen Gäste ist der Strandausflug eine schöne Abwechslung zu den Pools auf dem Schiff.

nen. Das Animator's Palate steht ganz im Kontext der Zeichnungen von Disney. Wechselndes Licht taucht das Restaurant mit seinen Säulen, die wie Pinsel gebaut sind, in ständig neue Farben, auf großen Bildschirmen melden sich die Helden aus den verschiedensten Filmen zu Wort, von Ratatouille bis Pinocchio, von Schneewittchen bis zur bösen Hexe. Bei längeren Fahrten kann der Weg einer Bleistiftskizze zum animierten Film verfolgt werden. Zum Dessert gibt sich Micky Maus dann noch selbst die Ehre, die Gäste mit dem Defilee der Kellner zu begrüßen. Elegant gibt sich das einzige kostenpflichtige Restaurant Palo mit seinen Panoramafenstern, venezianischen Masken und Kunstwerken aus Muranoglas. Nemos Welt beherrscht das Büfett-Restaurant Cabanas mit einem kleinen Außenbereich.

Während im Buena Vista Theatre alte Zeichentrickfilme oder neuste Produktionen aus der Disney-Werkstatt auf der Riesenleinwand flimmern, ist das Disney Theatre den Shows vorbehalten. Da singen Cinderella, Peter Pan, Hexen und Prinzessinnen – bis zum Schluss eine gute Fee über ein projiziertes Schiff fliegt, es mit einem Zauberstab zum Glitzern bringt und im selben Moment Tausende von Glühlampen im Theater zu leuchten beginnen. Da werden auch Erwachsene wieder zum Kind.

Auf der Disney Magic kommen alle Familienmitglieder auf ihre Kosten. Während die Kleinen in allen Altersgruppen betreut werden, können sich die Erwachsenen im Spa eine kleine Auszeit gönnen.

Fire
Station

LUXUS PUR

Widerstand zwecklos: Auf diesen exklusiven Schiffen dürfen sich Gäste wie Yachtbesitzer fühlen. Das Beste ist gerade gut genug, und Wünsche werden von einer überaus aufmerksamen Crew erfüllt, bevor sie angedacht, geschweige denn ausgesprochen werden. Feinste Materialien, Edeldesign und Kreationen von Meisterköchen tragen zur Betörung der Sinne bei.

MISS WORLD der WELTMEERE

Wo sie aufkreuzt, wird sie bewundert: Die Europa 2 gilt für viele als schönstes Schiff der Welt. Sie steht für Luxus pur – ohne Kleiderzwang.

Mit einer energischen Bewegung dreht Dominik Spielberger den Schwanz des Hummers vom Körper, bricht dann die Scheren auf. Es knackt und knirscht – einige Gäste zucken kurz zusammen. Wir sind im kulinarischen Laboratorium der Europa 2, der Kochschule des deutschen Luxusschiffs. Auf dem Plan stehen gleich drei Zubereitungsmöglichkeiten für das leckere Scherentier. Alle acht Kochplätze sind besetzt. Es wird geschält, halbiert, gewaschen, gewürzt, geköchelt, gut begleitet von den Kommentaren und Tipps des Kochs. Während in den Pfannen die Hummerscheren leicht anbraten, zie-

Ein erhabenes Erlebnis, wenn die Europa 2 den Hamburger Hafen verlässt. Die Hansestadt ist Ausgangspunkt zu den wenigen angebotenen Kurzreisen nach Oslo und zurück

An Hamburgs Landungsbrücken ist die internationale Schifffahrt zu Hause.

hen vor den Panoramafenstern blühende Felder, weidende Kühe und Obstplantagen vorbei. Wir fahren vorbei an malerischen Landschaften und erleben zauberhafte Stimmungen. Schließlich werden die eigenen Kreationen mit einem guten Weißwein verspeist.

HISTORISCHER KANAL

Heute ist der letzte Tag einer der wenigen Kurzreisen, die für dieses Schiff angeboten werden – von Hamburg und zurück über Oslo, Göteborg und einer Fahrt durch den Nord-Ostsee-Kanal. Kaiser Wilhelm I. war 1887 bei der Grundsteinlegung des bis 1948 nach ihm benannten und vom Reichskanzler Otto von Bismarck in Auftrag gegebenen, fast 100 Kilometer langen Kanals anwesend, der nach acht Jahren Bauzeit eingeweiht werden konnte. Die Baukosten in Höhe von 156 Mio. Goldmark finanzierte der Kaiser über die Einführung einer Schaumweinsteuer. Der Kanal gilt übrigens noch heute als meistbefahrene künstliche Wasserstraße der Welt.

RÜCKBLENDE BEI CAPPUCCINO

Bei einem Cappuccino auf dem Deck ist Zeit genug, diese kurze Fahrt Revue passieren zu lassen. Vom schnellen Einchecken im Hamburger Kreuzfahrtterminal Altona, dem Empfang an Bord im modernen Atrium zu leichten Pianoklängen, der persönlichen Begrüßung durch den Hoteldirektor Olaf Schulz. Dann der erste Eindruck in der mit hellen Farbtönen gehaltenen, 35 Quadratkilometer großen

DAS SCHIFF i

BRZ: 42 830
Länge: 225,38 m **Breite:** 26,7 m
Tiefgang: max. 6,3 m
Bauwerft: STX France (St-Nazaire)
Indienststellung: 11. Mai 2013
Taufe: 10. Mai 2013
Passagiere: 514
Crew-Mitglieder: ca. 370
Passagierdecks: 7
Kabinen: 251
Bordsprache: Deutsch
Restaurants: 7 **Bars:** 6
Sport & Wellness: Pool, Spa mit Fitnessstudio und Kursraum für Yoga- und Pilates-Kurse
Entertainment: Kochschule, Auditorium/3D-Kino, Bibliothek
Info: Hapag-Lloyd Cruises, www.hl-cruises.de
Preisklasse: €€€

Suite (inkl. Veranda). Im Eiskühler wartet eine Flasche Champagner, gut dekoriert mit einem Früchtearrangement. Die Ausfahrt auf der Elbe mit der Skyline von Hamburg und vorbei am Villenviertel Blankenese ist ein grandioses Erlebnis.

Sportmöglichkeiten gibt es an Bord genug. Von Morgengymnastik, Joggen oder von Yoga über Pilates bis zum Muskeltraining an modernsten Maschinen – auf Wunsch auch mit einem Personal Trainer. Den 600 Quadratmeter großen Spa-Bereich auf Deck 5 hatten einige Gäste bereits am ersten Nachmittag in Augenschein genommen und einen Saunagang in einer der fünf unterschiedlichen Saunen genossen.

ADAC Tipp

Olympiareifes Sportangebot
Für das Sportangebot »In2Balance« wurden Weltklassesportler ins Boot geholt: Ski-Olympiasiegerin Maria Höfl-Riesch entwickelte ein anspruchsvolles Fitnessprogramm, der Goldmedaillengewinner im Kunstturnen Fabian Hambüchen oder die Boxerin Regina Halmich sowie Sport- und Ernährungswissenschaftler sind auf ausgewählten Reisen an Bord. Das gemeinsame Motto: Kondition und Konzentration verbessern, Stress abbauen und Entschleunigung finden.

SCHAMPUS FREI HAUS

Launig und herzlich begrüßt Kapitän Ulf Wolter nach dem Abendessen die Gäste am Pool und lädt zur Party ein. Die Bordband heizt mit bekannten Songs ein, die Reederei zeigt sich spendabel: Alle

Schöner Saunieren: Der Ocean Spa erstreckt sich über 1000 Quadratmeter.

Ein Traum aus Glas und Marmor: Wie ein riesiger Eisberg wirkt das neue Opernhaus am Fjord der Bjørvika-Bucht in Oslo.

Drinks, Cocktails und auch Champagner sind heute Abend frei. Später geht es in der Sansibar weiter: Die Poolparty Aftershow-Night mit DJ Scäri Age dauert bis zum frühen Morgen.

KUNST VON WELTRUF

Fast 900 Gemälde, Drucke, Skulpturen oder Lithografien von zeitgenössischen Künstlern wie Gerhard Richter, David Hockney oder Hans Hartung schmücken die Europa 2. Der Wert der Werke, von denen einige auch erworben werden können, bewegt sich im einstelligen Millionenbereich. Lieblingsplatz vieler Gäste ist die gemütliche Belvedere Lounge. An der Kaffeebar mit Theke stehen immer Snacks bereit. Zur Tea Time kann man sich schon am Eingang über einen großen Bildschirm Appetit auf die Kuchenspezialitäten holen.

Als Herrenzimmer könnte man das Collins bezeichnen – bequeme Polster-

ENTSPANNT UNTERWEGS

Die Europa 2 richtet sich an ein neues Publikum wie jüngere Manager, die ihren Urlaub ohne Bekleidungsvorschriften genießen wollen. Auch an Menschen, die kulturell oder historisch interessiert sind und sich vor allem aktiv und kreativ während dieser Kreuzfahrt betätigen wollen. Gelegentliche Talkshows, oft moderiert von Sabine Christiansen, mit Nobelpreisträgern, Politikern oder Schauspielern unterstreichen den kulturellen Anspruch.

und Ledermöbel, Regale mit Büchern. Vinyl-Fans dürfen sich über den Plattenspieler mit einer großen Sammlung von Klassik- und Jazzplatten freuen. Ein modernes Wandgemälde zeigt den Reeder Albert Ballin (passend zum Raucherzimmer mit Pfeife und rauchendem Zebra und Löwen). Es gibt edle Zigarren und das größte Gin-Angebot auf den Weltmeeren mit 45 verschiedenen Sorten.

OSLO ZU FUSS

Trotz Nieselregen sind am nächsten Morgen viele Passagiere an Deck, um die schöne Einfahrt nach Oslo mit den zahllosen kleinen Inseln zu erleben. Das Schiff legt direkt vor der Festung Akershus an. Von hier liegen fast alle Sehenswürdigkeiten in Laufnähe: etliche Museen, das ultramoderne Opernhaus mit seinem Riesendach und das monumentale Rathaus, in dem jedes Jahr der Friedensnobelpreis verliehen wird. Und natürlich die Festung mit ihrem schönen Park, dem königlichen Mausoleum und dem weiten Blick über die Stadt und den Fjord. Keinen Steinwurf vom Schiff entfernt schaufeln Fischer auf ihren Kuttern Crevetten in die Papiertüten ihrer Kunden. Verführerisch, trotz der hervorragenden Küche an Bord der Europa 2. Unter den sieben Restaurants haben viele ihren Liebling gefunden: das Tarragon mit den schwarz-weiß gekachelten Böden, den gemütlichen Bistrobänken und den Art-déco-Leuchten. Steak Tartar, Austern und bestens zubereitete Fische und Hummer lassen den Regen schnell vergessen.

Mittelalterliches Schmuckstück: In Oslo legt das Schiff direkt vor der imposanten Festung Akershus an.

Sympathisches Göteborg: Die Hafenzeile lädt zum genussvollen Flanieren ein.

Tags darauf bereitet Göteborg einen sonnigen Empfang. Schon die Anfahrt vorbei an den kleinen und winzigen Schäreninseln ist ein Genuss. Die Stadt

> **Heute Crevetten vom Fischkutter, morgen Kaviar aus dem Kilotopf.**

ist ein Mix von Gebäuden aus dem 17. Jahrhundert und moderner Architektur (z. B. das Opernhaus am Hafen). Hier dümpeln Museumsschiffe und auch die weit über 100 Jahre alte Wilhelm Tham, die immer noch den Göta-Kanal befährt. Die Hafenzeile lädt zum Flanieren ein, Parks und Kanäle verschaffen Raum und Größe. Die kleine Feskekörka im Stil einer neugotischen Kirche ist eine sehenswerte Fischmarkthalle mit Restaurant. Von hier aus ist das Altstadtviertel Haga mit seinen pittoresken Gassen und den typischen Kaffeehäusern nur ein Katzensprung.

An Bord ist heute Kaviarverkostung angesagt. In allen Restaurants werden die dunklen Perlen aus dem Haus Prunier aus dem Kilotopf serviert – als Vorspeise, Beigabe oder einfach nur so. Jeder wie und so viel er möchte.

Die Informationsrechnung, die am Abend vor der Kabine hängt, macht den Gästen final klar, in welcher Luxusliga hier gespielt wird. Die meisten sind Stammgäste und wissen, was sie erwartet. Für sie, aber auch für die anderen hat die Reederei nicht ohne Humor ein tröstendes Zitat von Wilhelm Busch auf den Begleitbrief gedruckt: »Mit dem Bezahlen verplempert man das meiste Geld.«

Heiße WEIHNACHT

Besser geht's nicht: Die Crystal Serenity vereint den persönliche Charme einer Luxusyacht mit den Annehmlichkeiten eines Oceanliners.

Ein strahlend schöner Wintertag in Los Angeles. Im Industriehafen am World Cruise Terminal wartet die weiße Crystal Serenity auf ihre letzten Gäste. Der erste Eindruck ist überwältigend: Das Atrium mit seinen Freitreppen und dem Wasserfall unter der farbigen Glasmosaikkuppel präsentiert sich wie eine Weihnachtslandschaft – mit verschneiten Tannenbäumen, Rentieren, Schlitten mit Geschenken und Weihnachtsmännern. Es weihnachtet sehr, egal wie sommerlich die kalifornischen Temperaturen sein mögen.

Mit der 2018 durchgeführten Renovierung gab es einige Neuerungen, darunter

Auf dem Schiff wird jeder Passagier bald seinen Lieblingsplatz finden. Panoramafenster ermöglichen eine größtmögliche Nähe zum Meer.

Die Mutter aller Hängebrücken: Ein unvergesslicher Moment, wenn das Schiff unter der Golden Gate Bridge in die San-Francisco-Bucht fährt.

im Restaurant mehr kleinere Tische als zuvor, Individualität ist gefragt. Der Name Waterside entstand zuerst auf den Flussschiffen von Crystal und ist jetzt flottenweit für die Hauptrestaurants mit ihren internationalen Menüs eingeführt. Ebenfalls übernommen wurde die Open-Dining-Regelung: Innerhalb der Öffnungszeiten können die Gäste nun zu jeder Zeit ohne Reservierung essen.

WELT-KÜCHEN

Das Marketplace-Restaurant oben auf Deck 12 bietet tagsüber großzügige Büfetts und frische Küche. Abends verwandelt es sich in das brasilianische Restaurant Churrascaria. In der Silk Kitchen & Bar werden asiatisch angehauchte, darunter viele vegetarische oder vegane Gerichte serviert, während der Trident Grill mit Tagesgerichten oder Snacks sowie der stets umlagerten Eiscreme-Bar aufwartet. Für die Gestaltung und das kulinarische Konzept des Umi Uma hat die

DAS SCHIFF

BRZ: 68 870
Länge: 250 m **Breite:** 32,2 m
Tiefgang: max. 8 m
Bauwerft: Chantiers de l'Atlantique (St-Nazaire, Frankreich)
Indienststellung: 7. Juli 2003
Taufe: 3. Juli 2003; Taufpatin ist Julie Andrews
Passagiere: 980
Crew-Mitglieder: 655
Passagierdecks: 9
Kabinen: 490
Bordsprache: Englisch
Restaurants: 7 **Bars:** 2
Sport & Wellness: Paddle-Tennis-Platz, Golf, Spa, Pool und Fitnessstudio
Entertainment: Kino, Casino, Shows
Info: Crystal Cruises, www.crystalcruises.com, atiworld.de
Preisklasse: €€€

Darf's noch ein Gläschen Champagner sein? Auf der Crystal Serenity kümmern sich Butler um das Wohl der Suiten-Gäste

Reederei den weltberühmten japanisch-peruanischen Meisterkoch Nobu Matsuhisa ins Boot geholt. Sicher eine der besten Sushi-Küchen, die es derzeit

> Sushi, Hummer und Austern satt: Beim Grand Gala Büfett im Atrium isst das Auge mit...

gibt. Hier wie im italienischen Restaurant Prego besteht Reservierungspflicht, ein Besuch pro Fahrt ist kostenfrei. Ein Augen- und Gaumenschmaus ist das Grand Gala Büfett, das einmal pro Fahrt im Atrium von der Crew um den österreichischen Küchenchef Franz Weiss aufgebaut wird. Sushi, Hummer, Austern, alles, was das Feinschmeckerherz begehrt. Auch in der umgebauten Stardust Club Lounge kann jetzt diniert werden. Dabei werden dieselben Menüs und Weine serviert wie im Waterside, dazu gibt es Unterhaltung von bordeigenen Künstlern; in den Servierpausen kann zu den Klängen eines Streichquartetts getanzt werden.

SCHNELLES WLAN

Hinter den Kulissen hat sich ebenfalls einiges geändert. Das WLAN ist jetzt schneller, und das neue Portal »Crystal Connect« bietet interaktive Möglichkeiten von Bestellungen, Rechnungseinsichten, Buchungen von Landausflügen bis zur Auswahl aus der internationalen Filmothek. Hochkarätig ist auch

Mit fast 1000 Passagieren ist die Crystal Serenity das größte Mitglied der Crystal-Cruises-Flotte. Die Liste der Auszeichnungen von zahlreichen Bewertungsportalen ist lang.

das Unterhaltungsprogramm: Fabelhafte Shows des Crystal Bühnenensembles, Artisten, Livemusik in den verschiedenen Lounges, dazu treten Gastkünstler auf wie Pianisten, Broadway-Sänger oder Magiere. Fashion- und Schmuckdefilees, Mixologiekurse für die besten Drinks, Showcooking mit preisgekrönten Küchenchefs im Theater, ausgefallene Spa-Behandlungen – das Tagesprogramm bietet wenig Chance für Leerlauf.

ASTRONAUTENPAAR ALS LEKTOREN

Professoren, Ökonomen, Wissenschaftler, Diplomaten oder bekannte TV-Journalisten – die Liste der Lektoren bei Crystal ist ebenso lang wie interessant. Auf unserer Fahrt war der Meeresbiologe und Autor Michael DiSpezio dabei, bekannt durch seine Sendungen bei Discovery Channel und National Geographic. Top-Gun-Jagdflieger und NASA-Astronaut Captain Robert Gibson, der

VIEL INBEGRIFFEN

Crystal Cruises sind für herausragende Gastronomie und das All-inclusive-Angebot bekannt. Es beinhaltet neben der Vollpension alle Getränke inklusive einer Mischung aus verschiedensten auch lokalen Weinen, Champagner und Cocktails. Lediglich bei absoluten Spitzenweinen oder -spirituosen werden Zuzahlungen fällig. Die Minibar wird täglich aufgefüllt. Trinkgelder sind inbegriffen, ebenso die Spezialitätenrestaurants. Allerdings wird eine Reservierung verlangt.

nach vier Flügen im Weltall die erste Mission zum Docken an die russische Station Mir durchführte, und seine Frau, die Ärztin Dr. Rhea Seddon, eine der ersten US-Astronautinnen, gehörten ebenfalls zu den Lektoren – ein außergewöhnliches Paar. Ohne englische Sprachkenntnisse wird man sich allerdings etwas ausgegrenzt fühlen. Die amerikanischen Gäste sind – was auch der Route geschuldet ist – in erheblicher Überzahl.

KALIFORNIEN BIS MEXIKO

Die Route Golden Coast Escape fädelt die Höhepunkte zwischen Kalifornien und Mexiko auf. Die Durchfahrt unter der legendären Golden Gate Bridge in San Francisco ist ein Erlebnisklassiker, dann geht es an der berüchtigten Gefängnisinsel Alcatraz vorbei. Riviera-Stimmung erwartet die Gäste tags darauf in Santa Barbara. Kilometerlange Sandstrände, Palmenalleen, die bunten Fassaden der Häuser im spanisch-maurischen Stil – und dahinter die majestätische Kulisse der San Ynez Mountains.

Mariachi-Gruppen, Meeresfrüchte, Margaritas und Sonne satt – Viva Mexico!

Oh, wie bist du schön! Santa Barbara besticht durch ihre spanisch-maurischen Gebäude, Riesenpalmen und herrlich lässiges Flair.

Malerische Altstadt, Traumstrände und lebhafte Uferpromenaden: Der elegante Badeort Puerto Vallarta gehört zu Mexikos besten Urlaubsadressen.

Die Fahrt in den Süden macht sich schnell an der Temperatur bemerkbar: 25 Grad zeigt das Thermometer bereits in Ensenada im Norden der mexikanischen Halbinsel Baja California. Unzählige Shops, Tequila-Bars und -Museen säumen dicht an dicht die Straßen. In einer lokalen Hotelbar soll hier zum ersten Mal eine Margarita gemixt worden sein und Al Capone ein Casino gekauft haben. An allen Ecken musizieren Mariachi-Gruppen, bieten Straßenhändler leckere Meeresfrüchte an. Puerto Vallarta ist ein eleganter Badeort mit Traumstränden, üppiger Vegetation und Uferpromenaden. Die Altstadt im spanischen Stil hatte es schon in den 1960er-Jahren den Hollywood-Stars Elizabeth Taylor und Richard Burton angetan. Die beiden erwählten Vallarta zu ihrer neuen Heimat, heirateten sogar in der örtlichen Stadtkirche. Die Villa Kimberly, ihr damaliges Wohnhaus, empfängt heute Hotelgäste. Die Stadtrundfahrt endet (natürlich) mit einer Tequila-Verkostung in einer Brennerei im Regenwald – Viva Mexico!

ADAC Tipp

Cruisen und Gutes tun

Unter dem Motto »You Care, We Care« unterstützt Crystal Cruises auch die Food Banks, eine karitative Einrichtung zur Verteilung von kostenlosen Lebensmitteln an bedürftige Familien zum Beispiel in San Francisco. Hier können die Passagiere als Freiwillige einige Stunden helfen.

LUXUS auf die LÄSSIGE ART

Alle fünf gerade sein lassen und sich rundum verwöhnen lassen: Das funktioniert nirgendwo besser als auf der Seabourn Ovation.

DAS SCHIFF

BRZ: 41 865
Länge: 210 m **Breite:** 28 m
Tiefgang: 6,5 m
Bauwerft: Fincantieri (Genua)
Indienststellung: 27. April 2018
Taufe: 11. Mai 2018
Passagiere: 604 bei Doppelbelegung
Crew-Mitglieder: ca. 330
Passagierdecks: 10
Kabinen: 330
Bordsprache: Englisch
Restaurants: 5 **Bars:** 3
Sport & Wellness: Spa, Fitnessstudio, Pool, Wassersport
Entertainment: Casino, Broadway-Musicals, Comedians, Zauberer, Filmabende, Livemusik etc.
Info: Seabourn Cruise Line, www.seabourn.com
Preisklasse: **€€€**

Voll magischer Schönheit: Einfahrt in den Trollfjord in Nordnorwegen.

Plötzlich stehen zwei Rentiere auf der Fahrbahn. Der Busfahrer scheint ebenso unbeeindruckt wie die Tiere. Er bremst sachte und fordert uns auf, nach vorne zu kommen, um Fotos zu machen. Das geht ohne Gedränge vonstatten, denn wir sitzen mit nur zwölf weiteren Passagieren im großen Linienbus, der täglich von dem Hafenstädtchen Honningsvåg in gut 45 Minuten zum Nordkap fährt. Bei uns dauert es etwas länger.

Denn es ist nicht das erste Mal, dass der Norweger anhält. Zwischendurch erzählt er in gutem Englisch über Land und Leute, als hätten wir ihn als Reiseführer und nicht lediglich als Chauffeur gebucht. Die Rentiere, erfahren wir, werden im Frühjahr mit Booten zur Insel Magerøya gebracht, auf der sich das Nordkap befindet. Hier weiden sie auf den grünen Wiesen. Im Herbst sind sie kräftig genug, um die gut 6 Kilometer zurückzuschwimmen. Es ist Anfang September. Als wir am Nordkap ankommen, haben wir mit Ausnahme einzelner Besucher das Wahrzeichen, die Weltkugel, fast für uns alleine. Mit der Seabourn Ovation, dem jüngsten Schiff der Luxusreederei Seabourn Cruise Line, sind wir von Kopenhagen aus die norwegische Küste hochgefahren, in Fjorde abgebo-

»Es geht nicht um Kronleuchter und das ganze Bling-Bling.«

gen und über die Lofoten nach Honningsvåg gelangt. Die Ovation sieht wie eine zu groß geratene mondäne Privatjacht aus. Innen ergeben Stoffe und Leder in Kombination mit warmen Holztönen und Glas einen feinen, aber gemütlichen Stilmix. Die bis zu 604 Gäste sind ausnahmslos in Suiten mit Schlaf- und Wohnbereich, schicken Bädern und eigenem Balkon untergebracht. Gemäß dem All-inclusive-Konzept sind alle fünf Restaurants, der Kabinenservice, Champagner und Kaviar sowie ausgewählte alkoholische und alkoholfreie Getränke im Reisepreis enthalten.

Wir fühlen uns jedoch nicht im Design-Museum, in dem Anfassen und Hinsetzen verboten ist. Wie ein Wohnzimmer ist The Square gestaltet. Im Zentrum befindet sich die unauffällig integrierte Rezeption. Um sie herum sind bequeme und farbenfrohe Sofaecken gruppiert. »Es geht nicht um Kronleuchter und das ganze Bling-Bling«, betont der österreichische Hoteldirektor Helmut Huber. Das gelte nicht nur für die Inneneinrichtung. An formellen Abenden sei bei den Herren ein Jackett erwünscht. Krawatte, Schlips und Smoking könnten zu Hause gelassen werden. Wer gerne in Frack und Fliege erscheine, sei aber ebenso gerne gesehen. »Wir bieten den Gästen das, was sie brauchen, um sich zu erholen: Zeit, Ruhe und Freiheit«, sagt Kreuzfahrtdirektor Handré Potgieter und bezeichnet dies als den »Seabourn Luxus«.

ADAC Tipp

Auf eigene Faust

Selbst organisierte Landgänge sind in Norwegen problemlos möglich und erleichtern das Reisebudget. Zum Nordkap gelangt man vom Hafenstädtchen Honningsvåg aus mit dem örtlichen Linienbus (am besten vorab online buchen unter www.nordkapp.no/de). Im Preis ist der Eintritt zum Nordkap enthalten. Deutlich preisgünstiger als mit einem organisierten Schiffsausflug ist auch die selbst gebuchte Fahrt mit der Flåmsbahn (www.visitflam.com/de/flamsbana/). Vom Hafen von Flåm sind es nur wenige Gehminuten bis zum Bahnhof. Wanderfreunde können sich im Internet Wanderrouten heraussuchen, werden in den lokalen Touristen-Informationszentren am Hafen aber auch mit Tipps versorgt.

VIEL ZEIT FÜR LANDGÄNGE

Der entspannte Luxus prägt dank langer Liegezeiten auch unsere Landgänge.

Oben: Das Nordkap ist im Sommer Ziel zahlreicher Kreuzfahrtschiffe. Unten: Die Hafenpromenade am Nyhavn gehört zu Kopenhagens beliebtesten Flanier- und Amüsiermeilen.

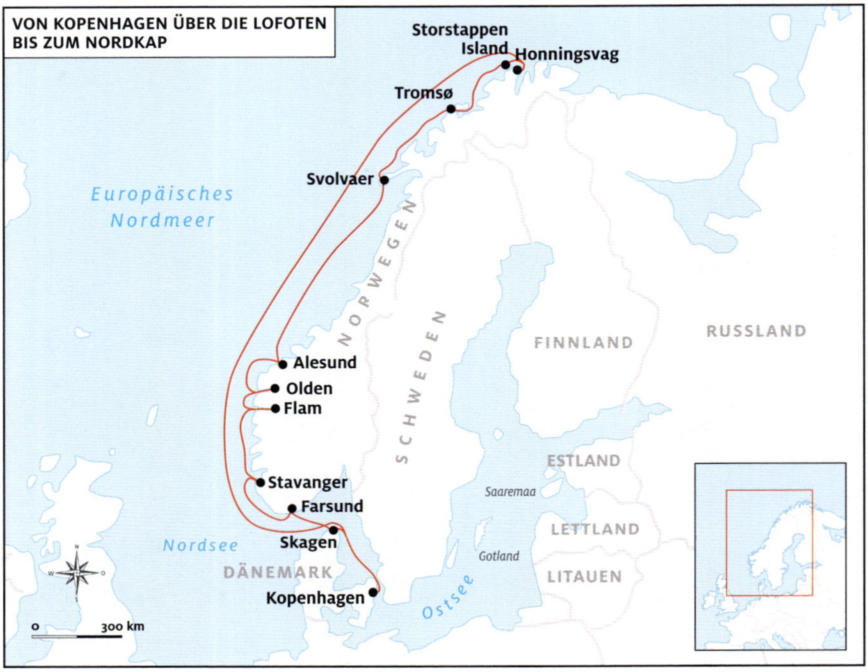

So sind wir stressfrei auf eigene Faust unterwegs. Für Naturliebhaber und Wanderer ist eine Norwegenkreuzfahrt ideal. Im kleinen Dorf Flåm wandern wir zum Wasserfall Brekkefossen, von dem aus wir einen traumhaften Blick auf den Aurlandsfjord haben. Auf den Lofoten folgen wir der Empfehlung Einheimischer, auf den Tjeldbergtinden oberhalb der Stadt Svolvær zu steigen. Der Rundumblick ist atemberaubend. Die Lofoten sind eine Inselgruppe mit steil aufragenden Bergen. Im Gegenlicht sehen sie aus wie wundersam geformte Scherenschnitte. Das Hafengelände von Svolvær mit seinen Holzhäusern auf Stelzen wird durch die tief stehende Sonne prächtig in Szene gesetzt. Nach unserem Busausflug ans Nordkap haben wir am Nachmittag noch genügend Zeit, um auf den Hausberg zu spazieren. Ein Genuss sind die Seetage. Man kann die Zeit an Bord gemütlich im Liegestuhl verbringen oder am vielseitigen Bordprogramm mit Vorträgen von Wissenschaftlern, Sport- und Entspannungskursen und Tanzstunden teilnehmen. Die ganze Zeit werden wir umsorgt von einer aufmerksamen Crew. Begegnen wir Offizieren und Service-Mitar-

Lizenz zum Faulenzen: Trotz aller Attraktionen an Land sind Seetage ein Genuss...

beitern, begrüßen sie uns mit Namen und geben uns das Gefühl, liebgewonnene Stammgäste zu sein.

FEINES VOM STERNEKOCH

All dies trägt zu einem familiären Gefühl bei. Dazu passt das an manchen Tagen angebotene Family Style Dinner, das von dem amerikanischen Sterne-Koch Thomas Keller konzipiert wurde. Die Speisen werden auf einer Platte in die Mitte des Tischs gestellt, von der sich jeder wie zu Hause selbst bedient. Herausragend ist The Grill, die Dependance von Sterne-Koch Keller Unser Lieblingsrestaurant am Abend ist das Earth and Ocean auf dem Pooldeck. Hier erleben wir den typischen Kontrast auf der Ovation: auf der einen Seite vollkommener Luxus mit exzellentem Es-

Vollkommener Luxus und entspanntes Flair – auf der Seabourn Ovation kein Widerspruch...

sen, auf der anderen Seite eine zwanglose Atmosphäre. Unter freiem Himmel genießen wir dick eingepackt in Jacken und Decken Bouillabaisse mit Hummer, Seezunge und Riesengarnelen.

»ZWEI CAPPUCCINO? WIE IMMER?«

Das ultimative Gefühl, sich wie bei guten Freunden zu Gast zu fühlen, stellt sich an einem frühen Morgen ein. Mit Bademantel und flauschigen Seabourn-Schlappen gehen wir zur Coffee Bar. Um die Zeit wird noch keiner unterwegs sein, denken wir. Doch da stehen schon andere Frühaufsteher in Jogginghose und Flipflops oder im Bademantel am Tresen, bestellen Kaffee zum Mitnehmen, Croissants und Donuts. Die Mitarbeiterin an der Kaffeemaschine fragt: »Wie immer? Zwei Cappuccino?« Wir nicken, murmeln ein »Gerne, danke!« und schlappen wenig später mit zwei Bechern zurück auf die Suite.

Das Nordmeer ist reich an Fisch und Meeresfrüchten. Daher werden die Köstlichkeiten frisch vor Ort gekauft und an Bord serviert.

KURS auf KAVIAR

Widerstand zwecklos: Auf der Yacht SeaDream I genießen Gäste unaufdringlichen Rundum-Service und kulinarische Höhenflüge.

Hi, I am Valt – fröhlich und unkompliziert klingt die Stimme, fest ist der Händedruck des weißuniformierten, drahtigen Mannes, der allein vor dem Eingang zum Salon steht und jeden ankommenden Gast mit Handschlag begrüßt. Valt ist Norweger, verfügt über einen tiefgründigen trockenen Humor und ist Kapitän der SeaDream I. Gleich gibt es im Main Salon Champagner,

Cocktails und appetitliche Canapés, Kaviar inklusive. Valt gesteht in seiner launigen Ansprache, dass er die Ankunft seiner neuen Gäste fast verschlafen hätte, denn normalerweise begrüßt er sie gleich an der Gangway.

> 100 Gäste aus aller Herren Länder – eine Gruppe trinkfester Australier inklusive.

Neben manchen Megayachten, die hier im Hafenbecken von Monte Carlo vor sich hin dümpeln, wirkt die SeaDream I fast klein – doch nicht minder exklusiv und privat geht es an Bord zu.

Die gut 100 Passagiere bilden ein internationales Grüppchen: Kanadier, Engländer, Gäste aus den Emiraten und aus Litauen sowie eine große, trinkfeste – so der Kapitän – Delegation aus Australien. Die Angesprochenen quittieren es mit breitem Grinsen, als wollten sie sagen: Captain, wir werden dich nicht enttäuschen. Die »Aussies« sind, wie fast die Hälfte der Passagiere, Wiederholer und eingefleischte Fans der SeaDream Yacht.

NOSTALGISCHE BULLAUGEN

An Pool, Whirlpool sowie einer kleinen Außenbar kommt man vorbei, wenn man das Schiff über die Gangway betritt.

Links: Eine Seereise mit der SeaDream I kommt dem Traum von der eigenen Yacht nahe.
Rechts: Wünsche werden erfüllt, bevor man sie aussprechen muss.

DAS SCHIFF

BRZ: 4253
Länge: 104,8 m **Breite:** 14,6 m
Tiefgang: 7,2 m
Bauwerft: Wärtsilä Helsinki (Finnland)
Indienststellung: 1984
Passagiere: 112
Crew-Mitglieder: 95
Passagierdecks: 3
Kabinen: 56
Bordsprache: Englisch
Restaurants: 1 **Bars:** 1
Sport & Wellness: Spa, Fitnesscenter und Schönheitssalon, Tai-Chi- und Yoga-Kurse
Entertainment: Außenpool, Whirlpool, Golf-Simulator, Vorträge, Marina für Wassersportaktivitäten
Info: SeaDream Yacht Club, www.seadream.com
Preisklasse: €€€

Hier erwartet die Passagiere in den nächsten Tagen nach den Landgängen ein kleines Büfett. Das Hauptdeck beherbergt das Hauptrestaurant. Holzgetäfelte Wände, beleuchtete Vitrinen mit Glaskunsthandwerk aus Norwegen und nostalgische Bullaugen bilden einen noblen Rahmen für eine exzellente Küche. Am

Auf Wunsch können Gäste in balinesischen Betten unter freiem Himmel übernachten.

Heck des Schiffes findet sich eine ausfahrbare Marina, von der aus man meist zweimal pro Fahrt alle Arten von Wassersport treiben kann – vom Speed-Bike über Wasserski bis zum Kajak.

Pianobar, Bibliothek und ein winziges Casino sind eher Plätze für die Nacht. Tagsüber frönen die Gäste auf den beiden oberen Decks mit eleganter Bar, den überall verstreuten intimen Sitzecken und den Sonnenliegen Dingen, die zweifelsohne zu den angenehmsten im Leben gehören: Essen, Trinken, Faulenzen – und das alles unter freiem Himmel.

»Man sieht auf diesem Schiff überall, dass es für warme Gegenden konzipiert wurde«, meint Hoteldirektor Rico. »Am schönsten sind natürlich die balinesischen Betten auf Deck 6. Hier decken wir auf Wunsch jeden Abend mit feiner Bettwäsche ein, wenn das Wetter mitspielt.« Das Routing der SeaDream Yachten (Karibik im Winter, Mittelmeer im Sommer) ist hierfür fast eine Garantie. Der kleine Spa mit Beauty- und Fitnessbereich ist eine willkommene Abwechslung zum süßen Nichtstun.

Oben: Hoch auf einem Felsen thront der Fürstenpalast von Monaco. Unten: Auf der kleinen SeaDream Yacht ist ausreichend Platz, um Wellness-Wonnen zu genießen.

PYJAMA MIT EINGESTICKTEM NAMEN

Luxuriös ist die Ausstattung der Kabinen: Feinste Daunendecken mit belgischem Leinen bestücken die Betten, über der gut gefüllten Minibar finden sich im Schrank edle Gläser aus norwegischem Kristall. Neben der obligatorischen Flasche Champagner im Eiskühler liegt auf dem Bett bereits ein Pyjama mit dem eingestickten Namen des Passagiers. Balkone gibt es nicht. Kein Problem, die meisten Passagiere verbringen die meiste Zeit ohnehin auf den offenen Decks. »Wie eben bei einer ech-

TRAUM EINES NORWEGERS

2001 gründete Atle Brynestad den SeaDream Yacht Club. Bereits 1987 hatte der Norweger die Seabourn Cruise Line aus der Taufe gehoben, die später von Cunard gekauft wurde. Der Unternehmer behielt die beiden ehemaligen Seabourn-Godess-Yachten, die nach ihrer Renovierung zu SeaDream I und SeaDream II wurden. Für 2021 ist ein ultramodernes neues Schiff in Auftrag gegeben worden, die SeaDream Innovation, mit 110 Suiten und einem 1:1 Passagier-Crew-Verhältnis.

ten Yacht«, bringt es William, der Pilot aus Ohio, auf den Punkt, der mit seiner Frau zum dritten Mal an Bord ist. Und der kanadische Besitzer einer großen Werbefirma genießt es besonders, »hier ohne Abendkleid, Smoking oder Krawatte zu leben«.

Und weil die SeaDream I so klein ist, kann sie eben (fast) überall dorthin, wo die Megakreuzer passen müssen – in romantische Buchten, einige Flüsse, zu abgelegenen kleinen Häfen. Wie zum Beispiel dem korsischen Festungsstädtchen Bonifacio, gebaut auf einem in das Meer ragenden, riesigen Felsen. Nur eine schmale Zufahrt führt zu dem winzigen Hafen, in dem Fischerboote, Segler

Kein Smoking, kein Abendkleid – das ist für die Passagiere der wahre Luxus.

oder kleine Fähren liegen. Es ist ein schönes Gefühl, wenn Bäume und Felsen fast zum Greifen nah sind. Oder wenn in einer malerischen Bucht gean-

kert und zum Schwimmen im grünen Wasser der Riviera eingeladen wird.

Aber die Gäste genießen auch die kulinarischen Köstlichkeiten, die sich der indische Executive Chef Sudesh täglich für sie ausdenkt. Vom Degustationsmenü bis zum raffinierten Sandwich, mittags wird auch immer ein Vorspeisen- und Dessertbüfett an Deck aufgebaut. »Ich kaufe bei Bedarf in den Häfen immer frisch ein – vor allem Fisch und lokales Gemüse.« Beim »Chef's Walk« lädt er Interessierte ein, mit ihm im Labyrinth der kleinen Gassen von Sorrent einkaufen zu gehen und vor Ort zu kosten: frisches Brot, leckere Mortadella, exotische Früchte oder der örtliche Likör aus den Zitronenhainen von Pompeji.

PARTYSTIMMUNG IM POOL

Fontänen von Champagner werden tags darauf unter gleißender Sonne beim »Champagne & Caviar Splash« von der texanischen Cruise-Direktorin Meredith und ihren Mitarbeitern im Pool versprüht und eingeschenkt. Rico und sein Küchenchef stehen brusttief in ihren Anzügen im Wasser und servieren aus einer Kilodose Kaviar. Bei dieser schon fast orgienartigen Schlemmerei macht sich schnell Partystimmung breit. Und als ein italienischer Passagier sich am Pool im fluoreszierenden Stringbody präsentiert, sind die Lachsalven vermutlich noch in Amalfi hörbar. Später verzieht sich das fröhliche Völkchen in Richtung der Restaurants. Zurück bleiben 43 leere Flaschen Champagner und eine einsam im Pool schaukelnde Sonnenbrille.

Die Yacht kann Häfen ansteuern, die für große Schiffe keinen Platz haben. Bonifacio an der Südspitze von Korsika gehört zu diesen malerischen Raritäten.

ADAC Tipp

Einkaufen mit dem Küchenchef
Beim »Chef's Walk« können Interessierte mit Chefkoch Sudesh an Land einkaufen gehen. Da gibt es auch viel zu naschen: zum Beispiel in Sorrent, wo man frisches Brot, leckere Mortadella, exotische Früchte oder den Zitronenlikör Limoncello aus der Gegend um Neapel probieren kann.

BUTLER für ALLE

Mit der eleganten Silver Muse wurde die Messlatte für Luxus auf dem Meer wieder ein Stück höher gelegt.

Die monegassische Reederei Silversea Cruises ist schon lange im Luxus-Kreuzfahrtenmarkt zu Hause und gilt als einer der Vorreiter des All-inclusive-Prinzips. Vor allem amerikanische Gäste fahren auf den Schiffen der Flotte. Doch seit einigen Jahren versucht die Reederei mit Erfolg, mehr europäische Passagiere zu gewinnen. Auf deren Geschmack zielt auch das Design ihres

Amalfiküste: Italien wie aus dem Bilderbuch.

neuesten Schiffes, der Silver Muse. Statt dunkler Inneneinrichtung und Chippendale-Design kommt das neue Flaggschiff mit hellen und modernen Farben daher. Roberto Martinoli, CEO von Silversea Cruises, bringt die Vorlieben auf den Punkt: »Unsere Gäste wollen es heute mehr mediterran und klar. Der barocke Stil ist out.«

KEINE MUSIKBESCHALLUNG

Und so geriet die Silver Muse zum hellsten Stern der Luxusflotte. Ausgewählte Originalgemälde oder -skulpturen setzen Akzente. Wunderschön sind die beiden offenen Treppenhäuser oder die großen Außenflächen auf mehreren Decks in Teakholz, die immer wieder mit anderen Liegemöbeln oder Minipools überraschen. Auf diesem Schiff mit seinen 596 Passagieren (die von 411 Crewmitgliedern betreut werden) fühlt man sich nirgendwo beengt, es gibt keine Musikbeschallung oder Verkaufsveranstaltungen – höchstens eine persönliche Einladung zum Bordjuwelier oder in eine Boutique.

NEUGIERIGE STAMMGÄSTE

Auf dieser Seereise von Valletta nach Monaco über die Amalfiküste sind zahlreiche Silversea-Stammgäste an

DAS SCHIFF

BRZ: 40 700
Länge: 212,8 m
Breite: 27 m
Tiefgang: max. 6,55 m
Bauwerft: Fincantieri (Genua, Italien)
Indienststellung: 3. April 2017
Taufe: 19. April 2017
Passagiere: 596
Crew-Mitglieder: 411
Passagierdecks: 8
Kabinen: 298
Bordsprache: Englisch
Restaurants: 8 (darunter französische und japanische Küche sowie ein Open-Air-Restaurant am Pool)
Bars: Connoisseur's Lounge
Sport & Wellness: Poolbereich, Spa
Entertainment: Theater
Info: Silversea Cruises, www.silversea.com
Preisklasse: €€€

Die Silver Muse vor Villefranche-sur-Mer an der Côte d'Azur. Sie kann auch kleine Buchten ansteuern. Eine gute Figur macht sie allemal und überall.

Bord, die neugierig darauf sind, was das jüngste Flottenmitglied zu bieten hat. Das Arts Café im Heck zum Beispiel, eine Art Marktplatz mit Sitzecken

> Kofferpacken, Schuhe und Brillen putzen – wird alles erledigt.

und kleiner Bar, wo ganztägig feinste Snacks angeboten werden. Wie bei jedem Silversea-Schiff gibt es die Observation Bar mit Bibliothek hoch oben vorne mit dem klassischen Panoramablick und dem fast geheimen Zugang zum obersten Open-Air-Deck, wo man oft alleine ist.

Alle Suiten verfügen über private Balkone und Teakholz-Veranden, die erlesenen Kosmetikartikel können nach der Ankunft selbst vom Tablett des Butlers gewählt werden. Butler kümmern sich um die Gäste – vom Kofferpacken, Schuhputzen, dem Reinigen der abgelegten Brillen bis zur Reservierung in den Restaurants ist der Service vielfältig und liebevoll bis ins Detail. Joy Fernandes aus Mumbai herrscht auf der Silver Muse über eine Truppe von 23 Butlern. Deren weiße Handschuhe sollten aber nicht darüber hinwegtäuschen, dass die Kleiderordnung auf dem Schiff fast durchgängig leger und krawattenfrei ist.

76 KÖCHE ZAUBERN KÖSTLICHES

Das kulinarische Angebot ist sicher eines der größten auf Luxus-Kreuzfahrtschif-

fen. In acht Restaurants kann aus 26 verschiedenen Menüs gewählt werden. Für das neue Konzept der kulinarischen Vielfalt arbeiten an Bord 76 Köche und Küchenmitarbeiter sowie zwei Nachtchefs. Die beiden kleinsten sind auch die »feinsten« (jeweils 60 Dollar Zuzahlung): Das La Dame (mit einen raumhohen Weinhumidor) ist eine Kooperation mit der Hotel-Vereinigung Relais et Châteaux. Puristische Einrichtung dagegen im Kaiseki, wo Spezialitäten wie Hummer oder Wagyū-Filet vor den Gästen zubereitet werden. Aber auch im Hauptrestaurant Atlantide bleiben bei Kalbstartar mit weißen Alba- Trüffeln oder Hummersalat mit Kaviar keine

ADAC Tipp

Feine Sandalen, weiße Zähne
Überraschende Angebote an Bord: Der bordeigene Schuhmacher Gennaro produziert auf dem Sonnendeck für seine Kundinnen individuell Sandalen der Luxusmarke Preludio Capri. Absätze und Ausstattung, Leder oder Juwelenlook, alles kann frei gewählt werden. Manche Gäste lassen gleich mehrere Paare anfertigen. Und im kleinen Spa wird neben Massagen, Akupunktur, Botoxbehandlungen unter dem Motto »Go Smile« ein Zahnbleaching angeboten.

Ein Anblick zum Dahinschmelzen: Wie Schwalbennester kleben die Häuser von Amalfi an den steilen Klippen. Der 5000-Einwohner-Ort war einst Sitz einer mächtigen Seerepublik.

»The Grill« ist eines von acht Restaurants, die den (maximal) 596 Passagieren zur Verfügung stehen. Täglich kann aus 26 Menüs ausgewählt werden.

Wünsche offen. Open Air bietet The Grill um den Pool herum mittags Salate und Snacks, abends Grillspezialitäten auf Hot Stones, das Spaccanapoli ganztägig frische Pizzen. Bis auf wenige Ausnahmen sind Getränke an den Bars und in den Restaurants inbegriffen. Zum Essen können die Gäste aus über 100 Weinen auswählen.

JAZZCLUB UND DISCO

Eine Besonderheit bei Silversea ist der Jazzclub Silver Note, in dem auch diniert werden kann. Eine frühe Reservierung ist zu empfehlen. Ein exzellentes Jazz-Duo aus Südafrika bekommt an diesem Abend Standing Ovations. Neben einem Barbershop und Saunen gibt es auch einen Fitnessbereich u. a. mit Kardiomaschinen.

Das Entertainmentprogramm ist professionell, kleine Musikergruppen spielen live in den diversen Bars und Lounges. Abends verwandelt sich die Panoramalounge auf Deck 11 in eine Disco. Im Theater Venetian Lounge heißt es Bühne frei für das hervorragende Showensemble. Aber das beste Entertainment auf der Silver Muse ist zweifelsohne das kulinarische.

EXKLUSIVE LANDAUSFLÜGE

Die Silver Muse ist, wie alle Schiffe der Silversea-Flotte, weltweit unterwegs – im Sommer meist im Mittelmeer, im Winter in Asien oder der Karibik. Das Ausflugsangebot ist dem Luxussegment entsprechend: Trüffelsuche in der Toskana, private Empfänge auf Schlössern oder individuelle Yachttrips. Je nach Destination werden neben den normalen Exkursionen auch solch exklusive und höherpreisige Ausflüge angeboten. Auch politische oder kulturelle Vorträge von Lektoren gehören zum Programm.

SCHÖNER REISEN mit Picasso und CHAGALL

Auf der opulenten Seven Seas Explorer dürfen sich Passagiere wie im siebten Seefahrerhimmel fühlen.

Es gibt wenige Schiffe, die ihre Passagiere von der ersten Sekunde an in eine ganz andere Welt entführen. Wer die Seven Seas Explorer betritt, taucht in eine Welt der Kunstwerke, des Designs und der edlen Materialien ein. Man fühlt sich wie in einem Grandhotel. Da sind die beiden geschwungenen Freitreppen mit ihren Marmorstufen und den kunstvollen Geländern, darüber ein riesiger Kronleuchter aus Muranoglas – der imposanteste der 473

Die meisten der 750 Passagiere kommen aus den USA. Aber allmählich wächst das Interesse einer internationalen Klientel an diesem Superschiff.

handgefertigten Leuchter auf diesem Schiff. Über 2500 Kunstwerke sind an Bord zu bewundern, ausgesucht von Frank del Rio, dem Chef der Muttergesellschaft NCL-Holding und geistigen Vater der Seven Seas Explorer. Unter ihnen befinden sich echte Picassos, Chagalls, Mirós oder bekannte zeitgenössische Künstler. Dazu gibt es ausgefallene Werke wie die fast drei Tonnen schwere

> 2500 Kunstwerke sind an Bord zu bewundern, ausgesucht vom Chef höchstpersönlich.

Bronzeskulptur, einer tibetischen Gebetsmühle nachempfunden, für die eigens die Bodenstruktur auf dem Schiffsdeck verstärkt werden musste.

Es sind aber auch Details, die begeistern, wie die schokoladenfarbenen Bodenfliesen aus Leder in der eleganten und äußerst gut bestückten Bordbibliothek. Insgesamt wurden über 4200 Quadratmeter Marmor verbaut, meist aus Carrara, dazu Granit und edle Natursteine. Wahrscheinlich einzigartig unter den Hochseeschiffen ist der Infinity Pool im hypermodernen, großen Spa-Bereich am Heck. Schöner lassen sich die Ausblicke aufs Meer, auf Küstenregionen und die Häfen (auf dieser Tour zwischen Venedig nach Barcelona) nicht genießen.

KUSCHELINSELN AM SONNENDECK

Die 750 Passagiere stammen vorrangig aus den USA, aber auch immer mehr Gäste aus europäischen Ländern erliegen dem unwiderstehlichen Charme des Superschiffs. Neben dem opulenten Interieur an Bord schätzen sie vor allem das großzügige Platzangebot. Zu keinem Zeitpunkt kommt ein Gefühl von Enge auf, weder an den eleganten Liegen oder Kuschelinseln auf den Sonnendecks, Lounges, den Bars oder dem in blauen Farben gehaltenen Constellation Theater, das mit bequemen Sitzen im Cabaret-Stil aufwartet. Die allabendlichen Shows aus eigener Produktion tragen dem allgemeinen Top-Niveau Rechnung.

Einen Großteil des Applauses kassieren die Köche – ganz sicherlich zu Recht. Die Restaurants der Seven Seas Explorer

DAS SCHIFF

BRZ: 55 254
Länge: 224 m **Breite:** 31,1 m
Tiefgang: max. 7,1 m
Bauwerft: Fincantieri (Genua)
Indienststellung: 13. Juli 2016
Taufe: 13. Juli 2016
Passagiere: 750
Crew-Mitglieder: 552
Passagierdecks: 10
Kabinen: 375
Bordsprache: Englisch
Restaurants: 6 **Bars:** 7
Sport & Wellness: Spa und Fitnesscenter, Jogging-Strecke, Tennis, Golf
Entertainment: Kartensalon, Bibliothek, Constellation Theater, Casino
Info: Regent Seven Seas Cruises, https://de.rssc.com
Preisklasse: €€€

bieten eine große Vielfalt an kulinarischen Kreationen, für Sonderwünsche gibt es jederzeit ein offenes Ohr. Hervorragend gestaltet sind sie alle – vom Hauptrestaurant Compass Rose mit seinen tiefblauen Lüstern über das asiatische Pacific Rim bis zum Büfett-Restaurant hoch oben, das sich abends in das italienische Sette Mari at la Veranda verwandelt. Bei gutem Wetter ist der schöne Außenbereich bestens belegt – vor allem die gemütlichen, strandkorbähnlichen Ecksitze sind heiß begehrt.

Das Design der Spezialitätenrestaurants Prime 7 (hochwertiges Steak, Hummer) und Chartreuse (französische Küche) ist sehr gelungen, bis zu den Wartebereichen, die wiederum über eigene Bars verfügen. Im Chartreuse regiert eine komplett französische Crew, vom Grandhotel-erfahrenen Maître d'hôtel (war lange im Sterne-Restaurant Moulin de Mougins, dem Treffpunkt der Stars beim Filmfestival in Cannes) über den Koch bis zu den Kellnern.

ADAC Tipp

Unter Einheimischen

Für die Landausflüge wurde unter dem Motto »Go local tours« eine neue, sehr interessante Variante entwickelt. Die Gäste können z. B. in spanischen Bergdörfern die Käseherstellung aus Ziegenmilch kennenlernen, Malern oder Fischern bei der Arbeit zuschauen und sogar mit ihnen fischen gehen. Die Besuche griechischer Klöster werden von örtlichen Nonnen begleitet, die Kultur und Wissen aus erster Hand vermitteln. Auch ein Kurs in kretischem Volkstanz ist möglich.

> Im Culinary Arts Center kann man sich in die hohe Kunst der Sterne-Küche einweihen lassen.

Immer beliebter wird der Pool-Grill, mit teilweise überdachten und beheizten Außenbereichen – ein Zugeständnis an so manche Wetterkapriolen, selbst im Mittelmeer.

FLÜGEL FÜR 250 000 DOLLAR

Besonders im Fokus der Gäste steht das Culinary Arts Center, eine Kochschule der Luxusklasse. An High-Tech-Kochstellen können sie sich in die hohe Kochkunst einweihen lassen, über Bildschirme werden die Handhabungen der Küchenchefin detailgenau übertragen. Die Kreationen werden anschließend gemeinsam zu einem guten Glas Wein verspeist. Manchmal werden auch Produkte verarbeitet, die zuvor bei einem Gourmetausflug auf lokalen Märkten gekauft wurden.

Ganz oben thront die teuerste und größte Suite aller Kreuzfahrtschiffe: Die 281,1 Quadratmeter große Regent Suite

Oben: So klein, so exklusiv – das Fürstentum Monaco ist der Inbegriff von Jetset, Prominenz und Luxus. Unten: Der Alte Hafen (Vieux Port) von Marseille mit seinen vielen Cafés und Restaurants schmiegt sich um den Yachthafen.

Tiefblaue mächtige Lüster sind der Blickfang im Hauptrestaurant Compass Rose. Das Essgeschirr ist von Versace.

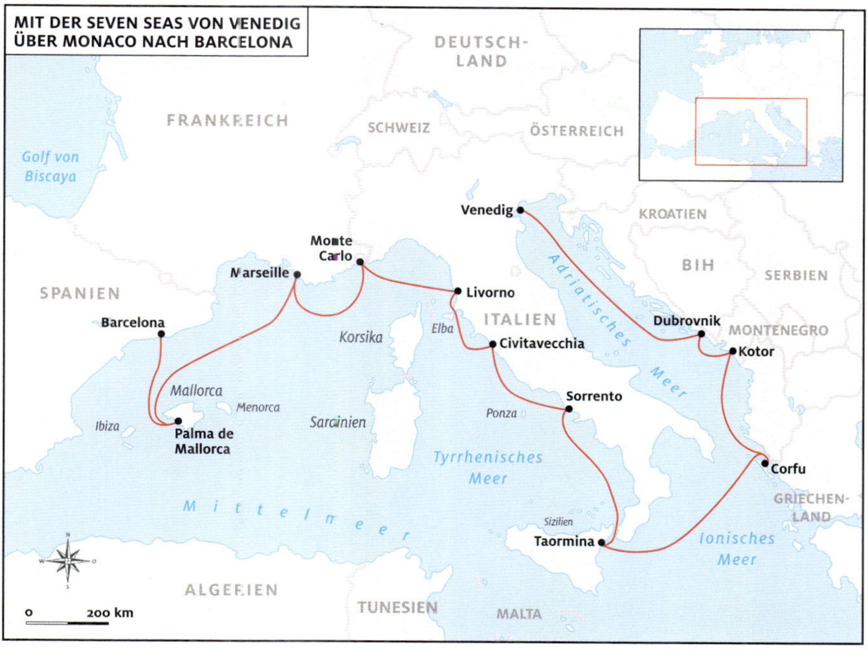

verfügt über mehrere Schlafzimmer, einen eigenen Spa mit Sauna und einen Steinway-Flügel im Wert von 250 000 Dollar. Ein Butler steht selbstverständlich zur Verfügung. Auf der 130 Quadratmeter großen Terrasse mit Jacuzzis lassen sich auch private Dinnerpartys ausrichten.

ABSCHIEDSSHOW DER CREW

Emotional wird es am Ende der Reise bei der Farewell-Show der Crew, eine Tradition bei der Regent Reederei. Nach charmanten Gesangs- und Tanzdarbietungen von Mitarbeitern des Schiffs scheint dann plötzlich die gesamte Besatzung auf der Bühne zu stehen: Köche, Butler, Stewards, Matrosen, Offiziere und natürlich Kapitän Saro, wie der italienische Master Rosario Vasta kurz genannt wird, sind da, um die Gäste zu verabschieden. Der Auftritt entwickelt eine ganz spezielle Dynamik. Es gibt Standing Ovations für wunderbare Menschen und ein ganz besonderes Schiff.

ALL INCLUSIVE

Wirklich beeindruckend und wahrscheinlich einmalig in der Cruise-Branche sind die im Reisepreis enthaltenen Inklusivleistungen. Dazu gehören nicht nur die All-inclusive-Verpflegung an Bord mit erlesenen Weinen, Champagner und Cocktails, sondern auch die Anreisen und der Großteil der Landausflüge, die immer in kleinen Gruppen durchgeführt werden.

Sea

ABENTEUER UND EXOTIK

Früher waren die Entdecker der Weltmeere allen möglichen Gefahren ausgesetzt. Heute können erlebnisfreudige Passagiere die spannendsten Ecken dieser Welt mit dem Schiff erkunden – sicher, komfortabel und dennoch mit der richtigen Dosis maritimer Ursprünglichkeit. Hier gehen Lebensträume in Erfüllung, werden Fernweh gestillt und Pioniergeister geweckt.

Ach du DICKES EIS!

Wer mit dem russischen Eisbrecher 50 Years of Victory (50 Let Pobedy) zum Nordpol reist, erlebt vielleicht eines letzten großen Seefahrer-Abenteuer unserer Erde.

Tuuuut! Der mächtige Typhon der 50 Let Pobedy (50. Jahrestag des Sieges) hallt über das Eis und unterbricht mit seinem dröhnenden Signal die absolute Stille des Nordpols. Es ist geschafft! Dimitry Lobusov, der Kapitän unseres russischen Eisbrechers, trifft schon nach dem zweiten Annäherungsversuch die magische Marke. Exakt 90'00 Grad steht auf dem großen GPS-Schirm neben dem Steuerstand auf der Kommandobrücke.

128 Mitreisende lassen vorne auf dem Bugdeck die Champagnerkorken knallen – oder ist es Krimsekt? Im Winter hält das atomgetriebene Schiff die Seewege im Norden Sibiriens für die Handelsschiff-

Geht unter die Haut: Stundenlang stehen die Passagiere am Bug, wenn Schichten von hochhausgroßen Eisbergen mit Getöse abbrechen und auf der Eis- oder Wasseroberfläche aufschlagen.

fahrt frei. Im Sommer steht es für wenige Wochen als Kreuzfahrtschiff der besonderen Art für Expeditionen zum Nordpol zur Verfügung.

Dabei ist die Bezeichnung Kreuzfahrtschiff irreführend. Ein solcher Eisbrecher bleibt immer ein Arbeitsschiff. Technik und Funktionalität haben Vorrang, eine Poolbar oder eine Minigolfanlage sucht man vergeblich. Die 52 Kabinen sind sonst für Offiziere oder Wissenschaftler reserviert. Sie sind relativ komfortabel, aber nicht luxuriös. Luxus-Oberkante hingegen ist der Preis: Rund 30 000 Euro muss man für dieses außergewöhnliche Abenteuer berappen.

Unsere Reise hat vor vier Tagen in Murmansk begonnen. Die 300 000-Einwohner-Stadt nahe der norwegischen Grenze auf der Kola-Halbinsel wurde 1916 noch in der Zarendynastie gegründet und ist bis heute Hauptstützpunkt der sagenumwobenen russischen Nordmeerflotte.

Die 50 Let Pobedy ist so groß wie ein Kreuzfahrtschiff, wirkt aber mit ihren blockartigen Aufbauten massig und nüchtern, fast wie ein Kriegsschiff. Das

Luxuriös ist vor allem der Preis: 30 000 Euro muss man berappen.

Helikopterdeck und die kräftigen Kräne lassen auch an ein Forschungsschiff denken. Am mächtigen breitgezogenen Bug aber ist deutlich zu erkennen, wofür sie gebaut wurde: möglichst effektiv durch das Eis zu kommen, auch wenn es drei Meter dick ist. Von Murmansk bis zum

i

DAS SCHIFF
BRZ: 23 439
Länge: 160 m **Breite:** 30 m
Tiefgang: max. 17,2 m
Bauwerft: Baltic Shipyard (St. Petersburg, Russland)
Indienststellung: 2. April 2007
Passagiere: 124
Crew-Mitglieder: 140
Passagierdecks: 4 **Kabinen:** 52
Bordsprache: Russisch, Englisch, Deutsch
Restaurants: 1 **Bars:** Victory Bar
Sport & Wellness: Fitnessraum, 2 Saunen, Pool mit erwärmtem Meerwasser, Volleyballplatz
Entertainment: Salon für Lesungen & Präsentationen, Bibliothek, Zodiacs & Helikopter für Ausflüge
Info: Atomflot, www. poseidonexpeditions.de
Preisklasse: €€€

Pol sind es 1250 nautische Meilen – also etwa 2300 Kilometer. Obwohl das Schiff mit rund 18 Knoten (33 km/Std) durch das noch eisfreie Polarmeer pflügt, werden fast zwei Tage vergehen, bevor man auf halbem Weg zum Pol wieder Land sichtet – Franz-Joseph-Land, der nördlichste Archipel der Welt.

Die Gruppe mit rund 200 Inseln war 1873 von einer österreichisch-ungarischen Forschungsexpedition mehr oder minder zufällig entdeckt worden. Eigentlich hatte man sich den Nordpol vorgenommen – oder zumindest die Nordostpassage. Doch schon früh kam die in Bremerhaven aufgebrochene Expedition ins arktische Eis. Gefangen im Klammergriff der Schollen, saß der hölzerne Dampfsegler Admiral Tegetthoff fest, ganze zwei Sommer und einen Winter lang. Am 30. August 1873 beschrieb der für Landexpeditionen zuständige Offizier Julius Payer: »Es war um die Mittagszeit, da wir über die Bordwand gelehnt in die flüchtigen Nebel starrten, als eine vorüberziehende Dunstwand plötzlich raue Felszüge in Nordwest enthüllte, die sich binnen weniger Minuten zu dem Anblicke eines strahlenden Alpenlandes entwickelten!«

Mit diesen historischen Entdeckern, auf deren Spuren die Fahrt in den Norden geht, befassen sich die Vorträge an Bord. Riesige Herden von Walrossen und Robben gibt es in dieser Inselwelt zu sehen, Polarfüchse und natürlich den König der Arktis – den Eisbären. Dazu Massen von Seevögeln wie Dreizehenmöwen, Dickschnabellummen und Krabbentaucher.

Langsam bahnt sich das 75 000-PS-Schiff durch die erstarrte weiße Welt.

Viel zu schnell vergehen die wenigen Stunden in dieser geheimnisvollen Umgebung. Aber auf uns wartet noch ein wichtiges Ziel, der Nordpol. Ab jetzt können wir auf unserem Weg jederzeit auf dickeres Eis stoßen. Ein massives Hindernis, das auch unser 75 000-PS-Schiff zu gemächlicherem Tempo zwingen kann.

Früh um fünf Uhr weckt uns ein Rütteln im Schiff: Eis! Draußen zeigt sich eine veränderte Umwelt. Das Meer ist fast verschwunden. Um das Schiff, so weit das Auge reicht, alles weiß. Fast alle Passagiere haben sich trotz der frühen Zeit an Deck versammelt. Das mächtige Schiff sucht jetzt den direkten Weg durch die erstarrte weiße Welt.

Entweder durchschneidet der breite Bug das Eis direkt, fast unmerkbar, oder unser Schiff drückt die losen, dickeren Schollen energisch zur Seite. Sie weichen fast unwillig, geraten dabei knirschend aneinander und verknäulen sich zu beiden Seiten des Schiffes. Bis zu zwei Meter können solche in sich verkeilten Schollen an der Bordwand emporsteigen, als wollten sie das Schiff zum letzten Mal angreifen, bevor sie endgültig zermalmt werden und untergehen.

Stundenlang stehen die Passagiere fasziniert am Bug. Das deutlich hörbare Brechen des Eises geht unter die Haut. Mitunter klingt es wie ein gedämpfter Pistolenschuss, wenn in einer großen Scholle zunächst ein Riss aufbricht und dann das Eis in mehrere Abschnitte zerteilt wird. Unter den Füßen vibriert das Schiff, wenn es auf das granitharte Element trifft.

ADAC Tipp

Packliste fürs Packeis

Ein warmer, wasserdichter Expeditionsparka und Gummistiefel werden an Bord zur Verfügung gestellt. Mitzubringen sind u.a.: lange Unterwäsche, warme Hosen, Trekking- oder Skikleidung für Landausflüge oder die offenen Decks, Wollpullover oder Fleecejacke, Wollmütze, Schal, Handschuhe, Socken, wasserdichter Rucksack und Fernglas.

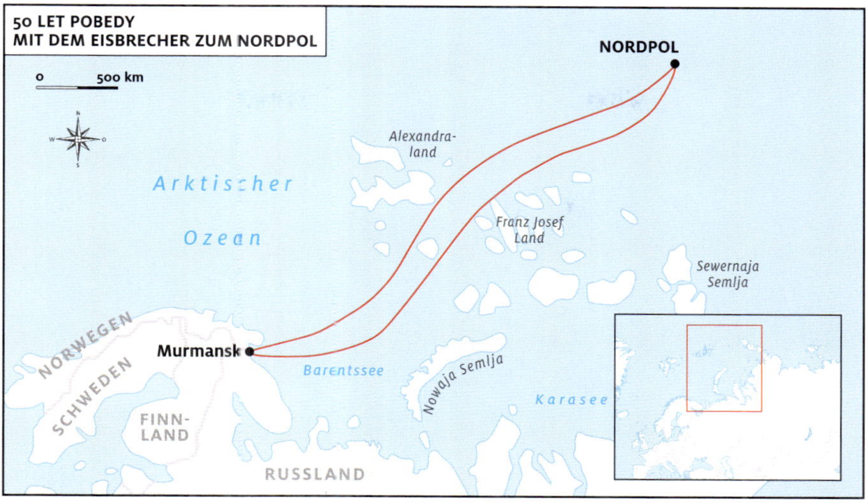

Was wäre eine Eroberung des Pols ohne diese Schlacht gegen die Eisarmeen des Nordens. Es ist gut, dass uns immer wieder die Kräfte der Natur begegnen – sodass trotz der vordergründigen technischen Überlegenheit nie die Achtung vor dieser einmaligen Region verloren geht.

Und dann, nur vier Tage, nachdem wir in Murmansk aufgebrochen sind, erreicht unser Schiff tatsächlich den geografischen Nordpol. Um 23 Uhr, 43 Minuten und 44 Sekunden – eine vom Kapitän unterzeichnete Urkunde wird es für immer bestätigen.

Der Nordpol ist ein magisches Ziel und berührt jeden Neuankömmling tief. Hier bahnt sich dieses Gefühl in unbändiger Freude, in Jubel und Begeisterungsrufen seinen Weg. Man kann nicht stillstehen, möchte jeden umarmen und mit jedem anstoßen. Der Trubel am Bug ist genau richtig – die Musik, der Tanz. Erst wenn das alles vorbei ist, dann ist plötzlich Raum für die Stille. Für ein abgeschiedenes Plätzchen auf einem der Decks. Erst dann haben alle begriffen: Wir sind da.

Es gibt natürlich die obligatorische Feierstunde mit dem völkerverbindenden arktischen Ring, in den sich alle einreihen – es gibt das Barbecue auf dem Eis oder den »Polar Plunge«, den Sprung ins Nordpolwasser, den vor allem die Gäste aus China mit großem Hallo absolvieren.

Andere Passagiere beteiligen sich an einer langen Wanderung durch das Eis, spüren die Kraft des Ortes und versinken in ihren Gedanken. Sogar eine Lesung wird angeboten. Eine der Lektorinnen an Bord hat historische Texte vorbereitet. Zeitzeugnisse von Menschen, die vergeblich versucht haben, an dieses Ende der Welt zu gelangen. Viele haben dafür ihr Leben gegeben.

Als sich nach erfüllten Stunden unser mächtiges Schiff räkelt wie ein Seeungeheuer und knirschend langsam wieder Fahrt Kurs Süd aufnimmt, bleibt sicherlich von jedem etwas zurück.

Heiß auf Eis: In den kalten Regionen der Erde fühlt sich die Soléal pudelwohl.

Die SHOW ist DRAUSSEN

Mit der luxuriösen Expeditionsyacht Le Soléal lernen Gäste die faszinierenden Tier- und Naturwunder der Antarktis kennen. Mehr Unterhaltung braucht keiner.

DAS SCHIFF

BRZ: 10 994
Länge: 142 m **Breite:** 18 m
Tiefgang: max. 4,9 m
Bauwerft: Fincantieri (Ancona, Italien)
Indienststellung: 29. Juni 2013
Taufe: 29. Juni 2013
Passagiere: 264
Crew-Mitglieder: 139
Passagierdecks: 6
Kabinen: 132
Bordsprache: Englisch
Restaurants: Gourmetrestaurant Marina, Open-Air-Grillrestaurant
Bars: 2 Lounges, davon 1 Open-Air
Sport & Wellness: Spa- & Wellnessbereich, Fitnesscenter, Pool
Entertainment: Theater, Tanzfläche
Info: Ponant, www.ponant.de
Preisklasse: **€€-€€€**

Kapitän Patrick Marchesseau bringt es auf den Punkt: The show is outside – die Show ist draußen! Mal meldet er sich über den Bordlautsprecher während des Mittagessens zu Wort wenn draußen ein Seeleopard direkt neben dem Schiff auf einer Eisscholle liegt, mal am späten Abend, wenn er ganz in der Nähe Buckelwale entdeckt hat, mal frühmorgens um halb fünf wenn draußen die Sonne Tausende von Eisbergen zum Glitzern bringt. Da lassen die Passagiere nur zu gerne ihr Filetsteak liegen, eilen aufs Außendeck, um zu sehen, was sich draußen abspielt. Denn jeder weiß: Wenn der Kapitän eine Mahlzeit unterbricht, dann aus gutem Grund.

INTERNATIONALE GÄSTESCHAR

Eine Kreuzfahrt mit der Le Soléal in die Antarktis ist für viele Passagiere die Erfüllung eines Lebenstraums. Maximal 264 Passagiere fasst die Expeditionsyacht. Mit ihren 142 Metern Länge und sechs Decks gehört sie in der Antarktis schon zu den eher großen Schiffen. Das Publikum ist international: Etwa die Hälfte stammt aus Frankreich, die ande-

Die moderne Skulptur im Foyer der Rezeption erinnert an einen Fischschwarm.

re Hälfte aus englischsprachigen Ländern wie Großbritannien, USA oder Australien. Französisch und Englisch sind die beiden Bordsprachen. Auch eine kleine Gruppe deutscher Gäste ist meist an Bord. In der Regel gibt es für sie auch einen deutschsprachigen Gästebetreuer.

Zwei exquisite Restaurants – eines mit Service am Platz, eines in Büfettform –, eine Lounge, eine Aussichtsbar, ein kleiner Fitnessraum, ein Spa, abends ab und zu mal eine Musikshow – viel mehr Bordunterhaltung bietet das Schiff nicht und wird auch nicht vermisst. Die Natur ringsherum reicht vollkommen aus.

GEFÜRCHTETE MEERENGE

Das fängt schon in der Drake-Passage an, der selbst bei Seefahrern gefürchteten Meerenge zwischen Südamerika und der Antarktischen Halbinsel. In der

ADAC Tipp

Pack-Empfehlung für die Antarktis

Im antarktischen Sommer – der einzigen Jahreszeit, in der Antarktis-Kreuzfahrten stattfinden – ist es deutlich wärmer, als man denkt. Meist liegen die Temperaturen um den oder leicht über dem Gefrierpunkt. Die Ponant-Reederei stellt Passagieren einen speziellen Parka. Unbedingt mitnehmen sollte man eine winddichte und warme Jacke, ebenso eine winddichte Hose oder Schneehose sowie dicke Gummistiefel, die ebenfalls von der Reederei gestellt werden. Denn bei den Anlandungen im Zodiac muss man meist einige Schritte durchs Wasser waten. Darüber hinaus sind Sonnenbrille und Sonnencreme unabdingbar.

Faszination Eis: Mal sind es kleine Schollen, mal Eisberge groß wie Mehrfamilienhäuser.

ersten Nacht der gut zweitägigen Überfahrt ist an Schlaf kaum zu denken. Im Tanz des Schiffs zwischen den Wellenbergen rollen die Passagiere in den Betten hin und her. Ein Klassiker in der Drake-Passage ist der Wettbewerb »Wer entdeckt den ersten Eisberg?«. Als Belohnung hat der Kapitän eine Flasche Champagner ausgelobt. So sitzen die Passagiere in der Aussichtslounge mit einem Drink in der Hand, lassen sich mit einem Fernglas in der Hand auf den zahlreichen Außendecks den Wind um die Nase wehen oder halten auf der Brücke Ausschau. Diese ist zu fast allen Tages- und Nachtzeiten für Passagiere geöffnet – auf Kreuzfahrtschiffen eher eine Seltenheit. Am späten Vormittag des zweiten Tages ist schließlich der erste Eisberg gesichtet. Immer mehr werden es – mal riesige Klötze, so hoch wie ein Mehrfamilienhaus und einige Kilo-meter lang, mal kleine Eisschollen. Für die kommenden Tagen sind sie die ständigen Begleiter.

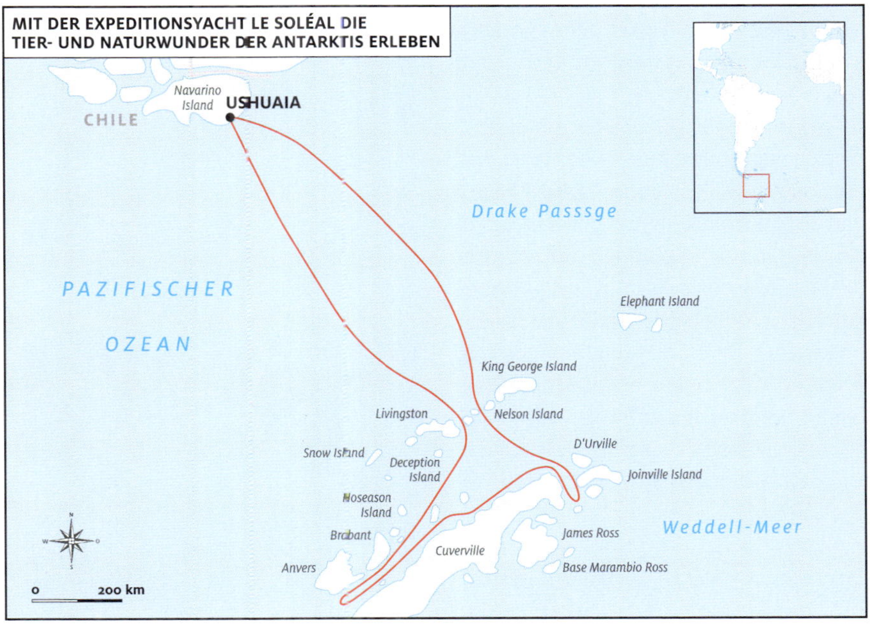

UNTER PINGUINEN

Doch Antarktis-Kreuzfahrer sind natürlich nicht nur wegen der Eisberge gekommen, sondern vor allem wegen der Tiere: Wale, Robben, Pinguine, Meeresvögel. All das bekommen die Passagiere in den kommenden Tagen nicht nur

Das Programm ändert sich je nach Wetter- und Eisverhältnissen.

vom Schiff aus zu sehen. In der Regel zweimal pro Tag bietet das Expeditionsteam entweder Ausfahrten in den Zodiacs an oder bringt die Passagiere mit den robusten Schlauchbooten an Land, wo sie dann einer mehr als tausendköpfigen Pinguinkolonie aus der Nähe beim Brüten zusehen dürfen, Seeelefanten beim Dösen am Strand beobachten oder Robben aus wenigen Metern Entfernung zu sehen bekommen.

Wo genau die Anlandungen und Ausfahrten stattfinden – und überhaupt wohin das Schiff fährt, dafür haben Kapitän und Expeditionsleiter zwar einen ungefähren Plan, doch es handelt sich eben um eine Expeditionskreuzfahrt, und so können Wetter- oder Eisverhältnisse immer mal wieder für eine Programmänderung sorgen. Die Passagiere nehmen das gelassen hin. Und wenn ein Stopp mal ausfällt, können sie fast sicher sein, dass wenige Stunden später der nächste für alles entschädigt. Wenn zum Beispiel nach dem Abendessen eine Gruppe Buckelwale mehr als eine Stunde lang direkt um das Schiff herum nach Krill taucht und immer wieder die majestätischen Schwanzflossen abtauchen. Oder wenn am nächsten Tag bei der Fahrt im Kajak plötzlich ein Pinguin direkt vor dem Boot entlangschwimmt.

Bei allen Landgängen sind die Mitglieder des 14-köpfigen Expeditionsteams mit dabei. Zudem steht mindestens ein Vortrag täglich auf dem Programm. Der Gletscherexperte spricht dann über die faszinierende Welt des Eises, der Vogelforscher über sein Fachgebiet, die Walspezialistin über die riesigen Meeressäuger.

Mit Zodiacs werden Passagiere an Land gebracht, um den Pinguinen beim Brüten zuzusehen.

GESUNDHEITS-CHECK VOR DER ABREISE

Die meisten Reedereien verlangen im Vorfeld der Reise eine ärztliche Bescheinigung, dass die Passagiere gesund und in der Lage sind, die Reise anzutreten. Denn in der Antarktis ist das nächste Krankenhaus im Notfall mehrere Tagesreisen entfernt. Anders als in den meisten anderen Regionen kann kein Hubschrauber Schwerkranke von Bord holen.

Mit einem ganz besonderen Erlebnis überrascht die Crew die Passagiere am vorletzten Tag in der Antarktis – kurz bevor es wieder durch die Drake-Passage zurückgeht: Mitten im Weddellmeer zwischen unzähligen Eisschollen lässt Kapitän Marchesseau das Schiff stoppen. Mit den Zodiacs werden die Passagiere auf eine große Scholle gefahren. Die Besatzung reicht Champagner und Macarons. Der Kapitän und der Expeditionsleiter lassen sich auf einem extra bereitgestellten Sofa fotografieren, das Showensemble posiert dahinter in Pinguinkostümen. Irgendwann beginnen die Offiziere eine Schneeballschlacht. Volksfeststimmung mitten in der Antarktis. Auch eine solche Show gibt es manchmal – draußen in der Antarktis.

KREUZFAHRT in ALASKA: Wale statt WLAN

Eine Seereise auf der Safari Endeavour durch den Glacier-Bay-Nationalpark offenbart ein faszinierendes Natur- und Tierparadies fernab der Zivilisation.

Es ist 7 Uhr, und der Tag hat noch gar nicht so recht begonnen. Doch auf dem Meer ist schon jede Menge los. Fünf Buckelwale rollen ihre mächtigen Leiber über die Wasseroberfläche, bis nur noch die Schwanzflosse steil nach oben ragt und dann wegtaucht. Die paar Damen, die sich an Deck zur Yogastunde eingefunden haben, lassen ihre Matten links liegen und verschieben den Sonnengruß, bis die Meeressäuger wieder von dannen gezogen sind.

EINE WOCHE OFFLINE

Es ist Tag drei auf der Kreuzfahrt durch den Glacier-Bay-Nationalpark in Alaskas unberührtem Südosten. Start- und Endpunkt ist die Hauptstadt Juneau. Die gesamte Crew steht zur Begrüßung Spalier, allen voran Captain Jenna, eine zierliche Dame von der Ostküste der USA. Die 42 geräumigen und komfortablen Kabinen sind auf vier Decks verteilt. Dank großer Fenster lässt sich das große Naturkino auch vom Bett aus genießen.

Eine Woche Einsamkeit in der menschenleeren, ungezähmten Natur des Glacier-Bay-Nationalparks liegt vor den Passagieren. Das Wildnisgebiet ist so abgelegen, dass weder Telefon noch Internet funktionieren. Diese Tatsache sorgt bei einigen Passagieren für anfängliche Konfusion. Eine Woche offline? Puh, wie soll das gehen?

Anders als die Kreuzfahrtriesen, die sich an der spektakulären Inside Passage

Wie riesige Ströme münden die Gezeitengletscher ins Meer. Die Dimensionen sind gewaltig, und groß ist der Respekt vor den Eisriesen.

mehr oder weniger die Hafenstädte entlanghangeln, bahnt sich die 70 Meter lange Safari Endeavour mit etwa 80 Passagieren an Bord geschmeidig ihren Weg durch die zerklüftete Fjord- und Eisküste. Versteckte Buchten, abgelegene Meeresarme und Insellabyrinthe prägen diese Wunderwelt, die den großen Schiffen weitgehend verwehrt ist.

SPEKTAKEL IM EIS

Mit Schlauchbooten geht es direkt zu den ins Meer mündenden Gletschern. Groß ist das Staunen, wenn ein Brocken, groß wie ein Doppelhaus, mit Riesengetöse von den Gletscherwänden abbricht, ächzend auf dem Wasser aufprallt und das Boot ganz schön ins Schaukeln bringt. Guide Connor versichert, dass im Glacier-Bay-Nationalpark nicht alle Gletscher von der Schmelze betroffen sind. Einige wachsen sogar – nur zu gerne hört man ihm zu, und nicht zum ersten Mal keimt der Glaube an eine heile Welt auf. Die Expeditions-Guides (Meeresbiologen oder langjährige National-park-Ranger) wissen über jedes Tier, jede Pflanze, jeden Gesteins- oder Eisbrocken bestens Bescheid. Ihre Lebensgeschichten ähneln sich: Sie alle wollten nur einen Sommer in ihrem Traumland Alaska verbringen, kamen aber nicht mehr los. Auch Captain Jenna, die ganz andere Landschaften gewohnt ist, wurde schnell Alaska-süchtig. »Ich habe den schönsten Arbeitsplatz der Welt«, sagt sie mit strahlenden Augen.

UNTER BÄREN

Admiralty Island heißt der nächste Stopp. 164 Kilometer lang und 48 Kilometer breit, verzeichnet die dicht bewaldete Insel die höchste Bärenpopulation in Nordamerika. 1700 Braunbären sollen

DAS SCHIFF

BRZ: 1425
Länge: 70,7 m **Breite:** 11,3 m
Tiefgang: 3 m
Bauwerft: Jeffboat Shipyard (Indiana, USA)
Indienststellung: 1983
Passagiere: 88
Crew-Mitglieder: 37
Passagierdecks: 3
Kabinen: 42
Bordsprache: Englisch
Restaurants: Main Deck Restaurant
Bars: Weinbar
Sport & Wellness: Plattform für Wassersportaktivitäten, 2 Whirlpools, Fitnessgeräte & Yogamatten
Entertainment: Bibliothek
Info: UnCruise, www.uncrise.com
Preisklasse: €

ADAC Tipp

Abkühlung für Hartgesottene

Auf Mutige wartet an Bord des Schiffs ein verwegener Adrenalinkick: der Polar Bear Plunge. Wer sich traut und seine Mitreisenden beeindrucken will, springt vom Kajak-Deck in das arktisch kalte Wasser. Danach geht es schnurstracks in den heißen Whirlpool.

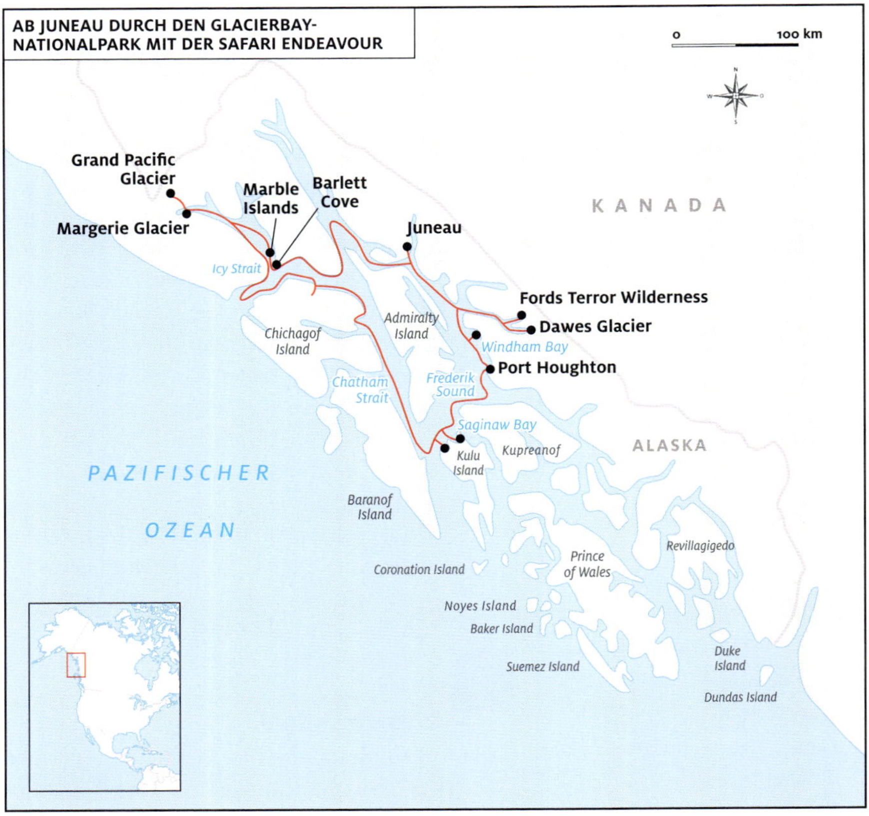

hier leben. Auf den ausgetretenen Buschpfaden türmt sich so mancher frische Bärenhaufen. Das Unbehagen lässt sich nicht abschütteln, auch wenn Connor versichert, Bären seien menschenscheu. Daher soll man Lärm machen, rufen, pfeifen, singen, johlen oder jodeln, damit sich die Bären rechtzeitig aus dem Staub machen können. Gefährlich wird's, wenn Bären überrascht werden oder ihre Jungen in Gefahr wähnen.

KREBSE BIS ZUM ABWINKEN

Die viergängigen Dinner-Menüs sind jedes Mal eine kulinarische Offenbarung. Als es fangfrische Dungeness Crabs (Taschenkrebse) gibt, macht jeder gerne von der »all you can eat«-Offerte Gebrauch. Anschließend gibt es Bildervorträge über Wale und Gletscher. Mit an Bord ist auch ein Profifotograf, der interessierten Passagieren Tipps und Tricks für bessere Aufnahme verrät. Während-

Passagiere verbringen viel Zeit an Deck, weil es immer etwas zu entdecken gibt. Admiralty Island hat die höchste Braunbären-Population Nordamerikas. Direkt vom Schiff kann man zu Kajaktouren starten.

dessen beobachten die Crew-Mitglieder, ob sich rund ums Schiff etwas Spannendes abspielt. »Wolf auf halb 4 Uhr«, unterbricht plötzlich ein Ruf von Expeditions-Guide Matt den Vortrag, alle gehen nach draußen, um den einsamen Vierbeiner an der beschriebenen Position in Augenschein zu nehmen. Auch die unzähligen Seelöwen, die sich auf einem Felsen in der Sonne räkeln, will sich keiner entgehen lassen.

An diesen Julitagen ist die Mitternachtssonne noch voll in Fahrt, so richtig dunkel wird es nicht; erst kurz vor Mitternacht setzt eine Art Dämmerung ein. Das Licht des hohen Nordens ist fast magisch, die Stimmungen wechseln stündlich.

Nach langer Zivilisationsentsagung ohne E-Mail-Bombardements, Twitter- und Instagram-Stress ist die Ankunft im wuseligen Juneau schwer verdauliche Kost. Doch jeder kehrt mit einem Lächeln ins normale Leben zurück und bringt einen Schatz mit nach Hause.

ADAC Tipp

Goldrausch-Kneipe

Der Besuchermagnet in Juneau (Ab- und Anlegehafen) ist der Red Dog Saloon in der Franklin Street. Hinter der Schwingtür taucht man hinein in die Zeit des Goldrauschs. Das Piano der feurigen »Ragtime Hattie« ist immer noch im Einsatz. Ihr Markenzeichen: weiße Handschuhe und ein Oberteil mit einer Tasche für Silver Dollars.

Auf einen Drink oder zwei geht es in den Red Dog Saloon im Zentrum von Juneau. Alaskas Hauptstadt ist nur auf dem Luft- oder Wasserweg zu erreichen.

INSELHÜPFEN in die SELIGKEIT

Schöner Schoner: Auf dem Zweimaster Sea Bird lassen sich die Seychellen auf intime und authentische Art entdecken.

Auch wenn man die Bilder schon unzählige Male gesehen hat: Der Live-Anblick der Anse du Riz mit dem schneeweißen Puderzuckerstrand, den mächtigen Granitblöcken, den hohen Palmen und dem leuchtend grünen Buschwerk ringt jedem Betrachter einen tiefen Seufzer ab. Ja, genau so sieht das Paradies aus. Die Bucht im Ternay Marine National Park von Mahé ist die erste Station des einwöchigen Törns mit der Sea Bird. Im kristallklaren Was-

Ohne Schnickschnack in die Segel-Seligkeit: Maximal 22 Gäste haben auf dem Zweimast-Schoner Platz. Im Jahr 2000 wurde die Sea Bird in der Türkei gebaut. Jetzt sind die Seychellen ihre Heimat.

ser der türkis-schillernden Meeresbucht tummeln sich silbrig-gelb gestreifte Doktorfische. »Als ich das erste Mal als Kapitän eines Tauchschiffes die Seychellen besuchte, war mir sofort klar: Hier will ich ein eigenes Segelschiff betreiben«, erzählt Seemann Amit Wasserberg, Gründer und Manager von Silhouette Cruises. Er suchte und fand Investoren, kaufte in Holland ein historisches, in ein Kabinenschiff umgebautes Fischerboot und nahm 1997 mit der Sea Shell den Betrieb auf. Heute ist Silhouette Cruises ein bedeutender touristischer Leistungsträger im Inselstaat.

YACHT OHNE SCHNICKSCHNACK

Der im Jahr 2000 in der Türkei erbaute Zweimast-Schoner Sea Bird entpuppt sich als gemütliche, authentische Großyacht ohne Schnickschnack. Auf 42 Meter Länge und 8,5 Meter Breite sind im unteren Deck neun Kabinen für maximal 22 Gäste und die Crew-Unterkunft angelegt. Auf dem oberen Deck befindet sich ein Salon mit zwei Esstischen, eine kleine Lounge mit Bar und hinten ein gedeckter Freiluftbereich mit großem Tisch sowie die Tauchstation.

Schiffe von Silhouette Cruises werden auch für wissenschaftliche Einsätze gechartert.

Vergleichbar präsentiert sich die im Jahr 2002 erbaute Sea Star, während die zwei ähnlich großen historischen Einheiten Sea Pearl (erbaut 1915) und Sea Shell (erbaut 1920) das Charisma und die Patina ihrer langen Seefahrtgeschichte verströmen. Zur Flotte von Silhouette Cruises gehören zudem zwei Spezialschiffe: Die Maya's Dugong legt Expeditionen und Sonderfahrten nach den äußeren entlegenen Korallen-Atollen auf, ein weiteres Schiff wird für wissenschaftliche Fahrten verchartert.

Am Morgen blinzelt die Sonne durch die Luke der klimatisierten, elf Quadratmeter großen Kabine. Schrank, Doppelbett, Nasszelle mit Dusche – was braucht es mehr auf einem Schiff, wo

i

DAS SCHIFF
GT: 195 t
Länge: 42 m
Breite: 8,5 m
Bauwerft: Caterpillar (Türkei)
Indienststellung: 2000
Passagiere: 22
Crew-Mitglieder: 9, darunter ein Tauchlehrer
Passagierdecks: 2
Kabinen: 9
Bordsprache: Englisch, Französisch
Restaurants: Salon
Bars: Lounge Bar
Sport & Wellness: Tauchstation
Entertainment: TV, DVD- und Musikplayer in allen Kabinen
Info: Silhouette Cruises, www.seychelles-cruises.com
Preisklasse: €

sich als Dresscode Shorts und T-Shirt empfehlen? Draußen an Deck hat Hostess Lisa ein ausgiebiges Frühstück mit frischen Früchten aufgetischt. Die Crew – alles freundliche Seychellois – umfasst nebst dem Kapitän einen Koch, den Mechaniker, zwei »Deckhands« und drei für Service und Kabinen zuständige Hostessen. Nur der Tauchlehrer stammt aus England.

Aus der Kombüse schallt Reggae – Koch Mickey ist an der Arbeit.

Auf der Weiterfahrt lässt der Kapitän die Segel setzen. Hurtig lösen die Deckhands die verknoteten Seile, ziehen ruckzuck das Tuch an den zwei Masten hoch und fixieren die Verstrebungen. Oben auf dem offenen Brückendeck steuert Etienne vergnügt die Sea Bird am Wind und plaudert mit den Gästen. Derweil schallt aus der kleinen Kombüse Reggae – ein Zeichen, dass sich Koch Mickey an die Arbeit gemacht hat.

BERÜHMTE COCO-DE-MER-PALMEN

Schlag auf Schlag folgen die Höhepunkte der Inseltour, die durch die inneren Granitinseln führt: Das Naturreservat Cousin Island, auf Praslin der Traum-

Und Action! Wenn der Kapitän die Segel setzen lässt, zeigen die Deckhands ihr Können.

ADAC Tipp

La Digue per Mietfahrrad

Für die individuelle Entdeckung von La Digue steht fast ein ganzer Tag zur Verfügung. Dazu empfiehlt sich ein Mietfahrrad, an denen es im Ankunftshafen La Passe nicht mangelt (Kosten ca. 10 Euro). Über die historische Farm L'Union Estate und an Vanilleplantagen entlang geht es zur berühmten Anse Source d'Argent mit den wohl meistfotografierten Granitblöcken der Welt. An der Ostküste erstreckt sich die majestätische Grand Anse, und durch dichtes Buschwerk geht es zu Fuß zur Petit Anse und Anse Coco – einsame Prachtstrände, an deren Gestaden hohe Wellen branden. Wer genug Puste hat, steuert gar den prächtigen Ausblick des 333 m hohen Nid d'Aigle an.

Die Granitfelsen am Strand von La Digue machen die Seychellen zum Sehnsuchtsziel.

TAUCHEN UND WASSERSPORT
Die Inselfahrten mit Silhouette sind nicht nur Erlebnis-, sondern auch Aktiv-Reisen. An Bord werden Kajaks und Stand-up-Paddleboards mitgeführt, auch die Schnorchelausrüstung kann kostenfrei genutzt werden. Angesagt ist aber auch Tauchen in Begleitung eines Padi-Divemasters: Angeboten werden Schnupper-Tauchgänge (ca. 70 Euro), wer über die notwendige Expertise verfügt, bucht ein Dive-Package für die gesamte Fahrt (ca. 190 Euro) oder einzelne Tauchgänge. Getaucht wird normalerweise zwischen 8 und 20 m Tiefe, Hotspots sind u. a. St. Pierre oder das Wrack vor Baie Beau Vallon – die Nino-geschädigten Korallen erholen sich wieder langsam.

strand Anse Lazio und das mystisch-zauberhafte UNESCO-Weltnaturerbe Vallée de Mai mit seinen berühmten Coco-de-Mer-Palmen, die total entspannte Insel La Digue und die einstige Leprainsel Curieuse mit ihren Riesenschildkröten. Nicht zu vergessen St. Pierre, eine winzige, höchst pittoreske

Nach dem Abendessen an Deck wird geschwatzt und gelacht – spät wird's nie.

und neckisch von einem Baum gekrönte Ansammlung skurriler Felsen als beliebter Tauch- und Schnorchel-Spot.

Zurück an Bord lässt ein leichter Regenschauer die Küste wie ein fein ge-

Nirgendwo auf der Welt leben so viele Riesenschildkröten wie auf den Seychellen. Zu einem Eintrag ins Guinness-Buch der Rekorde hat es die Schildkröte Esmeralda gebracht, die über 200 Jahre alt sein soll.

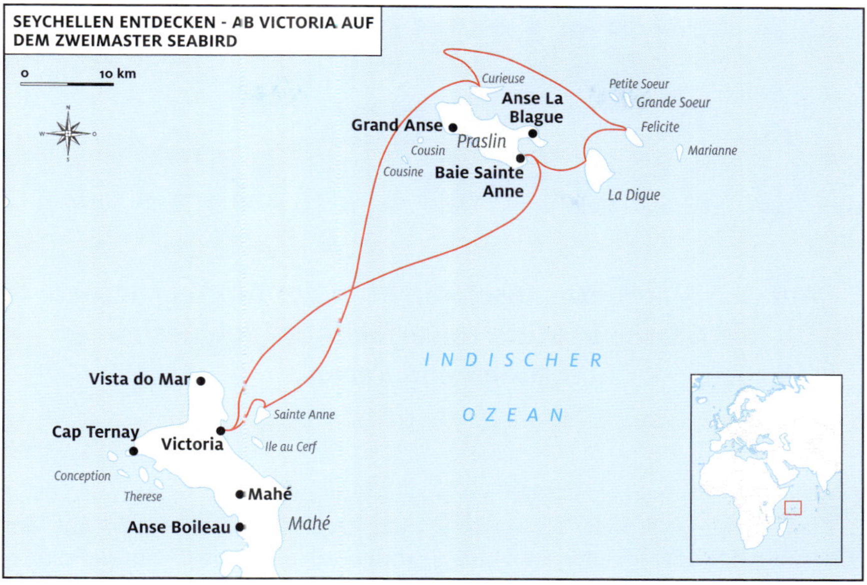

zeichnetes Aquarell erscheinen. Es ist die zurückhaltende Ruhe der blauen Stunde nach einem erlebnisreichen Tag. Die Dämmerung bricht nach 18 Uhr rasch herein – Zeit für einen Takamaka Tropical Drink, während Koch Mickey einen frisch gefangenen Bonito-Fisch grillt. Nach dem Abendessen an Deck wird geschwatzt und gelacht, und der Kapitän informiert wie jeden Abend über die Pläne des morgigen Tages – spät wird's nie.

Auf dem Rückweg in Richtung Mahé weht eine steife Brise, das Rollen und Stampfen des Schiffs vertreibt den einen oder anderen Mitpassagier in die Kabine. Am letzten Abend ankert die Sea Bird vor der kleinen Insel St. Anne gegenüber den Lichtern von Victoria – ein Hauch von Wehmut mischt sich in die milde Nachtluft: So fühlt sich die Vertreibung aus einem Paradies an.

ADAC Tipp

Ausklang an der Beau Vallon Bay

Nach dem Törn mit Silhouette Cruises wird der Seychellen-Aufenthalt oft in einem Insel-Resort verlängert. Wer aber nach der morgendlichen Rückkehr des Schiffs in Victoria gleichentags in die Heimat zurückfliegt, muss sich je nach Airline die Zeit bis zum abendlichen Abflug um die Ohren schlagen. Da ein Bummel durch Victoria nicht tagesfüllend ist, empfiehlt sich die Anmietung eines Day-Rooms in einem Hotel in der Beau Vallon Bay. Der Ferienort liegt ab Victoria nach einem kurzen Taxi-Transfer an der Westküste von Mahé an einem 1,5 km langen Strand. Die Hotelauswahl ist u. a. mit dem Coral Strand Hotel, dem Savoy oder dem Le Méridien Fisherman's Cove groß.

JENSEITS des SÜDSEE-GLAMOURS

Auf den Marquesas-Inseln an Bord der Aranui 5 lernen die Gäste ein Stück unverfälschtes Polynesien kennen und lieben.

Hitze und hohe Luftfeuchtigkeit umfangen uns in Papeete, der Hauptstadt von Tahiti, 22 Flugstunden von Paris entfernt. Unser Ziel sind die Marquesas-Inseln, ein abgeschiedener Archipel im Pazifik. Von dort sind es nochmals rund 1600 Kilometer. Auf dem Pooldeck bereiten uns trommelnde Ozeanier und die polynesische Crew einen herzlichen Empfang. Wie alle Schiffe der Flotte ist die Aranui 5 ein kombiniertes Passagier- und Frachtschiff, das die Einwohner der Marquesas-Inseln mit Gebrauchswaren und Lebensmittel versorgt.

LÄNGER BLEIBEN

Die langen Flüge nach Polynesien führen entweder über Asien oder Los Angeles bzw. San Francisco – für die meisten Gäste ist eine Reise hierher ein buchstäblich einmaliges Erlebnis. Daher lohnt es sich auf jeden Fall, einige Tage in der Region zu bleiben und beispielsweise ein Inselhopping auf eigene Faust zu organisieren. Das entsprechende Budget muss allerdings eingeplant werden: Hotel- und Restaurantpreise in Polynesien gehören zu den teuersten der Welt.

TEPPICHE MIT BLUMENMUSTER

Die bis zu 254 Passagiere sind auf acht Decks in komfortablen Außenkabinen und Suiten untergebracht. Die Innenausstattung ist im Stil der Marquesas gehalten. Die Teppiche haben Blumenmuster, an den Wänden hängen Bilder von Paul Gauguin. Der französische Maler hatte viele Jahre in Tahiti gelebt und gearbeitet. Seine Südseebilder machten ihn berühmt. Auf seiner Suche nach Ursprünglichkeit und neuen Eindrücken landete er auf Hiva Oa. »Ich gehe, um still zu sein«, schrieb er, »um dem Einfluss der Zivilisation zu entkommen.« Hier starb der Künstler 1903 und fand auf dem Friedhof im Schatten der Frangipani-Bäume seine letzte Ruhestätte. Und noch ein gefeierter Künstler ist auf der Insel beigesetzt: Jacques Brel. Der aus Belgien stammende Chansonier erkor 1976 die Insel Hiva Oa zu seiner Wahlheimat. Die Einwohner schlossen ihn schnell ins Herz, weil er mit seinem Taxiflugzeug Besorgungsflüge für sie machte und Krankentransporte unternahm. Ein kleines Museum erinnert noch heute an den großen Sänger.

Nach einigen Tagen auf See erheben sich am Horizont die Marquesas. Es sind junge Inseln – im Meer gewachsen, haben sie weder Lagune noch Atoll. Die üppige Vegetation ist ein faszinierender Kontrast zu den glitzernden schwarzen Klippen, auf denen das Meer schäumt. Wir nähern uns der Insel Nuku Hiva. Auf den Marquesas-Inseln leben rund 9300 Menschen, die meisten in Tälern. Von zwölf Inseln sind nur sechs bewohnt. An Land begrüßt eine Gruppe Tänzer die Passagiere stimmungsvoll. Später erklingen wieder die Trommeln, diesmal

»Ich gehe, um dem Einfluss der Zivilisation zu entkommen«, schrieb Gauguin.

an einem riesigen Banyanbaum. Dann heißt es »Kai kai!« (»Lasst uns essen!«). Im Hatiheu, dem Erdofen, hat das Schweinefleisch lange gebrutzelt. Es gibt auch Fisch, Ziegenkäse, Brotfrüchte, Kokosmilch und eine Fülle an Südfrüchten.

Tiki-Statue in Nuku Hiva: Die steinernen Figuren sind in Polynesien weit verbreitet. Sie wurden aufgestellt, um an Vorfahren zu erinnern, hauptsächlich Häuptlinge oder Priester.

DAS SCHIFF
BRZ: 11 468
Länge: 126,1 m **Breite:** 22,2 m
Tiefgang: max. 5,5 m
Bauwerft: Huanghai Shipbuilding (China)
Indienststellung: 12. Dezember 2015
Passagiere: 254
Crew-Mitglieder: 64
Passagierdecks: 8
Kabinen: 103
Bordsprache: mehrsprachig
Restaurants: 1 **Bars:** 4
Sport & Wellness: Pool, Fitnessraum, Massageraum
Entertainment: Bibliothek, Präsentationen
Info: Compagnie Polynésienne de Transport Maritime (C.P.T.M.), www.aranui.com
Preisklasse: €€

An den folgenden Tagen geht es mit der Aranui 5 von einer Insel zur anderen. Das Schiff hat Gefrier- und Kühlcontainer, die Laderäume sind gefüllt. In Häfen der bewohnten Inseln werden die bestellten Waren ausgeladen. Die Aranui 5 transportiert neben Lebensmitteln auch Autos, Geräte und Baumaterialien. Sämtliche Waren können nur auf dem Wasser zu den Empfängern gebracht werden. Die Routen sind deshalb exakt nach den Gezeiten, der Beladung und der Tiefe der Ankerplätze organisiert. Commander Faaora Faraire lenkt souverän die Manöver.

FRANZÖSISCH-POLYNESISCHE KÜCHE

Die Passagiere müssen keineswegs auf die Annehmlichkeiten einer Kreuzfahrt verzichten. Zur Ausstattung gehören ein Swimmingpool, eine Bibliothek, eine Boutique, vier Bars und Lounges sowie ein Fitness- und Massageraum. Gekocht wird

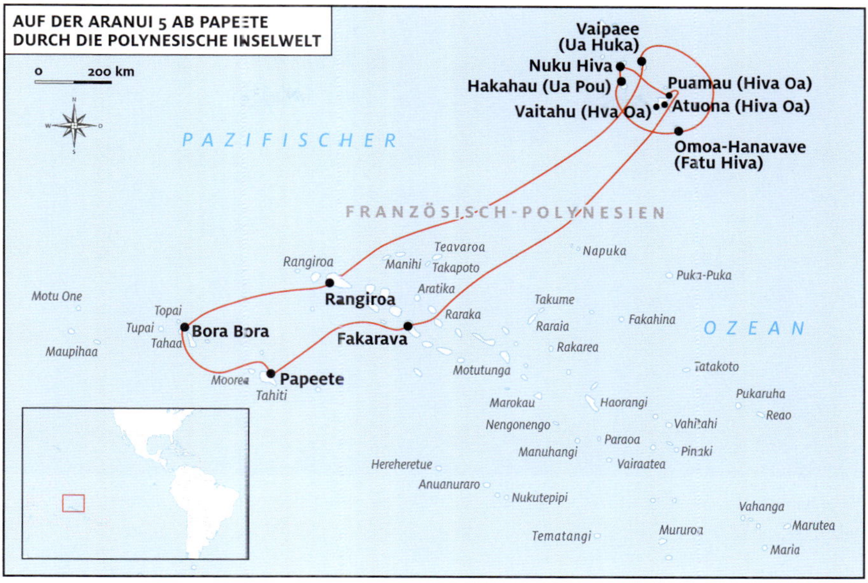

französisch-polynesisch. Für Abwechslung sorgen Vorträge über die Marquesas-Inseln oder Tanzstunden an Deck.

Die basaltischen Gipfel des Ua Pou (1252 m) stecken ihre Spitzen in die Wolken. Einheimische empfangen uns am Kai, verkaufen Steine, Schmuck aus Palisanderholz, farbige Samenketten und Hüte aus Pandanusblättern. Auf der Insel Tahuata, im kleinen Dorf Hapatoni mit 100 Einwohnern, werden die Besucher mit Tiaré-Blumenketten und Kokosnuss-Snacks umgarnt. Das Südsee-Feeling hat uns längst am Wickel.

Fatu Hiva ist die wildeste und abgelegenste Insel der Marquesas. Die Kreuzfahrtpassagiere können die kleinen Dörfer Omoa und Hanavave besuchen, ein Feldweg verbindet sie. Für die Passagiere wird es der schönste Ausflug auf der Reise. Die Anhöhen ertrinken im Grün vor dem Hintergrund des Ozeans,

Die Aranui 5 ist mehr Fracht- als Kreuzfahrtschiff. Auf Komfort muss niemand verzichten.

ÜBERLEBENSWICHTIGE FLOTTE

Besitzer der Aranui-Flotte ist die familiengeführte Compagnie Polynésienne de Transport Maritime (C.P.T.M.). 1978 wurde die erste kommerzielle Verbindung zu den Marquesas-Inseln ausgebaut. Die Schiffe stellen nicht nur die Versorgung der Inselbewohner mit Lebensmitteln und anderen Gütern sicher. Sie haben auch dazu beigetragen, die lange in Vergessenheit geratene Kultur der Marquesas wiederzubeleben und die Wirtschaft vor Ort mithilfe von internationalen Passagieren zu unterstützen.

Hohe Berge und wilde Schluchten und dunkles Vulkangestein verleihen den Marquesas-Inseln ihren geheimnisvollen Zauber. Die reale Welt scheint weit entfernt – ideal zum Sich-treiben-Lassen.

ein einprägsames Schauspiel. Vor Hanavave öffnet sich eine Bucht mit schwarzem Sand, die mit Kokospalmen und ockerfarbenen Felsspitzen verziert ist. Ein herrlicher Anblick, von dem jeder Segler träumt.

Weiter geht die Reise zum Rangiroa, das größte Atoll des Tuamotu-Archipels. Es zählt zu den besten Tauchrevieren der Welt. Bei der Anfahrt springen Delfine aus dem Wasser, sie nutzen die Wirbel. Auf Bora Bora wird die Ankunft der Aranui 5 von fliegenden Fischen begleitet. Ein zentraler Berg dominiert die Lagune. Tauchen, Schnorcheln, Kanupaddeln, Schwimmen mit Rochen und Haien – das ist alles möglich.

An Bord des Schiffs hat sich ein gelassener Alltagsrhythmus eingestellt. Man kennt sich inzwischen gut, lächelt einander an und besucht die angebotenen Kurse: wie roher Fisch bereitet wird, Halsketten und Blumenkränze gefertigt werden oder im Aqua-Gym der »Tanz des Schweins« geht. Es gibt Aufklärung über die medizinische Wirksamkeit der Pflanzen auf den Marquesas, über das Monoi-Öl als traditionelles Schönheitsmittel der Polynesier, ihre Gerichte und Tätowierungen. Wir fühlen uns längst wie ein Teil von ihnen.

ADAC Tipp

Vorsicht, www-Kosten

Auf dem Schiff ist Internet relativ teuer. Roaming auf dem eigenen Handy in der Südsee ebenfalls. Am besten vor Ort im Telefonshop eine SIM-Karte kaufen, am Flughafen ein Wifi-(WLAN-) Gerät leihen oder freies WLAN in Restaurants und Shops nutzen.

Auf AUGENHÖHE mit URZEIT-ECHSEN

Die Galapagos-Inseln gehören zu den letzten und bestgeschützten Naturparadiesen der Erde. Auf Reisen mit der National Geographic Endeavour II werden Lebensträume wahr.

Auf ihre Bucket List schreiben die Amerikaner ein Ziel, zu dem sie einmal im Leben reisen möchten. Die Galapagos-Inseln stehen bei vielen Menschen auf dieser Liste ganz weit oben. Dass der zu Ecuador gehörende Archipel im Pazifik mit der National Geographic Endeavour II, einem Schiff der amerikanischen Lindblad-Expeditions-Flotte, erkundet werden kann, erhöht den Reiz noch mehr. Urzeitliche Echsen, die berühmten Riesenschildkröten, zutrauliche Seelöwen, Pinguine und drollige Blaufußtölpel sind die emblematischen Tiere, die allesamt keine Angst vor dem Menschen kennen und die sich dank der geografischen Isolation perfekt an die karge, lebensfeindliche Umwelt angepasst haben. Nicht zu vergessen die Darwin-Finken, die den Naturforscher Charles Darwin, der im Jahr 1835 während seiner Weltumseglung mit der Beagle auf der Galapagos-Insel San Cristobal ankam, zu seiner bahnbrechenden Evolutionstheorie inspirierten.

DAS SCHIFF

BRZ: 2695
Länge: 72,3 m **Breite:** 13,4 m
Tiefgang: 3,3 m
Bauwerft: ASENAV Shipyard (Valdivia, Chile)
Indienststellung: 2005
Taufe: Dezember 2016
Passagiere: 96
Crew-Mitglieder: 63
Passagierdecks: 4
Kabinen: 52
Bordsprache: Englisch
Restaurants: 1 **Bars:** 1
Sport & Wellness: Fitnesscenter, Spa, Schnorchelausrüstung, Kayaks
Entertainment: Unterwasser-Kamera, Bibliothek, Open Bridge
Info: Lindblad Expedition, www.expeditions.com
Preisklasse: €€€

Mit knapp 100 Passagieren geht es durch die Galapagos-Inselwelt. An Bord herrscht eine familiäre Atmosphäre.

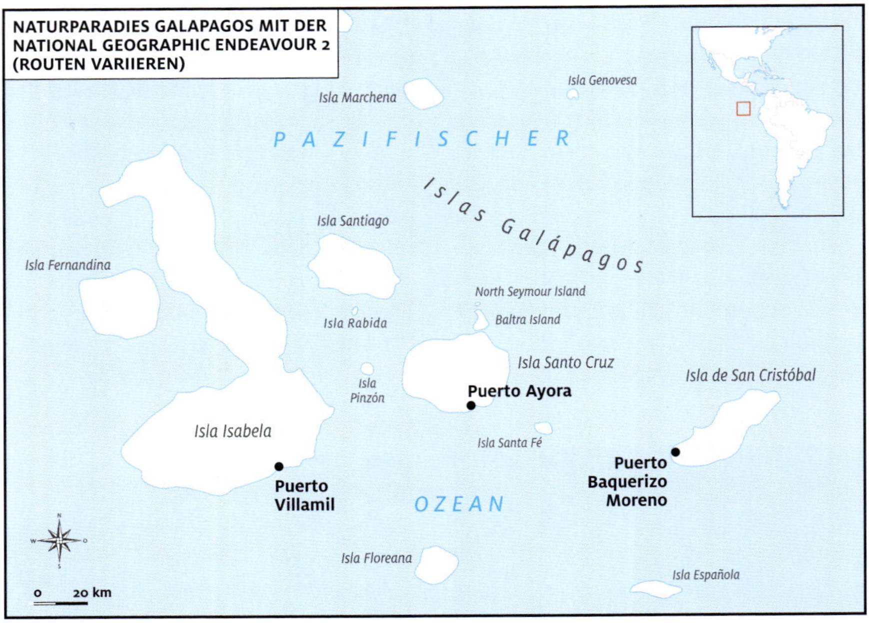

EMPFINDLICHES ÖKOSYSTEM

Naturkundlich sowie fotografisch Interessierte kommen auf der National Geographic Endeavour II gleichermaßen auf ihre Kosten. Die gut Englisch sprechenden ecuadorianischen Naturführer begleiten die Passagiere auf die Landausflüge, erklären das Verhalten der Tiere und ihre evolutionsgeschichtliche Entwicklung. Sie erklären aber auch, wie die Passagiere sich an Land zu verhalten haben, um das empfindliche ökologische Gleichgewicht auf den Inseln nicht zu gefährden. Dazu zählt, immer einen Abstand von zwei Metern zu den Tieren zu wahren, Selfies mit Tieren sind verboten, ebenso Selfiestangen. Das Besondere auf der National Geographic Endeavour II ist es, dass zusätzlich ein Team von Photo Instructors an Bord ist, welches die Passagiere ebenfalls an Land begleitet. Diese Fotoexperten beraten die Gäste zu Belichtung, Einstellung, Hintergrund, geben Tipps, mit welchen Kniffen man eine bestimmte Dramaturgie erzeugen kann. Viele Gäste kommen genau deshalb auf

Strenge Regeln: Fotos ja, aber keine Selfies mit den Tieren!

die National Geographic Endeavour II, die Mehrzahl bringt eine kostspielige Ausrüstung mit und will lernen, diese optimal zu nutzen – um den Lieben zu Hause beeindruckende Bilder von der Reise zeigen zu können.

Diese Fokussierung auf das Fotografische ist das Alleinstellungsmerkmal der

Lindblad-Expeditionen und eben auch der National Geographic Endeavour II. Auf Fotoexpeditionen ist zusätzlich ein National Geographic Photographer an Bord. National Geographic, die 1888 gegründete Organisation zur Erforschung und Bewahrung der Natur, genießt in den USA und weltweit einen hervorragenden Ruf. Entsprechend ist der Titel National Geographic Photographer mit einem Ritterschlag zu vergleichen. Täglich nach dem Abendessen halten die Fotoinstruktoren im Wechsel mit den Naturführern und gegebenenfalls dem berühmten Gastfotograf Vorträge – zu Darwin, zur besonderen Natur der Galapagos-Inseln, zum Thema Fotografie. Auch Wissenschaftler der Charles-Darwin-Station sind an Bord. Sie berichten über ihre Forschungsarbeit.

Bitte nicht streicheln: Guides weisen Gäste darauf hin, mindestens zwei Meter Abstand zu den Tieren zu halten.

KEINE KABINENSCHLÜSSEL

Das Schiff selbst, Baujahr 2005, das früher als Via Australis die chilenischen Fjorde befuhr, bietet Platz für maximal 96 Passagiere. Die kleinen Kabinen sind einfach aber zweckmäßig eingerichtet, mit Dusche und bequemen Betten. An Bord gilt die Philosophie der offenen Türen: Es gibt keine Kabinenschlüssel und keinen Safe auf der Kabine. Der Veranstalter ist der Meinung, man sei für die Dauer der Kreuzfahrt eine große Gemeinschaft von Freunden, die nichts voreinander zu verbergen haben. Eine weitere für Europäer gewöhnungsbedürftige Besonderheit ist das in Nordamerika übliche Fundraising. Gesammelt wird für viele gute Zwecke – unter anderem für junge Forscher und die Charles-Darwin-Station. Europäer fühlen sich durch die offensive Art des Geldeinsammelns zuweilen ein wenig unwohl.

ADAC Tipp

Der Weg zum Profifoto

Am Ende eines langen Tages mit den üblichen zwei Landausflügen und jeder Menge Aufnahmen können Hobbyfotografen ihr Können auch nach dem Abendessen weiter optimieren. Wer sich traut, überlässt den Profis sein bestes Bild zur Manöverkritik. Die Fotos werden per Beamer im Großformat gezeigt, die Fotoinstruktoren oder auch der National Geographic Photographer höchstpersönlich sparen nicht mit Lob oder konstruktiver Kritik. Ein Abend ist dem Handy gewidmet und wie man es optimal nutzt.

KONTAKTAUFNAHME LEICHT GEMACHT

Im einzigen Restaurant haben alle Passagiere Platz. Abends wird das Menü serviert, Frühstück und Lunch nimmt man sich selbst vom Büfett. Es herrscht freie Platzwahl – eine gute Gelegenheit, mit den kommunikativen und geselligen Amerikanern Bekanntschaft zu machen. Die Mahlzeiten sind schmackhaft, kulinarische Höhenflüge sollte jedoch niemand erwarten. Alkohol ist teuer an Bord, ein Glas Wein schlägt mit fünf bis sechs US-Dollar zu Buche.

Die Landausflüge sind fast durchweg Wet Landings, das heißt, die Zodiacs landen am Strand ohne Steg, man springt vom Boot ins seichte Wasser. Das ist für ältere und weniger sportliche Menschen zuweilen beschwerlich und nur mithilfe der Crew zu schaffen. Wegen der strengen Naturschutzregeln, die der Staat Ecuador im Nationalpark Galapagos erlassen hat, dürfen Kreuzfahrtgäste nur zwischen sechs und zehn Uhr morgens und von 14 bis 18 Uhr nachmittags an Land gehen. Das heißt, die Tage an Bord beginnen früh. Die Fotogruppe geht üblicherweise als Erste um halb sieben Uhr an Land. Wer Tiere lieber mit bloßem Auge anschaut, auch solche Passagiere gibt es an Bord, kann also ein bisschen länger schlafen.

Außer den Landausflügen können die Passagiere unter fürsorglicher Überwachung durch das Expeditionsteam auch mit dem Kajak oder dem SUP Ausflüge (Stand-up-Paddling) machen, schwimmen oder schnorcheln gehen. Unvergesslich ist es, wenn man dabei plötzlich von einem Seelöwen angestupst wird, wenn eine Meeresschildkröte vorbeischwimmt oder auf einem Fels ein Galapagos-Pinguin nach Fisch Ausschau hält. Zweifellos Momente, die auf eine Bucket List gehören.

Unvergesslich, wenn man beim Schwimmen von einem Seelöwen angestupst wird.

ADAC Tipp

Kleine Naturforscher

Kinder bekommen an Bord besondere Zuwendung: Sie werden zu Feldforschern, die spielerisch Vulkane erkunden, mit Seelöwen schnorcheln, auf einem SUP stehen und sogar lernen, wie man einen Zodiac fährt. Natürlich alles unter der Aufsicht und Anleitung eines eigens dafür zertifizierten Mitglieds des Expeditionsteams. Ihre »Forschungsergebnisse« tragen die Kleinen in ein Heft ein. Der smarte Spaß für die Kids, konzipiert in Zusammenarbeit mit National Geographic, soll dazu beitragen, früh eine Verbindung zur Natur herzustellen und ein besseres Verständnis für die Zusammenhänge zu entwickeln.

Bei Landausflügen mit Zodiacs kommt man den Galapagos-Bewohnern ganz nahe. Aber auch für jene Gäste, die lieber an Bord bleiben, gibt es viel zu sehen.

AHOI & ALOHA – das perfekte DOPPEL

Ein Hawaii-Rundumschlag mit der Pride of America offenbart die vielen faszinierenden Gesichter des Südsee-Archipels. Wer den amerikanischen Lifestyle mag, landet einen Volltreffer.

Die Begrüßung lässt keinen kalt. Da kann die Anreise nach Honolulu noch so lange und beschwerlich gewesen sein: Wenn die Passagiere am Cruise Terminal von Insulanerinnen in bunt geblümten Kleidern Blütenketten aus Orchideen um den Hals gelegt bekommen, springt der Aloha-Funke sofort über. Fast alle Schiffsoffiziere stehen den Gästen mit Rat und Tat zur Seite, verteilen Visitenkarten mit ihren persönlichen Schiffstelefonnummern.

Hawaii ist berühmt für seine Monsterwellen und lockt Surfer aus aller Welt an. Nur die Besten beherrschen das Spiel mit den Brechern. Logenplatz für Zuschauer ist die North Shore im Norden der Insel Oahu.

Die Pride of America im Hafen von Honolulu. Hier startet das Schiff mit rund 2000 Passagieren an Bord zu seinen einwöchigen Inseltouren.

»STARS AND STRIPES« ÜBERALL

In der Lobby der Pride of America, ein Schiff der Norwegian Cruise Line (NCL), versteht man schnell, dass Hawaii – Südseefeeling hin oder her – der 50. Bundesstaat der USA ist: Überdimensional präsentieren sich die amerikanische Flagge lichtdurchströmt an der Decke und der amerikanische Adler auf dem Boden im Atrium die großen Freitreppen erinnern an die Prachtbauten der Südstaaten.

Auch in anderen Bereichen des Schiffs sind »Stars and Stripes« omnipräsent: Der Poolbereich auf Deck 13 ist von Miamis South Beach und Art déco inspiriert, das Atrium ist dem Kapitol nachempfunden und in einem der beiden Hauptrestaurants, dem Liberty, speisen die Gäste zwischen Statuen und unter Gemälden bekannter amerikanischer Präsidenten. Dafür kann man sich im Skyline von den beleuchteten Silhouetten der Wolkenkratzer aus den 1930er-Jahren beeindrucken lassen.

> Im Restaurant Liberty speisen die Gäste unter Gemälden von amerikanischen Präsidenten.

Die Pride of America ist das einzige größere Kreuzfahrtschiff unter US-Flagge. Ihr Heimathafen ist Honolulu. Das

DAS SCHIFF

BRZ: 80 439
Länge: 280,5 m **Breite:** 32,2 m
Tiefgang: max. 8 m
Bauwerft: Ingalls Shipbuilding (Pascagoula, USA), Lloyd Werft (Bremerhaven, Deutschland)
Indienststellung: 17. Juni 2005
Taufe: 17. Juni 2005
Passagiere: 2186
Crew-Mitglieder: 927
Passagierdecks: 11 **Kabinen:** 1171
Bordsprache: Englisch
Restaurants: 15 **Bars:** 12
Sport & Wellness: 2 Pools, Fitnesscenter, Golf, Jogging, Spa, Whirlpools
Entertainment: Theater & Musicals, Livemusik, Karaoke
Info: Norwegian Cruise Line, www.ncl.com
Preisklasse: €

Amerikanischer geht's nicht: Im Cadillac Diner auf Deck 6 kann man rund um die Uhr den kleinen oder großen Hunger stillen. Es gibt warme und kalte Sandwiches, Cheeseburger, Buffalo Wings, Omeletts und Milchshakes.

setzt unter anderem voraus, dass mindestens 75 Prozent der Besatzung US-Bürger sind und dass ständige Kont-

> Die Tagespläne werden auf Deutsch gedruckt, und es gibt auch deutschsprachige Mitarbeiter.

rollen der Coast Guard stattfinden. Die zweitgrößte Nationengruppe innerhalb der Crew stellen die sympathischen Filipinos.

Die gut 2000 Gäste sind hauptsächlich US-Amerikaner, Australier und Kanadier. Aber dennoch wird für die noch relativ wenigen deutschen Gäste (auf unserer Fahrt waren es 30) viel getan: Nicht nur die Tagespläne werden komplett auf Deutsch gedruckt, sondern es gibt auch deutschsprachige Mitarbeiter. Das Entertainment-Programm an Bord ist vielseitig: Livemusik in den Bars, Karaoke, Themenpartys, Produktionsshows. Und auch das Hawaii-Feeling kommt nicht zu kurz:

ADAC Tipp

Vorsicht! Teure Taxis

Viele Exkursionen lassen sich auf eigene Faust unternehmen, wobei Mietwagen meist preiswerter sind als die sehr teuren Taxis. Dennoch Vorsicht: Der Preis eines im Internet gebuchten Leihwagens kann sich durch diverse Gebühren und Steuern verdoppeln.

Zu den Attraktionen von Maui gehört die Road to Hana im Norden der Insel. Sie ist 100 Kilometer lang und führt über 54 Brücken. Immer wieder laden traumhafte Ausblicke auf die Küste zum Anhalten ein.

Südsee-Tanzshows im Hollywood-Theater mit seinen 840 Plätzen, jede Menge Live-Auftritte der hawaiianischen Tanzgruppe am Pool, sogar das hawaiianische Geldfalten kann gelernt werden.

Besonders empfehlenswert: die Aufführung spektakulärer Feuertänze, begleitet von einem traditionellen Essen.

Fast täglich stehen auch Hula-Hula-Kurse auf dem Programm, bei denen der lokale Hawaii-Repräsentant Kaulana allen Interessierten mit Engelsgeduld den anmutigen Tanz beibringt. Die einschmeichelnde Musik trägt wesentlich zum Erfolgserlebnis bei.

VIELSEITIGE LANDAUSFLÜGE

Landausflüge sind bei dieser Kreuzfahrt natürlich das Salz in der Suppe. Das Angebot vom Schiff ist hier äußerst vielseitig. Helikopterflüge über die Vulkane, Abtauchen mit U-Booten in die Unterwasserwelt, Schnorcheln mit Wasserschildkröten, Kajaktouren, Zipline-Abenteuer oder ganz einfach Strandbesuche – für jeden Geschmack (und auch für jeden Geldbeutel – die Preise gehen von 46 Dollar für einen Beach-Ausflug bis 681 Dollar für ein Mudbug-Abenteuer in einem schlammerprobten Quad) – ist etwas dabei. Besonders beeindruckend und empfehlenswert: »Lu'au Kalamaku«, die Aufführung spektakulärer Feuertänze mit einem traditionellen hawaiianischen Essen in einer historischen Plantage auf Kauai.

Ein Tipp für Frühaufsteher ist die Fahrt zum 3055 Meter hohen Vulkan Haleakala in Maui. Den Sonnenaufgang inmitten dieser kargen Kraterlandschaft zu erleben ist unvergesslich.

Angesteuert werden die Inseln Oahu (mit Inselhauptstadt Honolulu), Maui, Hawaii und Kauai – alle mit ganz unterschiedlichen landschaftlichen Anmutungen. Wichtig zu wissen: Auf Hawaii scheint nicht nur die Sonne. Einige Gebiete gehören zu den regenreichsten überhaupt, und der Ausflug zum gewaltigen Krater des 3000 Meter hohen Haleakala-Vulkans auf Maui wird ein Flop: Dichter nasser Nebel mit einer Sichtweite von wenigen Metern verhindert den Blick auf den »schönsten Sonnenuntergang auf Hawaii«. Lahaina dagegen, die ehemalige Hauptstadt der Inselkette, begeistert mit einer bezaubernden Promenade, netten Läden und Kneipen, direkt am Meer.

Wichtig zu wissen: Auf Hawaii scheint nicht nur die Sonne. Einige Gebiete gehören zu den regenreichsten überhaupt.

WO DIE LAVA BRODELT

Beeindruckend ist auf der eigentlichen Insel Hawaii (Big Island) nicht nur die Schönheit der bis zu 10 000 Dollar teuren Orchideen, sondern auch die Urgewalt der Natur: Aus respektvoller Entfernung lassen sich im Vulkan-Nationalpark brodelnde Lava und kleine Eruptionen in einem Krater beobachten. Ein Lehrpfad führt über einen erloschenen Vulkan und zeigt präzise die Grenze zwischen Leben und Tod, zwischen verbrannter Erde und lebender Natur.

WUNDERWERK DER NATUR

Heimlicher Liebling ist die Garteninsel Kauai. Üppiges Urwald-Grün, tiefe Canyons und Traumstrände ohne Ende. Die Na-Pali-Küste mit den grün überzogenen, bis zu 1000 Meter hohen Felswänden ist ein Wunderwerk der Natur. Hier krachen die hohen Brecher, die aus dem Westen übers offene Meer herangepeitscht kommen, ans Land.

Hawaiianisches Inselhüpfen auf der Pride of America ist nicht nur die wahrscheinlich komfortabelste Reiseform, sondern auch eine preiswerte. Wie die Passagiere auf ihren Landgängen schnell feststellen, sind die Preise auf Hawaii astronomisch – Hula hin, Aloha her.

INSEL FÜR KINOFANS: KAUAI

Die Schluchtenwelt des Waimea Canyons nannte Mark Twain seinerzeit den »Grand Canyon des Pazifiks«. Und fast jeder Kinofreund kennt das Eiland – seit den 1930er-Jahren entstanden in den spektakulären Landschaften zahllose Filmklassiker. Zu den Bestsellern gehören »Pirates of the Caribbean«, »Jurassic Park«, »Avatar«, »The Descendants« und Kultfilme wie »King Kong« oder »Blue Hawaii«. Die Liste der Stars reicht von Elvis Presley, John Wayne, Rita Moreno, Tony Curtis und Frank Sinatra bis zu George Clooney, Johnny Depp, Robin Williams und Nicholas Cage. Ein sehenswerter Ausflug führt zu den Drehplätzen einiger dieser Filme mit Vorführung der dort aufgenommenen Sequenzen.

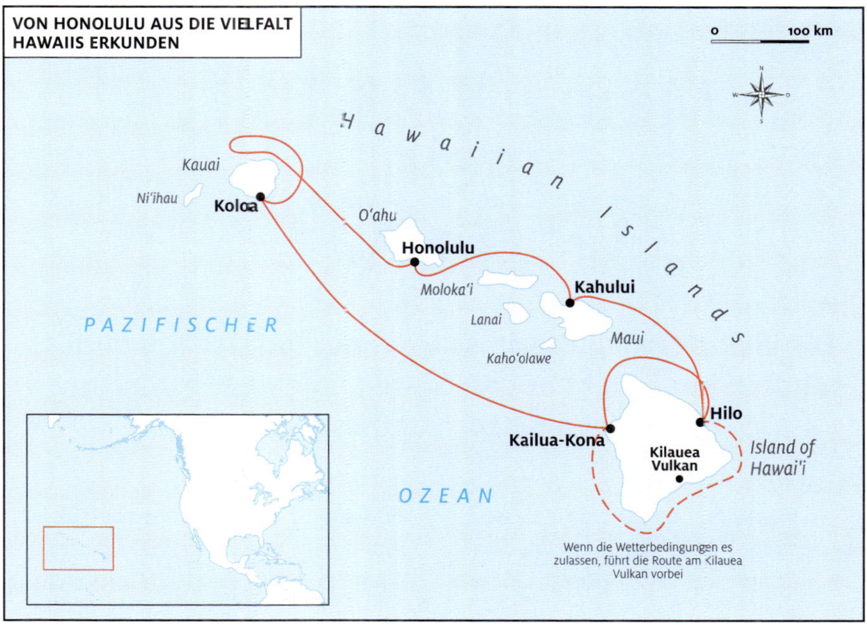

Meine YACHT, mein U-BOOT

Die kleine Crystal Esprit ist nicht nur unfassbar luxuriös, sondern ermöglicht es den Gästen, in einem bordeigenen U-Boot auf Tauchstation zu gehen.

Ein Klassiker, und doch unwiderstehlich: die Abfahrt aus Venedig durch das Gewusel der Wassertaxis, Fähren und einigen Gondeln. Direkt vorbei am Markusplatz, den Palästen und Kirchen. Und das im schönsten Licht der untergehenden Sonne. Zu diesem ergreifenden Erlebnis werden an der Sunset Bar

Rovinj auf der Halbinsel Istrien gehört zu den schönsten Hafenstädten der Adria. Der 63 Meter hohe Turm der Kirche der Hl. Euphemia prägt die Altstadt.

DAS SCHIFF
BRZ: 3370
Länge: 82,5 m **Breite:** 14 m
Tiefgang: max. 3,8 m
Bauwerft: Flender-Werft (Lübeck, Deutschland)
Indienststellung: 1991
Taufe: 1991
Passagiere: 62
Crew-Mitglieder: 90
Passagierdecks: 4
Kabinen: 31
Bordsprache: Englisch
Restaurants: 2, davon eins mit Show-Cooking **Bars:** 1
Sport & Wellness: Wasserski, Wakeboard, Kajak, Pool, Fitnesscenter, Spa
Entertainment: gläsernes U-Boot
Info: Crystal Cruises, www.crystalcruises.com
Preisklasse: €€€

auf dem Oberdeck der Crystal Esprit Champagner ausgeschenkt und Cocktails gemixt. Die Schiffsoffiziere stellen sich bei den neuen Gästen vor, plaudern sich von Gruppe zu Gruppe.

FÜR WASSERRATTEN

Die kleine Yacht, die sich von der Lagunenstadt auf den Weg in die kroatische Adria macht, erfreut sich einer großen Schar treuer Stammgäste, mehrheitlich aus Amerika. Sie vermissen keine Balkonkabinen und brauchen auch keinen größeren Spa. Umso mehr schätzen sie das Fitnessangebot und natürlich die Marina, von der aus die unterschiedlichsten Wassersportmöglichkeiten wie Kajak oder Jetski angeboten werden. Besonders originell ist ein kleines gläsernes U-Boot, das der finnische Kapitän der Crystal Esprit, Jan Rautawaara, persönlich steuert.

PLATZ ZUM RELAXEN

Die Crystal Esprit besticht durch Design, Komfort und zahlreiche Rückzugsmöglichkeiten, etwa auf dem Oberdeck mit dem kleinen Pool am Bug, vom

Wind durch Glasscheiben geschützt. Moderne und bequeme Sitz- und Liegemöbel gibt es rund um das Schiff. Ein kleines Restaurant hält von mittags bis abends kleine Snacks und Fisch oder Steaks vom Grill bereit.

Das elegante Hauptrestaurant Yachtclub auf dem Crystal Deck ist in grauen und blauen Tönen designt, in der Showküche kann man die kulinarischen Aktivitäten um den englischen Chef Adam Jenkins verfolgen, der unter anderem im Londoner Ritz gearbeitet hat. Seine Kreationen von Wagyu-Rib Eye über Seezunge bis hin zu King Crabs sind leicht, oft mit regionalen Produkten ergänzt. Heute möchten zwölf Gäste gerne gemeinsam unter freiem Himmel dinieren – kein Problem für den italienischen Restaurantmanager Luigi Anaclerio. Mehrere exzellente Weine aus verschiedenen Ländern sind bei Crystal inkludiert (wie auch Champagner und fast alle Spirituosen), die Gäste werden von der Sommelière bestens beraten.

ADAC Tipp

Segeltörn durchs Inselreich

An jeder Destination werden zwei bis acht Landausflüge angeboten, von denen jeweils mindestens zwei im Preis enthalten sind. Dazu zählen die mehrstündigen Segeltörns, die unbedingt zu empfehlen sind, weil sie wie kein anderer Ausflug die kroatische Inselwelt in ihrer Schönheit und Unversehrtheit zeigen. Weitere Angebote (z. T. kostenpflichtig) sind neben Stadt- oder Inselbesichtigungen Reitausflüge, Tauchtouren, Kliffklettern oder Ausfahrten mit einheimischen Fischern.

Den Charme einer Luxusyacht versprüht die Crystal Esprit. Ihre vielen treuen Fans lieben die ungezwungene Atmosphäre an Bord und schätzen den Luxus – vom Butlerservice bis zum Marmorbad in den Kabinen.

Kapitän Jan mischt sich gerne unter die Gäste. Bereits als 15-Jähriger heuerte er als Deckmatrose auf Lastschiffen an, lernte Fracht- und große Segelschiffe kennen, studierte im finnischen Turku und machte schließlich sein Kapitänspatent. Nebenbei ist er ein begeisterter Musiker. Er spielt Cello, Bassgitarre und den Chapman Stick, ein seltenes elektrisches Saiteninstrument. Sein kleines Privatkonzert in der Cove Lounge wird stets bejubelt.

Kapitän Jan hat Musik im Blut, spielt Bass, Cello und Chapman Stick.

BESONDERE ZIELE

Auf dieser Fahrt von Venedig nach Dubrovnik steuert die Crystal Esprit eine

NAME WECHSLE DICH

Die Crystal Esprit hat ein bewegtes Vorleben – mit mehreren Besitzerwechseln und Namensänderungen: 1989 wurde sie als Lady Diana zu Wasser gelassen, hieß später Aurora I und Mega Star Taurus. Nachdem der Mutterkonzern von Star Cruises, Genting Hong Kong, 2015 Crystal Cruises übernahm, kam das Schiff als Crystal Esprit in Fahrt und wurde 2016 komplett renoviert. Wo früher 179 Passagiere und 136 Besatzungsmitglieder untergebracht waren, finden nun 62 Gäste Platz – und werden von 87 Crew-Mitgliedern umsorgt, wahrscheinlich einmalig in der Branche.

schöne Mischung aus kroatischen Städtchen und Inseln an, viele von ihnen können von großen Schiffen nicht angelaufen werden. Wie das kleine Städtchen Rovinj mit seiner historischen romanisch-gotischen Altstadt,

Durch das Bilderbuchstädtchen Trogir ritten einst Winnetou und Old Shatterhand.

das auf einer Halbinsel liegt. Gepflasterte Gässchen führen auf einen Hügel, auf dem eine prächtige Kirche thront.

Malerisch ist die Anfahrt durch Inselgruppen und schmale Meeresengen zum Städtchen Šibenik, das von der Festung St. Michael überragt wird. Die Kathedrale des heiligen Jakob, ein beeindruckendes Tonnengewölbe aus freitragenden Steinplatten, gehört zum UNESCO-Weltkulturerbe. Nicht weniger als 2800 Stufen gilt es allein im Zentrum zu überwinden. Der vor Šibenik gelegene Naturpark Krka ist sicher einer der schönsten in Kroatien: Die bis zu 30 Meter hohen Wasserfälle sind weltberühmt, die Wasserfarbe hat ein sattes Smaragdgrün. Durch die kleinen Gassen des Bilderbuchstädtchens Trogir mit seiner alten Stadtmauer, der Festung und der St. Laurentius-Kathedrale aus dem 13. Jahrhundert ritten einst Winnetou und Old Shatterhand im Film. Die Museumsstadt diente als Filmkulisse der Stadt Santa Fé in dem Film Winnetou 3. Die markanten Drehorte sind bei einem Stadtbummel durch die engen Gassen leicht wieder-

»Perle der Adria« wird Dubrovnik auch genannt. Die mittelalterliche Altstadt ist vollständig von der zwei Kilometer langen, vollkommen erhaltenen Stadtmauer umgeben.

zuerkennen. Das Rathaus diente als Gouverneurspalast, und die jetzige Bank war einst Pferdestall. Die gesamte Altstadt ist ebenfalls Weltkulturerbe.

Auf Korčula soll Marco Polo geboren worden sein, sagen die Einheimischen.

FÄHREN UND FISCHERBOOTE

An der Pier des Ortes Vis auf der gleichnamigen Insel herrscht ganztägig Betrieb: Fischerboote, Fähren von den Nachbarinseln oder auch kleine Lastschiffe kommen und gehen. Die Insel war wegen ihrer strategischen Lage bis zum Ende von Jugoslawien militärisches Sperrgebiet, von hier aus soll Tito aus einer Höhle auch den Widerstand gegen die deutschen Besatzer organisiert haben. Heute säumen Palmen die Uferstraßen und Weinstöcke die Hänge. Der kleine Ort Komiža am anderen Ende der Insel ist für seine blaue Grotte berühmt.

TAUSEND INSELN

Schon kurz nach dem abendlichen Auslaufen kommt das nächste Ziel in Sicht: Hvar, die mit 67 Kilometer längste Insel Kroatiens. Abends sieht man die große beleuchtete Festung am Berg über der kleinen Stadt Hvar wachen. Die Halbinsel von Korčula, auf der nach Aussagen von Einheimischen Marco Polo geboren worden sein soll, markiert schließlich das Ende einer faszinierenden Reise auf einem einzigartigen Schiff durch die kroatische Adria mit ihren tausend Inseln.

Kulinarische Offenbarungen: Spezialitäten wie Wagyu-Rib Eye oder King Crabs werden von den Küchenzauberern mit lokalen Produkten ergänzt und zu köstlichen Gerichten verarbeitet.

NOSTALGIE auf der SCHNELLEN ROUTE

Seit 1893 sind die Hurtigruten-Schiffe an der norwegischen Fjordküste unterwegs. Auf Passagiere wartet ein Naturerlebnis voller Wow-Momente.

Wer verstehen will, was die Hurtigruten für Norwegen bedeuten, sollte an Bord von MS Lofoten gehen. Das nach heutigen Maßstäben winzige Schiff mit nur 85 Passagierkabinen befährt seit seiner Indienststellung im Jahr 1964 die 1330 Seemeilen (2465 Kilometer) lange Strecke Bergen-Kirkenes. Wie die großen, modernen Schiffe der Hurtigruten-Flotte braucht es dafür zwölf Tage und legt dabei pro Fahrtrichtung jeweils an 34 Häfen an.

Gegründet wurde die Hurtigrute im Jahr 1893 vom Kaufmann und Kapitän Richard With (1846–1930) aus Stokmarknes in Nordnorwegen. Seine Idee war eine regelmäßige und vor allem ganzjährige Postverbindung zwischen Süd- und Nordnorwegen, um die Bewohner der Nordküste auch im Winter versorgen zu können. Machbar war dies zur damaligen Zeit natürlich nur auf dem Seeweg, der Landweg war aufgrund von Schnee, Kälte und vor allem wegen der

DAS SCHIFF

BRZ: 2621
Länge: 87,4 m **Breite:** 13,2 m
Tiefgang: max. 4,6 m
Bauwerft: Aker Mek. Verk. (Fossveien, Norwegen)
Indienststellung: 27. Februar 1964
Passagiere: 400
Crew-Mitglieder: 35
Passagierdecks: 5
Kabinen: 85
Bordsprache: mehrsprachig
Restaurants: 1 und eine Cafeteria **Bars:** 1
Sport & Wellness: keine Angebote an Bord
Entertainment: keine Angebote an Bord
Info: Hurtigruten AS, www.hurtigruten.de
Preisklasse: €-€€

Lange Fjorde graben sich tief ins Landesinnere der norwegischen Westküste. Die großartige Naturkulisse lässt niemanden kalt.

Schroffe Bergketten prägen die Landschaft der Lofoten und Vesterålen. Die Hurtigrutenschiffe sind unverzichtbar für die Versorgung der Bewohner dieser abgelegenen Inselgruppen.

tief ins Land einschneidenden Fjorde zur damaligen Zeit zu gefährlich und langwierig.

TÄGLICH LEGT EIN SCHIFF AB

With traute sich als Erster zu, die Strecke bis Tromsö auch im Winter und bei Dunkelheit zu befahren, denn nur, wenn man auch die dunklen Stunden nutzt, ist die Strecke zügig und nach einem festen Fahrplan zu befahren. Unter diesen Voraussetzungen war die norwegische Regierung bereit, einen Staatsvertrag mit einem privaten Anbieter für eine Postschiffverbindung abzuschließen.

Seit die DS Vesterålen am 2. Juli 1893 zu ihrer ersten Fahrt von Trondheim nach Hammerfest ablegte, hat sich die Route erweitert. Heute legt täglich ein Schiff in Bergen Richtung Kirkenes ab. Bis in die 70er-Jahre waren die Schiffe die einzige Versorgungsroute entlang der Nordküste, die Lebensader, die die Menschen im dünn besiedelten Norden mit Lebensmitteln und Gütern versorgte. Die Norweger nutzten sie wie einen Linienbus, fuhren

ADAC Tipp

Übernachten an Deck

Sternenzelt statt Kabine: Port-to-Port Gäste ohne Kabine können auf der Hurtigrute an Deck übernachten: Wer keinen Schlafsack dabei hat, kann ihn auf einigen Schiffen ausleihen. Auf der MS Vesterålen lässt sich das als Paket mit Schlafsack und Kaffee/Schokolade für 450 NOK (circa 46 Euro) vorab buchen. Das Heißgetränk wird an Deck an den Schlafsack serviert – nach einer kalten Nacht sicher eine willkommene Wohltat.

AUF DEM HURTIGRUTEN-POSTSCHIFF MS LOFOTEN ENTLANG DER NORWEGISCHEN FJORDKÜSTE BIS NACH KIRKENES

ein paar Stationen, um ihre Verwandten zu besuchen, Verstorbene wurden im Sarg zurück in ihre Heimatorte gebracht. Die Linie brachte Ärzte, Geistliche, die Post. Bis heute gibt es sogar – wie auf den anderen Schiffen auch – eine Gefängniszelle an Bord. Die Lofoten war das letzte Schiff, das bis in die Siebzigerjahre noch ein Postamt an Bord hatte. Kein Wunder also, dass die königliche Post MS Lofoten zu ihrem 50. Dienstjubiläum im Jahr 2014 mit einer Sondermarke ehrte.

TV-SENSATION: 134 STUNDEN LIVE
Hurtigruten schafften es sogar ins Guinness-Buch der Rekorde, und zwar mit der längsten TV-Live-Übertragung der Welt vom 15. Juni bis 22. Juni 2011. Sie dauerte 134 Stunden, 42 Minuten und 45 Sekunden. Eine Handvoll Kameras an Bord der Nordnorge, ebenfalls ein Mitglied der Hurtigruten-Familie, filmte ihre Reise von Bergen nach Kirkenes und übertrug live ins norwegische Fernsehen. Die Übertragung hatte sensationelle Einschaltquoten, eine Nation saß am Fernseher. Einige rühmen sich sogar, sie in voller Länge gesehen zu haben.

HAUPTSACHE WIND- UND WASSERFEST

Längst sind mehr Touristen als Norweger auf den einstigen Postschiffen unterwegs, um die atemberaubenden Fjorde, die Küste mit ihren Bergzügen, die malerischen Dörfer mit den rot gestrichenen Holzhäusern, die Schären und das sich manchmal minütlich ändernde Licht zu bewundern und zu fotografieren. Die Gäste sind durchweg leger gekleidet, einen Dresscode gibt es nicht. Hauptsache wasser- und winddicht, lautet die Devise.

Auf der Lofoten trifft man außer dem normalen Schiffspublikum noch eine weitere Spezies: die Ship Lovers oder Schiffsliebhaber. Sie unterteilt sich in technikverliebte und in nostalgische Passagiere.

Erstere sind sehr häufig pensionierte Ingenieure. Man findet sie bei Führungen im Maschinenraum oder im Expertenaustausch mit Gleichgesinnten. Die Nostalgiker lieben das seit 2001 unter Denkmalschutz stehende Schiff, weil es noch so viel Messing und Teakholz statt Plastik gibt. Sicher, man muss Plüsch, Kunstleder und Blümchen mögen, aber das Interieur verströmt für den, der es mag, echten Retrostyle. »Moderne Schiffe mit allem erdenklichen Komfort gibt es bereits genug auf dem Markt«, sagt Thomas Westergaard, langjähriges Mitglied der Firmenleitung. Vintage-Charakter als Alleinstellungsmerkmal gewissermaßen. Wer sich an Bord über den lauten Motor oder die engen, in Größe und Ausstattung an Gefängniszellen erinnernden Kabinen beklagt, stößt tatsächlich auf taube Ohren – zumindest auf Unverständnis. Die Motorengeräusche klingen wie Musik für die Technikfans: »Das ist ein Siebenzylinder

Ob aus Nostalgie oder Technik-Interesse: Die meisten Passagiere sind Schiffsliebhaber.

von Burmeister & Wain«, erklärt dann vielleicht ein indignierter Mitreisender. Ein weltweites Unikat sei das. Und die Nostalgiker erfreuen sich an der Originalausstattung, die vielerorts zu sehen ist, an der winzigen Rezeption, an den Bildern an den Wänden, die allesamt von Norwegen, seiner Küste, mal in Schnee, mal in Sonne, erzählen. Wie auch nicht, da die Hurtigrute sich doch erfolgreich mit dem Slogan »Die schönste Seereise der Welt« gebrandet hat.

Reine heißt dieses Fischerdörfchen auf den Lofoten. Die nordnorwegische Inselgruppe mit rund 80 Eilanden liegt nahe am Polarkreis. Daher geht die Sonne im Sommer monatelang nicht unter.

DÖSEN, STRICKEN, PLAUDERN

Hurtigruten-Fans versammeln sich am liebsten in der Observation Lounge, lesen, dösen, stricken und plaudern. Oder draußen: Wer achtern auf dem Deck der Lofoten steht, ist so nah am Wasser, dass man es fast berühren kann.

REICHSSTRASSE NUMMER 1

Man ist sich selbst genug, das ist wohl die Botschaft. Keine Frage: Die Hurtigruten sind eine Institution, sie prägen das Selbstverständnis der Norweger. Nicht von ungefähr trägt die Linienverbindung noch heute die Ehrenbezeichnung »Riksvei Nr. 1«, also Reichsstraße Nr 1. Doch die Zeiten ändern sich. Die Hurtigruten sind längst auch auf anderen Meeren unterwegs, seit 2007 mit dem Expeditionsschiff Fram und neuerdings mit dem neuen, weltweit ersten Hybrid-Expeditionsschiff Roald Amundsen. Und schon bald bekommt die schnelle Route Konkurrenz auf der Stammstrecke Bergen-Kirkenes-Bergen. Von 2021 an werden sich sieben Hurtigrutenschiffe und vier Schiffe der Reederei Havila die schnelle Route teilen. So will es die norwegische Regierung.

Und die Lofoten? Sie geht 2020 endgültig aus dem Liniendienst. Eine Ära geht zu Ende. Fans trauern schon jetzt, sie tauschen sich bereits in ihren Blogs aus, wer wann mit wem auf Abschiedsreise geht.

Einmal im Leben

Auf den Pfaden großer Forscher wandeln, die entlegensten Teile der Welt bereisen, sich an unberührter Natur erfreuen oder seltene Tiere entdecken – das bieten Expeditionskreuzfahrten.

Mit Zodiacs unbewohnte Inseln anfahren, von Fachleuten oder Wissenschaftlern über die jeweilige Gegend mit ihrer Pflanzen- und Tierwelt Wissenswertes erfahren, gleichzeitig von einem guten Service und einer exzellenten Küche umsorgt werden: Diese Reiseart zieht immer mehr Menschen an. Der Traum von Eisbergen, Pinguinen oder Galapagos-Echsen hat allerdings seinen Preis – Expedition Cruising gehört zu den teuersten Bereichen der Kreuzfahrt-Industrie und kann auf einigen Fahrten durchaus den Tagespreis von 1000 Euro pro Person übersteigen.

52 NEUBAUTEN

Ein Geschäft, das brummt. Nach vielen Jahren ohne einen einzigen Neubau boomt es jetzt bei vielen Reedereien: Nicht weniger als 52 neue Expeditionsschiffe mit der höchsten Eisklasse sind derzeit im Bau, einige wenige wurden bereits geliefert. Entstanden sind sie meist auf kleineren Werften, die oft zuvor noch keine Kreuzfahrtschiffe gebaut haben. Das führte in einigen Fällen zu Verzögerung bei der Ablieferung der Schiffe. Die Zahl der Passagiere soll sich von 242 000 im Jahr 2018 bis zum Jahr 2023 nach Angaben des Branchendienstes cruise industry news fast verdoppeln.

STRENGE AUFLAGEN

Dennoch wird es nie ein Markt der großen Volumina werden. Die gesamte Zahl von Passagieren eines solchen Expeditionsschiffes beträgt wegen der strengen Auflagen in der Antarktis oder anderen geschützten Gebieten meist nicht mehr als 200 – und die würden bequem in einen einzigen Tender vieler Megaschiffe passen.

Es gibt Orte,wo die Welt in Ordnung scheint, wo sich Natur und Tierwelt frei entfalten können. Expeditionsschiffe erfüllen den Traum vom ewigen Eis, Pinguinen oder Riesenschildkröten.

VON DER ARKTIS ZUM AMAZONAS

Die Reedereien ordern ihre Schiffe für alle Bereiche: Warmwasserschiffe mit Cabanas auf dem Oberdeck für die Galapagos-Inseln, andere für polare Fahrten mit Eisklasse. Viele Schiffe können beides und fahren im Sommer in die Arktis, im Winter in die Antarktis, und dazwischen erkunden sie auch den Amazonas oder abgelegene Trauminseln in der Südsee oder Asien.

Ende der 1950er-Jahre reisten bereits einige Hundert Gäste auf chilenischen und argentinischen Marineschiffen gegen Bezahlung in die Antarktis. Der schwedische Geschäftsmann Lars-Eric Lindblad sollte wenig später 1966 zum Veranstalter der ersten Antarktis-Expedition werden, in dem er entsprechende Kontingente auf einem chilenischen Marinetransporter charterte. 1969 brachte er das erste Expeditionsschiff für Passagiere auf den Markt, die Lindblad Explorer, die 1984 als erstes Passagierschiff die Nordwestpassage durchqueren sollte.

U-BOOT AN BORD

Heute teilen sich über 30 Anbieter den Expeditionskuchen mit ihren Produkten, die vom einfachen Abenteuersegler bis zum Luxus-Expeditionsschiff reichen. Zur letzten Kategorie gehören die neue Scenic Eclipse oder Crystal Endeavor (2020), die mit Besonderheiten wie jeweils zwei Hubschraubern, kleinen U-Booten, Suiten bis zu 195 Quadratmeter Größe mit Butlerservice und sechs Restaurants an Bord sowie All-inclusive-Angeboten locken.

PREMIERE: WELTREISE MIT DEM EXPEDITIONSSCHIFF
Die monegassische Luxusreederei Silversea Cruises hat zum ersten Mal eine 167 Tage lange Weltreise auf dem Expeditionsschiff Silver Cloud aufgelegt. Die Fahrt führt auf sechs Kontinenten zu 30 Ländern und ist stolze 39 000 Seemeilen lang. Unter dem Namen »The uncharted World Tour« wird sie am 30. Januar 2021 in Ushuaia (Argentinien) beginnen. Zu den Höhepunkten gehören Ziele wie Antarktis, Südpazifik, die Osterinseln, Bora Bora, die australische Kimberley-Region, historische Stätten am Mittelmeer und Spitzbergen. Private Events wie ein exklusives Abendessen in Robert Louis Stevensons ehemaligem Zuhause auf den Samoa-Inseln oder ein Bankett auf der Tower Bridge sind ebenso inbegriffen wie eine kostenlose Expeditionsausrüstung.
Der Preis ist nicht ohne: die Weltreise in der Owner's Suite schlägt mit 443 000 Euro pro Person zu Buche, die Vista-Suiten des Schiffes kosten 87 000 Euro pro Person.

NEUHEIT: EIN HYBRID-EISBRECHER

Nicht nur Scenic ist völlig neu im Hochseegeschäft. Auch das portugiesische Unternehmen Mystic, zu dem der deutsche Flussreiseveranstalter nicko cruises gehört, baut jetzt mehrere Hybrid-Expeditionsschiffe, darunter die World Explorer, auf der bereits Reisen buchbar sind.
Einer der Vorreiter in diesem Bereich der neuen Schiffe ist sicherlich die französische Reederei Ponant, die sich mit kleineren Luxusyachten einen Namen machte und auch die Polargewässer befuhr. Nach dem Einstieg eines Investors aus dem französischen Luxusbereich folgte eine ganze Serie neuer Schiffe. Highlight und Weltpremiere wird ein Hybrid-Eisbrecher sein, der im Mai 2021 kommen soll.
Der Däne Niels-Erik Lund gilt als König der Expeditionsschiffe. Bis vor Kurzem gehörten seiner Firma Sun Stone Ships noch zwölf ältere Schiffe, die er weltweit an Reedereien und Veranstalter vercharterte. Damals gab es insgesamt nur 35 Schiffe in diesem Segment. Lund: »Etliche verschwanden aus dem Markt. So gehörten uns etwa 30 Prozent des Welt-Marktes. Aber die Flotte war alt – wir wollten neue Schiffe bauen.«

MEHR JÜNGERE LEUTE

Deshalb orderte er bei der chinesischen Werft CMHI nicht weniger als sieben Schiffe fest, drei weitere Optionen werden wahrscheinlich noch dieses Jahr in feste Aufträge verwandelt. Das Design ist klar und modern, der patentierte Bug (X-Bow) für rauhe Gewässer optimiert.
Lund beobachtet eine Änderung bei den Kunden: »Wir sehen an Bord unserer Schiffe mehr jüngere Leute, die vielleicht in den 30ern oder 40ern sind. Und auch immer mehr ältere Menschen, die aktiv sind wie nie zuvor. Noch vor zehn Jahren hätte man sicher keinen 85-Jährigen gesehen, der dreimal täglich in ein Zodiac steigt und auf dem Eis spazieren geht. So hat auch die Altersspanne den Markt vergrößert genau wie die neuen Länder. Vor zehn Jahren hatten wir keinen einzigen chinesischen Passagier. Heute stellen die Chinesen die zweitgrößte Community an Bord, direkt nach den Amerikanern.«

Da kommt Ehrfurcht auf: In arktischen Gewässern sind Eisberge die ständigen Begleiter.

TREND ZUM LUXUS

Einer der erfahrensten Kapitäne im Bereich der Expeditionskreuzfahrten ist Thilo Natke, der bereits als Offizier auf der Society Explorer (Ex-Lindblad Explorer) und 1990 auf der World Discoverer gearbeitet hatte. Heute führt er nach etlichen Jahren bei Hapag-Lloyd Cruises die gerade in Dienst gestellte Hanseatic Nature, das erste der drei neuen und elegant designten Expeditionsschiffe für die Hamburger Reederei.

Natke ist aufgefallen, dass der Trend im Expeditionsbereich in den letzten Jahren eindeutig in Richtung Luxus geht. »Die Zeiten der alten Schiffe mit ihren doch sehr spartanischen Einrichtungen und Jugendherbergscharakter sind definitiv vorbei«, meint er. Und wo früher nur der Besuch einer Pinguinkolonie auf dem Programm stand, werden heute auch Schneeschuhwanderungen, Kajakfahrten oder Zeltübernachtungen in der Antarktis angeboten.

KEIN ENDE DES BOOMS IN SICHT

Jürgen Kutzer, Besitzer des Reiseveranstalters Atiworld in Alzenau, ist einer der besten Kenner des Luxus-Kreuzfahrtmarktes in Deutschland. »Das Ende des Baubooms ist noch lange nicht in Sicht. Demografisch gesehen haben wir heute mehr Geld als früher. Der neue Luxus ist nicht nur materieller Art, sondern das aktive Erleben von einmaligen Destinationen und Eindrücken.«

KAPITÄN NATKES PERSÖNLICHER EXPEDITIONSTIPP:

Die Semi-Circumnavigation Antarktis, eine Halbumrundung der Antarktis. Eine 30 Tage lange Reise im Zauber von Eis, Natur und Tierwelt. Findet z. B. auf der Bremen von Hapag-Lloyd Cruises vom 31.1.20 bis 3.3.20 statt, pro Person inkl. Sonderflug ab 17 690 Euro.

SEGELTRÄUME

Sie sind die Diven unter den Schiffen. Atemberaubend schön und mit einer einmaligen maritimen Ausstrahlung. Unter weißen Segeln wird die Sehnsucht nach Aufbruch in neue Welten gestillt. Die grenzenlose Freiheit auf dem Meer ist stets spür- und greifbar. Passagiere und Crew wachsen zu einer Großfamilie zusammen und teilen Erlebnisse, die das Leben auf wunderbare Weise bereichern.

Unter VOLLEN SEGELN ins GLÜCK

Auf der Royal Clipper, dem größten Windjammer der Welt, nimmt der Traum von Aufbruch und Freiheit ganz neue Dimensionen an.

Irgendwo in einem kleinen Hafen an der türkischen Nordwestküste. Auf dem Hauptdeck hat sich Gastköchin Martina zum »easy cooking« eingefunden. »Die Muscheln koche ich fünf bis sieben Minuten in einem Sud mit Lauch und Knoblauch«, erklärt die sympathische Krefelderin. Eine leichte Brise weht über das Deck, Entspannung macht sich breit. »Anschließend mariniere ich das Muschelfleisch mit roter Zwiebel, Petersilie, einem guten Olivenöl, Salz, Pfeffer, Kalamata-Oliven und Knoblauch.« Der Appetit ist geweckt.

Kurz nach dem Ende der Kochdemonstration ertönt Vangelis' »Conquest

of Paradise« aus den Lautsprechern. Höchste Zeit, um aufs Sonnendeck zu gehen. Seilwinden knarren, gespannt suchen die Augen die Rahen ab, um zu sehen, wo das weiße Tuch zum Vorschein kommt. Die letzten der 93 Passagiere sind von ihrem Landausflug an Bord zurückgekehrt und die Segel werden in Richtung nächstes Ziel gesetzt. Eigentlich ist es fast egal, wohin die Route führt. Denn es ist dieser Moment, den die Passagiere des größten Passagiersegelschiffs der Welt so lieben. Wenn der Wind mit 5000 Quadratmeter Segeltuch spielt, träumt das Herz von Abenteuer, Aufbruch und Freiheit.

Alexey ist der Mann, der dafür sorgt, dass die romantische Vorstellung sich Tag für Tag wiederholen kann. Er weiß genau, welches der 126 Segel schon älter oder reparaturbedürftig ist. Heute liegt das Groß-Royalsegel auf dem Teakholzdeck. Alexey schneidet frischen Polyester-Segelstoff von der Rolle zu, um ausgefranste Passagen zu ersetzen. Als er die riesige

Viele Passagiere segeln zu Hause ebenfalls – nur auf etwas kleineren Schiffen.

italienische Nähmaschine an Deck aufbaut, gesellen sich Schaulustige zu ihm. Viele Passagiere segeln zu Hause ebenfalls – nur auf etwas kleineren Schiffen. Der Koloss hämmert eine dicke Nadel durch den Stoff, rattert und zischt. Schwere Gewichtscheiben regeln den Nähfußdruck, drei Pedale gilt es zu bedienen. Eine kleine estnische Flagge verrät

Seefahrer-Romantik pur auf der Royal Clipper. Royal ist auch die Taufpatin, Königin Silvia von Schweden.

MUTPROBE MIT HERZKLOPFEN

54 m ragt der Hauptmast der Royal Clipper in den Himmel. Die erfahrenen Matrosen klettern bis ganz nach oben, aber auch mutige Passagiere können sich beim angeleiteten Mastklettern einen Überblick über den eleganten Fünfmaster verschaffen. Mit festem Schuhwerk und durch einen Matrosen gesichert, steigt man zu den im Tagesprogramm angegebenen Zeiten auf den Wanten bis zum Ausguck. Von dieser kleinen Holzplattform aus schießen Sie die besten Erinnerungsfotos.

die Herkunft des Segelschneiders. Als er von deutschen Passagieren angesprochen wird, schwärmt er von Schmalz, großen Bierhumpen und Würstchen. Er zeigt auf den Faden in der Maschine, der ebenso wie das Seil aus Deutschland kommt. Das Tuch bläht sich auf, es will wieder an die Rahen. Der Wind nimmt zu.

GISCHT VOR DEM BULLAUGE

Am Morgen erwachen die Gäste von den Wellen, die an den Bug krachen. Ein Blick aus dem Bullauge zeigt tanzende Gischt. Das Meer ist dunkelblau und trägt weiße Kronen. Sechs Beaufort treiben die Royal Clipper mit zehn Segeln auf sieben Knoten an, die Maschine ist aus. Die Passagiere genießen es, die Nasen in den Wind zu halten. Die Oktobersonne nimmt schnell Fahrt auf und wärmt das Gesicht. Der Anker rumpelt in die Tiefe, das Schiff vibriert. Die Marina am Heck lädt ein, sich im Stand-up-Paddling oder Kayaking zu versuchen. Am Abend trifft man sich wieder an der Tropical Bar und lauscht Biersommelière Annika, die verschiedene Sorten im Rahmen einer Verkostung erklärt.

> Sechs Beaufort treiben die Royal Clipper auf sieben Knoten an, die Maschine ist aus.

DAS SCHIFF

BRZ: 4425
Länge: 134 m **Breite:** 16,5 m
Tiefgang: max. 5,6 m
Bauwerft: Werft Danzig (Danzig, Polen)/Merwede Shipyard
Indienststellung: 2000
Taufe: 28. Juli 2000; Taufpatin: Königin Silvia von Schweden
Passagiere: 224
Crew-Mitglieder: 106
Passagierdecks: 4 **Kabinen:** 114
Bordsprache: mehrsprachig
Restaurants: 1 **Bars:** 2
Sport & Wellness: 3 Pools, Spa- und Fitnessbereich, Wassersport-Marina
Entertainment: Keine Angebote an Bord
Info: Star Clippers, www.star-clippers.de
Preisklasse: €€-€€€

ZEIT FÜRS DINNER

Die Sonne versinkt langsam im Meer. Zeit für das Dinner im Clipper Dining Room. Er liegt in der Mitte des Schiffs, rund um den Hauptmast, der Wärme abstrahlt, da sich darunter die Maschinen befinden. Das Restaurant öffnet sich ins Atrium, das sich über drei Ebenen erstreckt. Eine beeindruckende Größe für einen Segler. Mittags nutzen viele Gäste das Büfett an Deck, genießen frisch gegrillten Fisch. Wenn es dunkel wird, ist es hingegen gemütlicher, sich im Schiffsbauch bedienen zu lassen. Und die Küche zaubert wieder immer neue schmackhafte Verführungen, die es zu probieren gilt.

Im Winter hält sich die Royal Clipper in der Karibik auf. Eigentlich ist es fast egal, wohin die Route führt, wenn der Wind mit den 126 Segeln spielt …

Etwas Geschichtsunterricht gefällig? Ausflug in die antike Stadt Troja in der Nordtürkei, wo sich ein Nachbau des Trojanischen Pferdes befindet.

Tags darauf ist eine leichte Schieflage in Richtung Backbord im Restaurant spürbar. Immer wieder tauchen die Bullaugen kurz ins Wasser hinab, das Meer spielt Waschmaschine. Die Gäste amüsieren sich, dass sie breitbeiniger gehen müssen, um das Gleichgewicht zu halten. Was ist da oben los? Der Wind peitscht dem Deck Department ins Gesicht. Gischt und Regen spritzen über die Reling. Nach sieben Tagen eitel Sonnenschein werden wir von einem Unwetter überrascht. Eilig werden die Segel geborgen. Eines hat sich bereits losgerissen und schlackert im Wind. Rasch streifen die Matrosen ihren Friesennerz über und entern ohne einen Augenblick des Zögerns den Mast. Das flatternde Tuch wird gebändigt.

Am nächsten Morgen strahlt die Sonne wieder, als wäre nichts gewesen. Für Alexey steht jedoch viel Arbeit an: Sieben Segel sind bei Windstärke elf in Mitleidenschaft gezogen worden. Und ein neues Segel lässt sich nicht mal eben im nächsten Hafen kaufen. Es dauert rund sechs Monate, bis es in Polen oder den USA gefertigt wird. Teilweise ist sogar Handarbeit angesagt.

HOHE WIEDERHOLERQUOTE

Kleine Häfen sind ein großer Pluspunkt der Routen von Star Clippers Cruises. Aber die eigentliche Attraktion ist das Schiff selbst: »Unser Entertainment ist die Nähe zum Meer und das Segeln«, erklärt Schiffseigner Mikael Krafft. Der Erfolg gibt ihm recht: Mehr als 60 Prozent der Passagiere waren schon einmal an Bord, auf den Atlantiküberquerungen sind es sogar bis zu 80 Prozent. Hotelmanagerin Anita kennt viele ihrer

Kann denn Nichtstun Sünde sein? Passagiere finden schnell heraus, wie gut es tut, im Netz unter dem Bugspriet zu relaxen und die Nähe zum Meer zu genießen.

Gäste mit Namen. Sie hat schon auf Sansibar und im Robinson Club auf Mallorca gearbeitet. Auf einem Schiff mit 2000 Passagieren an Bord war sie Maître d'Hôtel. »Das ist nichts für mich«, resümiert

»Unser Entertainment ist die Nähe zum Meer«, erklärt Schiffseigner Mikael Krafft.

sie. »Ich möchte mich am nächsten Tag noch daran erinnern, mit wem ich über was gesprochen habe.« Und so bleibt sie seit sechs Jahren der Star-Clippers-Flotte treu, hat hier sogar ihre große Liebe gefunden. Mit Chief Officer Dominique befährt sie nun gemeinsam die Weltmeere.

Der hohe Anteil an Stammcrew prägt entscheidend das Erlebnis an Bord. In einer offenen und legeren Atmosphäre verschmelzen Crew und Passagiere schon fast zu einer großen Familie. Gleichzeitig ist der Fünfmaster groß genug, dass jeder seinen Rückzugsraum findet. Der Zigarrenfan spielt allabendlich bei einem Glas Rotwein Schach auf dem Sonnendeck. Die Dame mit Hut blickt bei Sonnenuntergang allein auf einer Liege am Heck in die Segel. Der schönste Platz an Bord ist jedoch das Netz unter dem Bugspriet. Ganz nah bei der Gallionsfigur, die der Tochter des Eigners ähnlich sehen soll. Die Masten wirken hier noch majestätischer, während die elegant geschwungene Bugspitze durch das Wasser schneidet. Über dieser Szenerie zu schweben ist wirklich ein Erlebnis zwischen Traum und Wirklichkeit.

ADAC Tipp

KOSTENLOSER WASSERSPASS

Während der Liegezeiten der Royal Clipper kann man nicht nur Land und Leute kennenlernen. So oft es das Wetter, die See und die Behörden zulassen, öffnet die Crew auch die Badeplattform am Heck des Schiffs. Dort kann man sich dann beim Schwimmen erfrischen, im Stand-up-Paddling versuchen oder im Kajak neue Perspektiven auf das Schiff entdecken. Das Beste daran: Das Ganze ist kostenlos. Die Infos dazu stehen im Tagesprogramm!

SAVOIR-VIVRE und DAS WEITE MEER

Auf dem Segelschiff Le Ponant genießen Gäste die maritime Leichtigkeit des Seins auf die französische Art.

Der bretonische Kapitän Mikael kann mit kinoreifen Aktionen aufwarten: Auf Knopfdruck surren die Segel mit ihrer 1500 Quadratmeter großen Fläche an den Masten nach oben, knattern im aufkommenden Abendwind. »Andere Schiffe haben winzige Pools, wir fahren dagegen auf einem riesigen Pool – und können zum Schwimmen anhalten, wann immer wir wollen. Das ist unsere Art von Luxus!«, versichert der drahtige Master.

Und siehe da: Schon am nächsten Tag darf jeder, der möchte, bei herrlichstem Sommerwetter von der Marina in die azurblauen Fluten des Mittelmeers springen. Animateur Jacques macht mit

einem kühnen Salto den Anfang. Zahlreiche Wassersportarten werden angeboten, auch die bordeigenen Zodiacs legen hier an. Bei den sommerlichen Temperaturen auf dieser Reise von Nizza entlang der französischen Mittelmeerküste bis Barcelona sind Erfrischungen mehr als willkommen.

Die Schiffsdecks tragen Namen von Antilleninseln (Saint-Barth, Antigua und Marie-Galante), der Heimathafen der Le Ponant liegt dagegen in Mata-Utu in der französischen Südsee. Saint-Barth ist das Hauptdeck, dort liegen der kleine Rezeptionsbereich, die Boutique und die Emeraude Lounge. Sitzlandschaften in grauem Leder und der teils teakholzgetäfelte Boden markieren die maritime Eleganz. Hier finden auch Karaoke- und Disco-Abende oder Rätselrunden statt.

Auf dem Marie-Galante-Deck sind die meisten der insgesamt 32 Kabinen. Das Interieur in Weiß, Beige und Blau strahlt maritime Eleganz und Leichtigkeit aus. Ein großer Spiegel erweitert sie optisch,

Anhalten und ins Meer springen – wozu braucht es einen großen Swimmingpool?

ein gutes Lichtsystem optimiert das Tageslicht, das durch die Bullaugen dringt, dazu stehen moderne Leseleuchten an den Betten zur Verfügung. Auf dem Antigua-Deck liegen die fünf größten Kabinen (12,5 bis 15,3 Quadratmeter), das Außenrestaurant Le Diamant und die Brücke, die für Besucher meist offen ist.

COCKTAILS UND GAUMENFREUDEN

Allabendlich verwandelt sich das Sonnendeck in eine Bar. Unter großen Segeln erfüllt Barkeeper Guilbert zum Sundowner alle erdenklichen Cocktail- und sonstigen Getränkewünsche. Dazu serviert Hoteldirektor Sylvain edle Gaumenfreuden, heute frisch am Markt gekauft. Die kleinen »Amuse-Bouche« zergehen auf der Zunge, das Meer glitzert, die Sonne neigt sich blutrot dem Horizont entgegen – der perfekte Tagesausklang.

Gespeist wird bei schlechtem oder kaltem Wetter und beim »Dinner du

32 Crew-Mitglieder kümmern sich um das Wohlergehen der maximal 64 Passagiere. Auch kulinarisch bleiben keine Wünsche offen.

Commandant« im Restaurant Karukera (Insel der schönen Wasser – so nannten die Einheimischen ihre Insel bei der Entdeckung von Guadeloupe durch Kolumbus 1493) auf dem Hauptdeck im Bugbereich. Tiefblaue Teppiche, hölzerne Beschläge, bequeme gelb bezogene Stühle, edles Geschirr – der Rahmen passt zu den Kreationen der überragenden Sterne-Küche.

Im Open-Air-Restaurant Le Diamant liegt den Gästen das Meer zu Füßen.

Im Open-Air-Restaurant Le Diamant ein Deck höher liegt beim Lunch oder Dinner das Meer zu Füßen. Morgens und mittags werden hier opulente Themen-Büfetts aufgebaut. Austern, knallrote Crevetten, Salate mit Tintenfisch oder Muscheln – alles ist liebevoll dekoriert, das Auge isst schließlich mit. Die sehr guten, überwiegend französischen Weine sind im Reisepreis enthalten. An diesem Abend genießen die Gäste das Dinner mit Blick auf die Zitadelle des südfranzösischen Städtchens Collioure. Sie wurde auf den Resten römischer Gebäude errichtet und diente später den Königen von Mallorca als Sommerresidenz

Zwar gibt es keine Zweiertische, doch für ein junges Paar, das offenbar etwas zu feiern hatte, fand die Besatzung schnell eine Lösung. Für die beiden wurde auf der Marina eingedeckt. So hatten sie das gesamte Außendeck für sich allein, Stern- und Meerblick inklusive.

Dem Sonnenuntergang entgegen: Allabendlich verwandelt sich das Sonnendeck in eine Bar. Zum Sonnenuntergang gibt es Cocktails und kleine Appetithappen.

DAS SCHIFF

BRZ: 1189
Länge: 88 m **Breite:** 12 m
Tiefgang: max. 5,2 m
Bauwerft: Société Francaise de Construction Navale (Villeneuve-la-Garenne, Frankreich)
Indienststellung: 1991
Passagiere: 64
Crew-Mitglieder: 32
Passagierdecks: 4 **Kabinen:** 32
Bordsprache: Französisch, Englisch
Restaurants: 3
Bars: Piano-Bar
Sport & Wellness: Marina mit Wassersportmöglichkeiten, Gym
Entertainment: Karaoke, Disco-Abende, Rätselrunden
Info: Compagnie du Ponant, www.ponant.com
Preisklasse: €€€

ON PARLE FRANÇAIS

Der besondere Charme einer Kreuzfahrt mit der Le Ponant erschließt sich hauptsächlich jenen Gästen, die über gute französische Sprachkenntnisse verfügen oder zumindest Englisch sprechen. Das gilt im Übrigen für alle Schiffe der Compagnie du Ponant.

In bester Gesellschaft: Groß ist das Entzücken, wenn Delfine die Sea Cloud begleiten.

KÖNIGIN der SIEBEN MEERE

Die Sea Cloud weckt Erinnerungen an alte Piratenfilme mit Errol Flynn. Der elegante Windjammer hat eine schillernde Vergangenheit und ist wie gemacht für Seefahrerträume.

Ein vergoldeter Adler schmiegt sich als Galionsfigur an ihren schneeweißen Bug. Über die schwankende Gangway geht es an Bord, Besatzungsmitglieder in weißer Uniform empfangen die Gäste mit Champagner vom Silbertablett. Einladung zur Erkundungstour: über blank geschrubbte Planken und sorgfältig aufgerollte Taue, vorbei an Messing und Mahagoni. Gut, dass man noch ein paar Tage Zeit hat, die prachtvolle Bark und ihre ungewöhnliche Geschichte kennenzulernen.

GRANDIOSER AUFTRITT, WO IMMER SIE AUFKREUZT

Die Sea Cloud ist die größte private Segelyacht, die je gebaut wurde: 110 Meter lang und mittschiffs 15 Meter breit. 54 Meter ragt der Großmast in den Himmel. 30 Segel, insgesamt 3000 Quadratmeter, gewährleisten der altehrwürdigen Lady auf jedem Schifffahrtsweg der Welt, in jedem Hafen, einen grandiosen Auftritt.

Genau das hatte der Auftraggeber im Sinn gehabt, als er sein Spielzeug bestellte. Für 900 000 Dollar, was heute vielleicht 25 Millionen Euro entspricht, gab der amerikanische Konservenmillionär Edward Hutton im Jahr 1930 bei der Germania-Werft in Kiel eine Yacht der Superlative in Auftrag – als kleines Geschenk für seine nicht minder begüterte Frau Marjorie. Die gestaltete die Innen-

DAS SCHIFF

BRZ: 2523
Länge: 109,5 m
Breite: 14,94 m
Tiefgang: max. 5,13 m
Bauwerft: Germaniawerft (Kiel, Deutschland)
Passagiere: 70
Crew-Mitglieder: 60
Passagierdecks: 3
Kabinen: 32
Bordsprache: Deutsch, Englisch
Restaurants: 1
Bars: 1
Sport & Wellness: Joggen, Schnorcheln
Entertainment: Bibliothek, Bordpianist, Crew-Shanty-Chor
Info: Sea Cloud Cruises, www.seacloud.com
Preisklasse: €€€

ADAC Tipp

Traumhochzeit
Gibt es einen romantischeren Rahmen für eine Eheschließung? Die Sea Cloud fährt unter maltesischer Flagge. Daher sind rechtskräftige Trauungen (seit einer entsprechenden Gesetzesänderung in Malta) möglich. Das Hochzeitspackage enthält u. a. die Erledigung der Formalitäten, die Trauung durch den Kapitän, ein Dinner für Zwei und Champagner für die Frischvermählten.

ausstattung des Traumschiffs nach ihren eigenen Vorstellungen: stuckverzierte Decken, vergoldete Wasserhähne und den besten Marmor aus Carrara für Bäder und Kamine. Für die raumhohen Spiegel wählte sie venezianisches Glas, und in das Schlafgemach kam ein französisches Himmelbett mit Blattgoldverzierungen. Sämtliche Kabinen wurden auf ihren Wunsch hin mit Stilmöbeln und Orientteppichen ausgestattet. Es gab ein Bordkino, einen Frisiersalon und ein Rauchzimmer. Die Uniformen der 72-köpfigen Besatzung waren denen der US-Navy nachempfunden.

Derart pompös ausgestattet, stach die Hussar, wie sie damals hieß, im April 1931 das erste Mal in See. Doch die Zeit der glücklichen Törns währte nicht lang: Mister Huttons Leidenschaft galt nicht nur dem Schiff und seiner Frau, sondern vor allem dem ausschweifenden Leben. Schließlich kam Marjorie hinter die Eskapaden ihres Gatten und reichte die Scheidung ein. Als Trostpflaster blieb ihr die Yacht, die nun in Sea Cloud umgetauft wurde.

Marjories neuer Ehemann war Joseph E. Davis, Rechtsanwalt und späterer US-Botschafter in Moskau. Er ließ das Schiff an den Wochenenden nach Leningrad überführen, um dort mit Freunden fröhliche Bordpartys zu feiern – Paradebeispiele kapitalistischer Dekadenz für die staunenden Russen.

SEA CLOUD CRUISES

Für den deutschen Veranstalter Sea Cloud Cruises fahren zwei Segelkreuzfahrtschiffe – neben der historischen Sea Cloud noch eine jüngere (2001 gebaute) und etwas größere Schwester, die Sea Cloud II. Im Jahr 2020 wird noch ein weiterer Windjammer hinzustoßen, die Sea Cloud Spirit, ein luxuriöser Neubau. Alle Schiffe werden noch von Hand gesegelt und fahren auf interessanten Routen und zu kleinen Häfen, oft abseits vom Mainstream; in der Sommersaison im Mittelmeer und Baltikum, im Winter meist Mittelamerika und Karibik. Besonders interessant sind die Reisen in Themenkontexten wie Kulinarik, Musik oder Architektur.

EINSATZ ALS WETTERSCHIFF

Als der Zweite Weltkrieg ausbrach, vercharterte Marjorie die Sea Cloud für einen symbolischen Dollar an die amerikanische Küstenwache. Fortan kreuzte die Yacht als Wetterschiff über den Atlantik. Ohne Masten, grau gestrichen und mit 200 Matrosen an Bord hatte das Traumschiff nun deutlich an Glamour verloren. Nach Kriegsende wurde aber wieder richtig dick aufge-

Meeresluft macht hungrig: Auch beim Dinner kann man sich die Brise um die Nase wehen lassen. Bei allem Luxus dominiert auf der Sea Cloud authentisches maritimes Flair.

tragen: Drei Millionen Dollar ließ sich die Eignerin die Renovierung kosten, und die rauschenden Feste konnten von Neuem beginnen.

Könige und Wirtschaftsmagnaten reisten mit der Sea Cloud, die Windsors, Vanderbilts und Astors, der Prinz von Luxemburg, Gustaf V. von Schweden, die belgischen Royals. »Mein Gott, Marjorie, Sie leben hier so, wie man es von Königen und Königinnen erwartet«, rief völlig überrascht von dem Luxus an Bord die norwegische Königin Maud. Die extravagante Millionärin freute sich an der Bewunderung für ihr Juwel – und für ihre Capricen: Als Haustier hielt sie sich eine Riesenschildkröte, die ihr an Deck auf Schritt und Tritt folgte.

68-jährig verlor Marjorie die Lust am Segeln und an den gigantischen Unterhaltungskosten: 1955 verkaufte sie die Sea Cloud an den dominikanischen Diktator Rafael Trujillo, der das Schiff in Angelita umtaufte und seinem Sohn Ramfils schenkte. Der Junior besuchte damals ein amerikanisches College.

Die norwegische Königin Maud war schwer beeindruckt: »Mein Gott, Marjorie!«, rief sie aus...

Mehr Spaß als das Lernen machten ihm die wilden Feten an Bord seiner Yacht, die nun ständig vor Hollywood kreuzte und immer neue Stars aufnahm. Von Kim Novak bis Zsa Zsa Gabor reichte die

Opulente Ausstattung: Das Beste ist gerade gut genug für die Sea Cloud. Hochwertige goldene Wasserhähne, Edelhölzer und wertvolle Antiquitäten verleihen dem Schiff diese ganz besondere Aura.

illustre Gästeliste, und nicht selten fanden Filmsternchen nach einer heißen Nacht den Schlüssel zu einem Luxuswagen unter ihrem Kopfkissen. Als Vater Trujillo einem Attentat zum Opfer fiel,

Für einen Spottpreis gekauft, für ein Vermögen instand gesetzt.

gelang es dem cleveren Filius, sich mit dessen Sarg und dem halben Staatsvermögen segelnd abzusetzen.

WIEDERENTDECKUNG IN PANAMA

Nach mehreren Besitzerwechseln rottete die Angelita jahrelang in Panama vor sich hin, bis sie 1978 vom Hamburger Kapitän Hartmut Paschburg entdeckt wurde. Der motivierte eine Gruppe hanseatischer Geschäftsleute, die Sea Cloud für einen Spottpreis zu kaufen und für ein Vermögen in stand zu setzen. Der Viermaster wurde in der Kieler Howaldtswerke-Deutsche Werft von Grund auf renoviert, eine Suite nach der anderen originalgetreu wiederhergestellt. 28 zusätzliche Kabinen entstanden auf dem Oberdeck.

Die Sea Cloud segelt heute unter maltesischer Flagge, im Winter in der Karibik, im Sommer im Mittelmeer.

Jeder Rundgang auf dem Schiff ist eine Begegnung mit dem Glamour einer vergangenen Epoche. Jedes Seglerherz schlägt höher, wenn die Matrosen in beeindruckender Manier die Segel setzen.

Aber noch immer kommen auf maximal 70 Gäste 60 Besatzungsmitglieder – eine wahrlich exklusive Quote, die den Gästen etliche luxuriöse Annehmlichkeiten verspricht: Das Essen im mahagonigetäfelten Speisesaal ist leicht und kreativ, der Wein Spitzenklasse und die Atmosphäre trotz Abendkleidung ungezwungener als auf einer konventionellen Kreuzfahrt. Deutsche und amerikanische Geschäftsleute gönnen sich das elegante Vergnügen, wohlhabende Kurzurlauber mit ausgeprägtem Sinn für die Romantik des Segelns. Das Gefühl dafür stellt sich spätestens dann ein, wenn man das erste Mal nachts, während die Dünung des Mittelmeers die Bark sanft auf und ab bewegt, auf dem ausgepolsterten Promenadendeck liegt und zusieht, wie der Mond zwischen den Masten wandert. Doch für ein echtes Seglerherz ist ein anderes Schauspiel wohl viel beeindruckender: die Matrosen, die in den schwindelerregenden Höhen turnen und die Segel setzen.

DIE SCHÖNSTEN FLUSSREVIERE

Flusskreuzfahrten sind die Aufsteiger bei den Schiffsreisen. Die Gründe, die für diese Reiseform sprechen, liegen auf der Hand: Die Größe der Schiffe ist begrenzt, traumhafte Landschaften sind in greifbarer Nähe, und bei den Stopps lernt man aufregende, geschichtsträchtige Metropolen kennen. Viele Reisen, etwa auf Donau, Elbe oder auf dem Rhein, starten praktisch vor der Haustür.

ALLES im FLUSS

Rhein oder Rhône, Donau oder Douro, Mekong oder Mississippi – die schönsten Reviere im Überblick.

Flusskreuzfahrten werden immer beliebter, etwa 500 000 Deutsche entscheiden sich jedes Jahr für das Erlebnis Flussreise. Kein Wunder: Viele Flusskreuzfahrten starten in leicht erreichbarer Nähe, vor der Haustür oder eine Auto-/Bahnfahrt entfernt. Man ist den schönen Landschaften immer ganz nah, kann mehrere interessante Städte und Dörfer, Burgen und Kirchen innerhalb weniger Tage auffädeln. Und: An Bord gibt es keinen Wellengang. Da Flusskreuzschiffe in Schleusen und unter Brücken passen müssen, ist die Größe limitiert. Rund 200 Passagiere sind meist das Maximum – das schafft eine gemütliche, fast familiäre Atmosphäre. Die stets gemächliche Fahrgeschwindigkeit trägt zum tiefenentspannten Reiseerlebnis bei.

DONAU

Europas zweitlängster Fluss ist mit 35 Prozent Marktanteil die Nummer eins beim deutschsprachigen Flusskreuzfahrt-Publikum. Der Klassiker ist der Abschnitt zwischen der Dreiflüssestadt Passau und Budapest. Die 690 Kilometer lange Strecke steckt voller Highlights. Mit Wien und Budapest werden gleich zwei der schönsten Städte angelaufen. Die Anlegezeiten sind großzügig bemessen, sodass man die Metropolen auf den angebotenen Touren oder auf eigene Faust ausgiebig erkunden kann. Imposant sind das Kloster Melk, ein UNESCO-Weltkulturerbe, und die imposante Sankt-Adalbert-Basilika im ungarischen Esztergom. Ein Geheimtipp und für die meisten Passagiere eine Neuentdeckung ist Bratislava, die Hauptstadt der Slowakei. Die Weiterfahrt bis ans Schwarze Meer durch viel Natur wird auch von den Veranstaltern angeboten.

RHEIN

Fast so viele Fans wie die Donau kann Väterchen Rhein um sich scharen. Aufregende Städte, majestätische Burgen und Weinberge sind auf dem Rhein zu erwarten. Die meisten Gäste buchen die Route von Amsterdam (ist schon allein die Reise wert) flussaufwärts bis Basel. Herzstück und Highlight ist das obere Mittelrheintal zwischen Köln und Rüdesheim mit seinen prominenten Burgen und dem weltberühmten Loreley-Felsen. Auf der Strecke liegen des Weiteren Düsseldorf, Speyer, Straßburg und Basel. Es werden auch vermehrt Touren in Kombination

Warum in die Ferne schweifen, wenn das Gute so nah liegt? Viele Donaukreuzfahrten enden in Ungarns Metropole Budapest. Flussreisen auf dem Rhein werden oft in Kombination mit der Mosel angeboten.

mit den Rhein-Nebenflüssen, allen voran der Mosel, angeboten. Beliebt sind auch winterliche Kreuzfahrten zu den Weihnachtsmärkten, ebenso die Strecke von Amsterdam bis Budapest über Rhein, Main, Main-Donau-Kanal zur Donau.

ELBE

Ruhig und beschaulich geht es auf den Elbe-Kreuzfahrten zu. Zu den Höhepunkten gehören die Lutherstadt Wittenberg, die Porzellanstadt Meißen und Dresden, das großartige Elbflorenz mit Semperoper und Frauenkirche. Im weiteren Verlauf erwartet die Passagiere die Sächsische Schweiz mit den einzigartigen Felsformationen und der kreidezeitlichen Erosionslandschaft des Elbsandsteingebirges. Weiter geht es nach Böhmen. Die meisten Schiffe legen in Melník am Zusammenfluss von Elbe und Moldau an. Von dort sind es nur noch 50 Kilometer zur »Goldenen Stadt« Prag.

RHÔNE UND SAÔNE

Blühende Orangenbäume, violette Lavendelfelder und steile Weinberge: Die Provence sorgt vor allem im Frühjahr und Frühsommer für ein wahres Feuerwerk von Farben und Düften. An Bord eines Flusskreuzers auf der Rhône und ihrem Nebenfluss Saône erlebt man das besonders intensiv. Erlebnisreich sind auch die Stopps in der

Die Reise auf der Seine von Paris zur französischen Atlantikküste führt durch zauberhafte Landschaften und vorbei an malerischen Ortschaften. Oben: Groß ist die Spannung, wenn das Schiff auf dem Rhein den Loreley-Felsen passiert.

Papststadt Avignon. Die berühmte, nachts wunderschön beleuchtete Bogenbrücke, die bis in die Rhône-Flussmitte reicht, sorgt für Entzücken. Lohnenswerte Ziele sind auch die Künstler- und Römerstadt Arles und Frankreichs Gourmet-Hauptstadt Lyon. Unbedingt besuchen: die Halles Paul Bocuse mit ihren unwiderstehlichen Delikatessenläden und -ständen. In der nördlichen Region Rhône-Alpes bezaubert das Städtchen Viviers, das mit der Römischen Brücke und dem verwinkelten Ortskern Einblicke ins Mittelalter ermöglicht.

SEINE

Von Paris durch die Normandie bis zur Atlantikküste – eine Flusskreuzfahrt auf der Seine hält, was sie verspricht. Nach einem aufregenden (gerne auch etwas ausführlicheren) Start in der Stadt des Eiffelturms, des Louvre und der Champs-Élysées geht es gen Westen durch die Traumlandschaften der Normandie. Kalkweiße Hochufer, Obstwiesen, historische Burgen und Schlösser sowie größere und kleinere Orte mit ihrem typisch französischen Charme – kein Wunder, dass die berühmten Impressionisten diese Region liebten.

DOURO

Der drittlängste Fluss auf der Iberischen Halbinsel, der Nordspanien und Nordportugal durchfließt, ist ein Schatz unter den Fahrrouten. Schroffe Felswände, gewundene Schluchten, sanfte Hügel, wilde Natur sowie Felder mit Korkeichen und Olivenbäumen prägen die Landschaft. Und natürlich die terrassenartig angelegten

Weinberge. Rund um die Orte Vila Real, Lamego und Peso da Régua erstreckt sich Alto Douro, Heimat des Portweins, älteste Weinbauregion der Welt und UNESCO-Welterbe. Hier sind die traditionsreichen Quintas (Weinbauernhöfe) zu finden. Start- und Zielhafen ist die Stadt Porto, die mit ihrer Kathedrale und der historischen Altstadt einen längeren Besuch rechtfertigt. Ein weiterer Höhepunkt ist die spanische Stadt Salamanca mit ihrer Universität aus dem 13. Jahrhundert.

NIL

Seit mehr als 5000 Jahren ist der Nil die Lebensader Ägyptens. Seine Fruchtbarkeit ließ eine der ersten Hochkulturen der Weltgeschichte entstehen, deren Relikte bis heute die Menschen in ehrfürchtiges Staunen versetzen. Auf der klassischen Strecke zwischen Luxor und Assuan liegen zu beiden Seiten des mächtigen Stroms einige der größten Kulturschätze der Menschheit: Tal der Könige mit den Pharaonengräbern und der Hatschepsut-Tempel, Luxor-Tempel und Karnak-Tempel, die mächtigen Tempelruinen von Philae oder die Felsentempel von Abu Simbel am Nassersee. Es gibt auch Nilkreuzfahrten, die in Kairo starten, was wegen Niedrigwasser aber nicht ganzjährig möglich ist.

WOLGA, SWIR UND NEWA

Russlands Glanz und Größe erlebt man auf einer Flusskreuzfahrt, die Moskau und St. Petersburg miteinander verbindet. Hier die pulsierende Weltstadt Moskau, die das moderne Russland symbolisiert. Kreml, Kuppelkirchen und exklusive Einkaufs-

Viele Passagiere legen vor oder nach der Douro-Kreuzfahrt einen längeren Besuch in Porto ein.

Der mächtige Nil: Zwischen Luxor und Assuan liegen die größten Kulturschätze der Menschheit.

passagen machen die Metropole zum Erlebnis. Dort St. Petersburg, das mit seinen Palästen und immensen Kunstschätzen in großer Pracht erstrahlt und die Zarenzeit repräsentiert. Unterwegs faszinieren schier endlose Landschaft mit Stimmungen, die an melancholische Balalaika-Klänge erinnern, und altrussische Städte (z. B. Jaroslawl) mit Kirchen und Klöstern, einige von ihnen sind UNESCO-Weltkulturerbe.

MEKONG

Den Zauber Südostasiens enthüllt eine Flusskreuzfahrt auf dem Mekong. Auf seinem 4300 Kilometer langen Weg vom tibetischen Hochland zum Südchinesischen Meer gebärdet er sich mal träge, mal ungestüm. Schließlich ist der Mekong einer der wenigen Flüsse weltweit, die noch im Naturzustand, also unreguliert, sind. Die Landschaft wechselt von Bergen zu Palmenhängen und lebhaften Küstenstreifen. Auf der Route durch Thailand, Kambodscha und Vietnam können Passagiere historische Tempel – darunter die größte Tempelanlage der Welt, Angkor Wat –, faszinierende Kulturen und pulsierende Metropolen erleben.

IRRAWADDY

Der mächtige Strom führt mitten durchs Herz des »goldenen Landes« Myanmar. An Bord eines Flusskreuzfahrtschiffs wird man schnell von der Magie des einstigen Burma gefangen genommen. Verborgene Kulturschätze sind wie Perlen entlang des Irrawaddy aufgereiht. Bei drei- oder viertägigen Fahrten verkehren die Schiffe zwischen dem ehemaligen Königssitz Mandalay und Bagan, wo die weltberühmten 2000 Tempel und Pagoden für ungläubiges Staunen sorgen. Ein weiterer Höhepunkt ist die Shwedagon-Pagode in Yangon. Sie ist die wohl berühmteste Pagode der Welt und gilt als Wahrzeichen des Landes.

Neben Pharaonengräbern und Tempeln bezaubert der Nil durch die ständig wechselnden Stimmungen. Auf Wolga und Newa geht es zu Russlands Zarenstädten und endlosen Weiten.

MISSISSIPPI

Bei Kreuzfahrten auf dem »Old Man River« werden Erinnerungen an Mark Twain und das Südstaaten-Melodrama »Vom Winde verweht« wach. Die große Kolonialvergangenheit von Amerikas Süden wird wieder lebendig, als die Baumwoll- und Zuckerrohrkönige das Sagen hatten. Interessant besonders für die amerikanischen Gäste sind die Stätten des Bürgerkriegs, der von 1861 bis 1865 in dieser Region tobte. Man kann sich aber auch vom Besichtigungsstress verabschieden und im Schaukelstuhl an Bord das Treiben an den Ufern des lehmig-brauen Mississippi genießen.

AMAZONAS

Eine Reise auf dem wasserreichsten Fluss der Welt hat immer Expeditionscharakter. Von der brasilianischen Metropole Manaus aus geht es hinein in ein unvergleichliches Regenwaldgebiet. Tier- und Naturfreunde sind begeistert von diesem einzigartigen Ökosystem. Über 1500 Fisch- und 2000 Vogelarten sind hier beheimatet, dazu Säugetiere und Reptilien. Unvergesslich ist das vielstimmige nächtliche Konzert des Regenwaldes. Ein Phänomen ist Encontro das Aguas (Treffen der Wasser), wo der bräunlich-gelbe Amazonas und der schwarze Rio Negro zusammenfließen. Die Veranstalter betonen gerne, dass es kaum Moskitos und keine Malaria gibt.

DONAUKREUZFAHRT mit mehr PEPP

Hängematten an Deck, mehrere Restaurants, neue Anlegestellen – die nickoVISION interpretiert die klassische Donaukreuzfahrt neu und spricht ein jüngeres Publikum an.

Abfahrt in Wien: Viele Gäste stehen noch an Deck, genießen den Blick auf die Strände der Donauinsel. Andere bestellen einen Aperitif in der Lounge. Einige entscheiden sich für ein Steak mit Blick aufs Fahrwasser im Grillrestaurant, andere haben einen Platz im Spezialitätenrestaurant reserviert oder suchen sich gerade einen Tisch im Hauptrestaurant aus. Anders als auf den meisten anderen Flusskreuzfahrtschiffen gibt es auf der nickoVISION

keine strikt einzuhaltenden Essenszeiten und mehr als nur ein Restaurant sowie freie Sitzplatzwahl. Wer möchte schon pünktlich am Tisch sitzen, wenn draußen gerade noch die schönsten Fotomotive vorbeiziehen?

Nicko cruises hat dieses Bedürfnis erkannt und setzt auf der Donau erstmals ein Schiff mit drei Restaurants und langen Tischzeiten ein. »Ein Schiff, für alle, die Flusskreuzfahrt bisher ›angestaubt‹ fanden«, wirbt der Stuttgarter Veranstalter für den ersten Neubau seit 13 Jahren. Und das Konzept geht auf.

LIEBER PER RAD ALS IM BUS

An Bord herrscht eine entspannte Atmosphäre, und das Wohlfühlen fällt auch in den modernen und geschickt geschnittenen Kabinen leicht. Die vierte Wand besteht aus Glas und lässt sich selbstverständlich öffnen. Das frische Konzept wendet sich an eine neue Zielgruppe: Während auf vielen Flusskreuzern der Altersschnitt sehr hoch ist, spricht die nickoVISION ein jüngeres Publikum an. Und da diese meist fitter sind als die 70- bis 80-Jährigen, kommen auch neue Ausflüge ins Programm: Mehr Stadt-

DAS SCHIFF

GT: 2890 t
Länge: 135 m **Breite:** 11,45 m
Tiefgang: max. 2,1 m
Bauwerft: Vahali (Gendt, Niederlande)
Indienststellung: 2018
Taufe: 25. Juni 2018; Taufpatin: Barbara Schöneberger
Passagiere: 220
Crew-Mitglieder: 54
Passagierdecks: 4 **Kabinen:** 110
Bordsprache: Deutsch
Restaurants: Panorama Restaurant, Spezialitätenrestaurant, Steakhouse **Bars:** Visionbar, Panorama-Salon
Sport & Wellness: Pool, Fitness- und Wellnessbereich
Entertainment: Bibliothek, WLAN
Info: Veranstalter: nicko cruises, www.nicko-cruises.de
Preisklasse: €

Was für ein Empfang in Budapest mit seinem prächtigen Parlamentsgebäude und imposanten Brücken!

Die Fischerbastei von Budapest: Im Mittelalter war hier der Fischmarkt von Buda.

rundgänge und Fahrradtouren statt Busfahrten. Und auch ein Fitnessraum sowie eine Sauna sind an Bord.

Selbst das klassische Fahrtgebiet, die Donau, entdeckt der Stuttgarter Veranstalter neu. So ist die nickoVISION derzeit das einzige Schiff, das regelmäßig Ybbs anläuft. Hier haben die Passagiere die Möglichkeit, Maria Taferl zu besuchen. Die zweitwichtigste Wallfahrtskirche Österreichs bietet gleichzeitig auch einen wunderbaren Panoramablick auf die Donau. Und Technikfans wiederum können das Innere der ältesten Donauschleuse erkunden.

ADAC Tipp

Kunst und Kaffee in Bratislava
Wer sich für moderne Kunst interessiert, ist in der Galerie Nedbalka in Bratislava gut aufgehoben. Die Werke der bedeutendsten slowakischen Künstler ab dem Ende des 19. Jh. vermitteln einen guten Eindruck von der Seele des Landes. Mithilfe von Tablets kann man zu jedem Bild weitere Informationen auf Deutsch bekommen. Und im Eintrittspreis ist sogar ein Heißgetränk enthalten.

DONAU MIT TEMPERAMENT

Auch die Altstadt von Ybbs ist einen Spaziergang wert. Es fällt nicht schwer, sich vorzustellen, wie die Schiffer hier früher zwischen Salzamt und Weinmaut durchs Sandtörl in die Gassen strömten, um in den 14 Wirtshäusern die schwierige Passage des Strudengaus zu feiern. Auch heute ist dies noch der anspruchsvollste Abschnitt für die Kapitäne, denn hier windet sich die Donau in engen Kurven

In Budapest locken am Abend eine Lichterfahrt und ungarische Folklore.

und zeigt mit kräftigen Wellen ihre temperamentvolle Seite.

Dagegen ist die wunderschöne Strecke durch die Wachau eher gemächlich. Zwischen Melk und Krems fließt der Strom durch sanfte Hügel mit Weinterrassen und Obstbäumen, aber auch entlang schroffer Felsen mit Burgen. Bei gutem Wetter sind alle Gäste an Deck, mit etwas Glück ergattern manche sogar eine der beiden Hängematten. Neben der Brücke ist es so still, dass man die Vögel zwitschern hört.

VOM PRATER IN DIE PUSZTA

Neben diesen entspannten Flussmomenten locken natürlich auch die großen Städte entlang der Strecke. Übernachtaufenthalte in Wien und Budapest sind keine Selbstverständlichkeit für eine Donaukreuzfahrt. Wie wäre es mit einer Fahrt im Prater-Riesenrad bei Nacht oder mit einem Konzertbesuch? In Budapest locken am Abend eine Lichterfahrt und ungarische Folklore. Tags-

Gemütlich in der Hängematte schaukeln und dem Vogelgezwitscher lauschen.

über ist natürlich ein Kaffeehausbesuch in Wien ein Muss, und in Budapest zieht es viele Gäste in die Puszta.

Die so romantisch klingende Grassteppe unterscheidet sich abgesehen von den riesigen Sonnenblumenfeldern kaum vom norddeutschen Flachland. Mitten im Nichts wartet ein riesiges Anwesen mit Pferden, Graurindern und Wasserbüffeln auf die Passa-

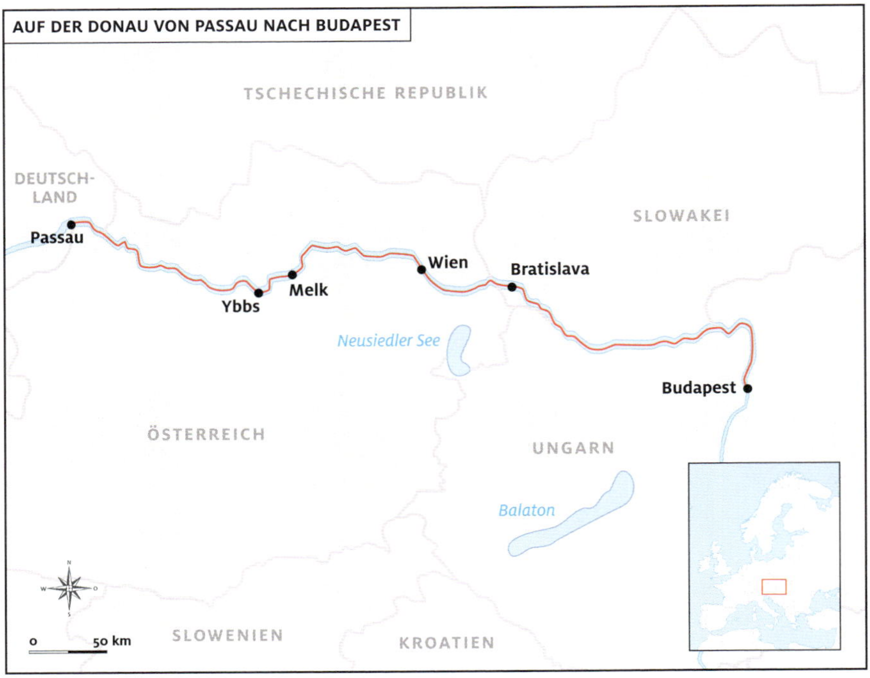
AUF DER DONAU VON PASSAU NACH BUDAPEST
TSCHECHISCHE REPUBLIK
DEUTSCH-
LAND
SLOWAKEI
Passau
Wien
Bratislava
Melk
Ybbs
Neusiedler See
Budapest
ÖSTERREICH
UNGARN
Balaton
0
50 km
SLOWENIEN
KROATIEN

giere. Sie werden von peitschenknallenden Pferdehirten in blauen Hosenröcken begrüßt, die ihr Können stehend auf ungarischen Halbblütern demonstrieren.

In Bratislava hat Mozart schon als Sechsjähriger ein Konzert gegeben.

Elegant heben Lipizzaner vor der Kutsche ihre Beine, und sogar der Esel ist perfekt trainiert.

BESUCH BEIM GULLYDECKELMANN

Auch ein Besuch der slowakischen Hauptstadt gehört selbstverständlich zur Route. Bratislava muss sich mit einem halben Tag zufrieden geben, dabei gibt es hier so viel mehr zu sehen als den Gullydeckelmann Cumil – die berühmteste der vielen Skulpturen der Stadt – und die Burg Devin. In der Kathedrale aus dem 16. Jahrhundert wurden elf ungarische Könige gekrönt. Interessant zu erfahren, dass im kulturellen Zentrum der Monarchie auch die Elite der Komponisten weilte. Beethoven besuchte regelmäßig seine Geliebte Therese Brunsvik. Mozart hat im Alter von sechs Jahren schon in Bratislava gespielt, auch Liszt gab 1822 hier sein erstes öffentliches Konzert. Wie wäre es mit einem Besuch im Geburtshaus des österreichischen Komponisten Johann Nepomuk Hummel? Bei gutem Wetter lohnt auch die Fahrt hinauf auf die Aussichtsplattform an der Brücke des Slowakischen Nationalaufstandes. Von hier kann man die Ausmaße der Stadt gut erkennen und über das Dreiländereck hinaus bis in den Wiener Wald sehen.

100 000 BÜCHER IM STIFT MELK

Und zu guter Letzt darf natürlich auch ein Besuch im ehrwürdigen Stift Melk nicht fehlen. Das gewaltige Barockgebäude beeindruckt mit einem prächtigen Marmorsaal und der klassischen Bibliothek mit etwa 100 000 Bänden, darunter einige der wertvollsten Handschriften des Mittelalters. Hier möchte sich wohl jeder Flusskreuzfahrtgast niederlassen und schmökern – egal in welchem Alter.

BELIEBTE DONAUKREUZFAHRT

Gut ein Drittel aller deutschen Flusskreuzfahrer entscheidet sich für eine Reise auf der Donau. Das sind rund 175 000 Gäste pro Jahr. Doch sie machen nur einen Bruchteil der Gesamtpassagierzahl aus, denn die meisten Flussreisenden Europas stammen inzwischen aus den USA und Kanada. Die durchschnittliche Reisedauer liegt übrigens laut Deutschem Reiseverband bei sieben Nächten und der durchschnittliche Reisepreis bei 1200 Euro. Und auch wenn der Anteil der über 66-Jährigen noch bei 44 Prozent liegt, so wächst gleichzeitig auch die Zahl der jüngeren Flusskreuzfahrtpassagiere.

Die slowakische Hauptstadt Bratislava hat eine reiche Historie. In der Kathedrale wurden 16 ungarische Könige gekrönt.

SANTÉ auf der SEINE

Vom Eiffelturm bis zum Ärmelkanal darf an Bord der AmaLyra viel gestaunt, geschlemmt und degoustiert werden.

Es sind die Bilder und Momente, für die man den Atlantik überquert: Der dunkelblaue Nachthimmel über dem illuminierten Paris mit seinen alten Brücken, den nostalgischen Straßenlaternen und belebten Open-Air-Bars direkt an der Seine. Dazu ein strahlender und blinkender Eiffelturm direkt vor dem Schiff, klingende Gläser, gefüllt mit einem normannischen Cocktail und Lounge-Musik, die vom Ufer herüberweht.

Für viele der meist US-amerikanischen Gäste an Bord der AmaLyra ist diese Abfahrt aus Paris ein einmaliges Erlebnis. Nur wenige Kreuzfahrtreedereien bieten diese Extratour zum Eiffelturm vor der Abfahrt an, das hatte auch der französische Kapitän Geoffrey Masson beim Welcome-Cocktail als besondere Geste angekündigt.

DAS SCHIFF i

GT: 3350
Länge: 110 m **Breite:** 11,4 m
Bauwerft: Scheepswerf Grave (Grave, Niederlande)
Indienststellung: 2009
Taufe: 12. April 2009
Passagiere: 144
Crew-Mitglieder: 45
Passagierdecks: 4
Kabinen: 73
Bordsprache: Englisch
Restaurants: 2
Bars: 1
Sport & Wellness: Massage, Whirlpool, Fitnessraum, Jogging, Yoga
Entertainment: Vorträge, Seminare, Livemusik, WLAN
Info: AmaWaterways, www.amawaterways.com
Preisklasse: €€

ADIEU, PARIS!

Während die AmaLyra auf den zahllosen Seineschleifen Paris mit seinen Vorstädten verlässt und Richtung Normandie mäandert, ist die Stimmung in der Lounge auf dem Höhepunkt angelangt. Pianospieler Laszlo ist daran mit seinem international-französischen Musikrepertoire nicht ganz unschuldig.

Die Kreuzfahrt auf der Seine von der französischen Metropole bis fast zum Ärmelkanal führt durch einige der schönsten Landschaften Frankreichs. Es geht durch Naturparks, vorbei an den

2009 gebaut, gehört die AmaLyra nicht zur neuesten Schiffsklasse der AmaWaterways Reederei. Aber sie versprüht ein besonderes Flair und erfreut sich vieler treuer Fans.

berühmten Kreidefelsen, die auch nachts weiß schimmern, alten Schlössern und Abteien sowie zahllosen pittoresken Dörfchen, in denen die wichtigsten impressionistischen Maler gelebt und gearbeitet haben. Viele der Seine-Ansichten, die man von Bord aus genießt, hängen als Werke von unschätzbarem Wert in den berühmtesten Museen der Welt.

ELEGANT UND KOMFORTABEL

Die 2009 gebaute AmaLyra gehört zwar nicht zur neuesten Schiffsklasse der amerikanischen Reederei AmaWaterways, ist aber ein elegantes und komfortables Flusskreuzfahrtschiff, das seine treue Fan-Familie hat. Ein Hingucker ist der Eingangsbereich mit seinem knallroten wandhohen Kunstwerk hinter der Rezeption, den geschwungenen Treppen mit ihren kunstvoll verzierten gussei-

ADAC Tipp

Unterwegs an Land
Die meisten der angelaufenen Häfen verfügen nur über ein sehr geringes Angebot von Taxen, die im Übrigen nicht preiswert sind. Wer auf eigene Faust an Land unterwegs sein möchte, sollte unbedingt vorbestellen und sich – am besten im Internet – über die Preise informieren. Auch Leihwagenunternehmen sind bis auf Rouen nur spärlich vertreten.

sernen Geländern, die zu den drei Kabinendecks im hinteren Bereich des Schiffes führen, vorbei an einer kleinen Bibliothek. Vorne liegen die beiden wichtigsten öffentlichen Bereiche – unten das helle Restaurant, es gilt freie Tischwahl und Essenszeit. In der großen Lounge auf dem Hauptdeck finden alle Arten von Veranstaltungen statt, Lektorate, Seminare, Empfänge oder bei schlechtem Wetter auch mal Sportübungen und abends natürlich auch Musik und Tanz. An verschiedenen Stationen kommen auch lokale Musiker und DJs an Bord.

Besuch im Atelier von Claude Monet und seinen weltberühmten Gärten.

Das Sonnendeck ist immens – vor und hinter dem Brückenhaus stehen komfortable Sitzgruppen und Holztische, Sonnenliegen bieten, teils von Segeln überdacht, genug Platz für alle Passagiere. Weitere Extras: ein Whirlpool sowie ein überdimensionales Schachspiel.

Die Kabinen sind mit modernster Technik ausgestattet, es gibt WLAN, einen modernen Computer, auf dem man aus Hollywood-Filmen, Musikkanälen und TV-Stationen auswählen kann. Internet und Filme sind kostenfrei. Und abends grüßt Kabinensteward Kiril auf dem Screen und wünscht eine gute Nacht. Nostalgisches Element: Nur der Wecker tickt diskret analog.

WEIN UND NOCH MEHR WEIN

Das Bordprogramm hat es in sich: Schon am ersten Tag hat der amerikanische Winzer Chris Louton seinen ersten Auftritt. Denn diese Kreuzfahrt ist auch eine spezielle Wein-Themenreise. Er doziert heute über die Komponenten von Zinfandelweinen, natürlich mit Degustation. In den folgenden Tagen wird er sich auch anderen Gewächsen und Herkunftsgebieten widmen. Nur geringfügig trübt dabei die Tatsache das Vergnügen, dass die Verkostungen bereits um 10 Uhr morgens stattfinden.

Der Ausflug an diesem Tag steht im Zeichen von Kunst, Kultur, Geschichte und Gastronomie – sozusagen gleichzeitig. Denn nach dem Besuch des Ateliers von Claude Monet und seinen weltberühmten Gärten mit dem oft gemalten Seerosenteich in Giverny geht es direkt zum Château de Bizy, einer prächtigen Schlossanlage hoch über Vernon, die im 18. Jahrhundert dem Königsschloss von Versailles nachempfunden wurde und deshalb auch »Petit-Versailles« genannt wird. Nicht nur die großartigen Brunnenanlagen und die wechselvolle Geschichte des Schlosses und seiner aristokratischen Besitzer ist interessant, sondern auch das, was heute in den Räumen, Orangerien und Stallungen den Besuchern geboten wird. Denn nach dem Sinn für Geschichte wird auch mit einem »Aromatest« der Geruchssinn abgefragt, bei dem die Herkunft bestimmter Gerüche in verschlossenen Behältern

Große Talschleifen prägen die Seine auf ihrem Weg durch die Normandie bis Le Havre, wo sie in den Ärmelkanal mündet.

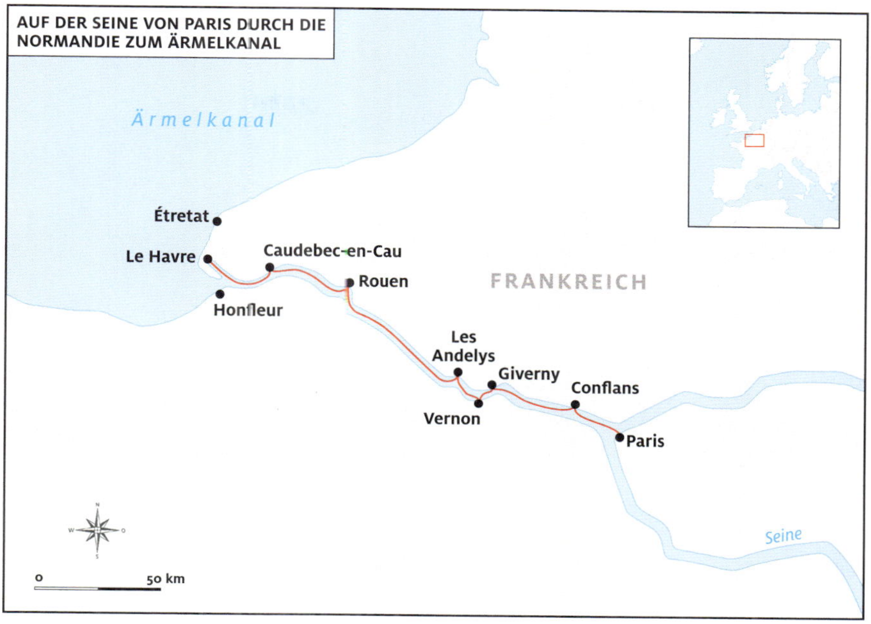
AUF DER SEINE VON PARIS DURCH DIE NORMANDIE ZUM ÄRMELKANAL
Ärmelkanal
Étretat
Le Havre
Caudebec-en-Cau
Rouen
FRANKREICH
Honfleur
Les Andelys
Giverny
Conflans
Vernon
Paris
Seine
0
50 km

Zwischen Paris und Rouen liegt das Städtchen Vernon. Die alte Mühle auf der Seinebrücke ist ein beliebtes Motiv für Maler und Fotografen.

bestimmt werden muss. Die »Belohnung« folgt dann mit einer Verkostung von normannischem Käse und Cidre.

ERINNERUNGEN AN DEN D-DAY

Die Guides der Touren verstehen ihr Wissen über Kultur und Geschichte ausgesprochen spannend und witzig zu vermitteln. Sei es bei der Entdeckung des reizenden Hafenstädtchens Honfleur, dem Besuch der normannischen Landungsstrände des D-Days, alten Schlossruinen wie der von Richard Löwenherz oder einfach der herrlichen Landschaft mit ihren bezaubernden Dörfchen, örtlichen Märkten oder Calvados-Destillerien. Und wer kann schon einem Besuch in einem der besten Schokoladengeschäfte in Rouen widerstehen – Verkostung inklusive.

Die Reederei kann sich damit rühmen, mit ihren Schiffen in Europa als einzige amerikanische Flusskreuzfahrtgesellschaft Mitglied der traditionsreichen französischen »Confrérie de la Chaîne des Rôtisseurs« zu sein. Eine Vereinigung, zu der berühmte Restaurants und Hotels auf der ganzen Welt zählen. Auf dem Menü steht täglich auch ein lokales Gericht, wie auch die Büfetts kulinarisch Bezug auf die Region nehmen. So werden die besten Käsesorten

Schlemmerparadies Normandie: Vom Wein zu Schokolade und Wurstspezialitäten.

Honfleur mit seinem eindrucksvollen Hafenbecken wird auch Stadt der Maler genannt. Impressionisten wie Renoir, Cézanne oder Monet haben hier gewirkt.

oder Wurstspezialitäten aus der Normandie, Austern und Meeresfrüchte von den Mitarbeitern der Service-Crew stilgerecht im Outfit der französischen Bistro-Garçons präsentiert. Preisverdächtig ist das riesige Eiscreme-Büfett mit seinen süßen Zutaten und Likören, das bei schönem Wetter auf dem Sonnendeck serviert wird. Das kleine und intime Chef's-Table Restaurant am Bug der AmaLyra mit seiner Panoramasicht und der Show-Küche ist täglich die Bühne für ein siebengängiges Gourmet-Menü. Zu allen Mahlzeiten werden internationale und französische Weine (oder Bier und Softdrinks) kostenfrei kredenzt.

Diesem kulinarischen Großangriff kann man an Bord sportlich gegensteuern: Stretching, Radfahren, Joggen, Kardiotraining oder Yoga – das Angebot ist vielseitig und macht Lust. Ergänzend gibt es Vorträge zum Thema gesunde Ernährung und Entspannungstechniken. Kristin Karst, Mitinhaberin und Vizepräsidentin von AmaWaterways: »Immer mehr Gäste möchten nicht nur genießen, sondern sich auch physisch wohlfühlen«. Diese Rechnung geht auf.

REZEPTE FÜR ZUHAUSE

Zum Nachkochen daheim sind einige der an Bord angebotenen lokalen Gerichte und Desserts als Rezeptkarten zum Mitnehmen verfügbar. Nach der Kreuzfahrt wartet zu Hause bereits auf jeden Gast eine handgeschriebene (!) Postkarte der Cruisedirektorin – eine Einladung zur nächsten Fahrt.

Durchs REICH der ZAREN

Auf ihrer Reise von Moskau nach St. Petersburg durchpflügt die Excellence Katharina eine atemberaubende Landschaft mit Wäldern, Weiten und gigantischen Seen.

Blutrot geht der Sonnenball unter, wird in wenigen Sekunden von den Fluten verschlungen. Rund um das Schiff ist nur Wasser zu sehen, in allen Richtungen, bis zum Horizont. Hochseefeeling ist angesagt. Wir sind auf dem Ladogasee, dem größten See Europas, 34-mal so groß wie der Bodensee. Eine Flusskreuzfahrt von Moskau nach St. Petersburg (oder umgekehrt) führt nicht nur über drei Flüsse (Wolga, Swir und Newa) und durch 18 Schleusen, sondern auch über gigantische Seen. Stundenlang pflügt die Excellence Katharina durch die Wellen, ohne dass Land oder ein anderes Schiff in Sicht kommt.

Stadt-Land-Fluss: Reisen mit dem Schiff sind die komfortabelste Art, Russland zu entdecken .

BIRKENWÄLDER UND ZWIEBELTÜRME

Die Landschaft auf dieser elftägigen Fahrt ist umwerfend – Birkenwälder wechseln sich ab mit kleinen Inseln, aus denen bunte oder goldene Zwiebeltürme ragen. Dazu Klöster, prächtige Kirchen, Dörfer und prachtvolle Villen nahe den Metropolen. Es ist eine Fahrt auf den Spuren der Zaren, der Kultur eines Landes mit einer bewegten Geschichte.

Es ist aber auch eine Fahrt auf einem interessanten Schiff, das im Premiumbereich im russischen Markt seit seiner Indienststellung im Mai 2016 sicher eine führende Rolle spielt. Das Schweizer Reiseunternehmen Twerenbold mit seinem Flussreiseanbieter Mittelthurgau bewies dazu in diesen Zeiten viel Mut: Mit einer millionenschweren Total-Renovierung der in der damaligen DDR-Werft Boizenburg gebauten General Lavrinenkov wurde das Schiff dem Qualitätsanspruch der hauseigenen Excellence-Flotte angepasst.

DAS SCHIFF

i

BRZ: 5500
Länge: 129,4 m **Breite:** 16,7 m
Tiefgang: 3,2 m
Bauwerft: Elbewerften (Boizenburg/ Roßlau, Deutschland)
Indienststellung: 1990
(Um-)Taufe: 25. Mai 2016, Taufpatin Christa Rigozzi
Passagiere: 182
Crew-Mitglieder: 90
Passagierdecks: 5 **Kabinen:** 91
Bordsprache: mehrsprachig
Restaurants: Excellence Restaurant **Bars:** Panorama Bar, Sky Lounge
Sport & Wellness: Beautysalon
Entertainment: Vorträge, Tanz- und Musikabende, Sprachkurse
Info: Excellence Flussreisen, www.excellence.ch, www.mittelthurgau.ch
Preisklasse: €€

Im eleganten Restaurant wird allabendlich ein viergängiges Menü serviert. Immer dabei sind russische Spezialitäten wie Blinis oder die Kohlsuppe Schtschi.

Nazly Twerenbold, die Mutter des Firmenchefs Karim, war für das gesamte Innendesign verantwortlich. Für die Kabinen wählte sie Kreationen in goldenen und purpurfarbenen Tönen, ließ sich auch von historischen Vorbildern aus der Zarenzeit inspirieren. Allgemein dominieren helle Farben und moderne Stilelemente.

Die Panoramalounge mit freiem Blick in Fahrtrichtung ist für viele Passagiere der Lieblingsplatz. Mindestens einmal pro Fahrt wird die Bar für einen Teil des Abends in ein exklusives Restaurant verwandelt. Dort wird dann zum »Zarenessen« gebeten, einem achtgängigen Menü mit Hummersalat, pochiertem Zander und Rinderfilet, für das eine mehr als moderate Gebühr von 15 Euro erhoben wird.

In der zweiten großen Bar und Lounge am Heck gibt es ein abwechslungsreiches Unterhaltungsprogramm. Das Trio Kalinka spielt auf. Russische Volkslieder, klassische Klänge – das Repertoire ist groß. Im Restaurant mit seinem opulent-edlen Ambiente haben alle 182 Passagiere Platz. Mittags und abends serviert die russische Service-Crew

ADAC Tipp

Einblick in die russische Seele
Die Vorträge auf dem Schiff sind bestens geeignet, um Russland besser zu verstehen: sei es ein Russisch-Kurs, die Geschichte der Fabergé-Eier, ein Matrjoschka-Malkurs oder ein Wodka-Seminar. Daneben finden zur Vorbereitung zu den Landausflügen interessante Vorträge über den russischen Alltag, Kunsthistorie, Religion oder das Staatswesen statt, selbstverständlich auch auf Deutsch.

Die landschaftliche Vielfalt ist einer der Pluspunkte auf dieser elftägigen Reise. Pulsierende Städte wechseln sich ab mit Wäldern und riesigen Seen.

Vier-Gänge-Menüs, die stets Klassiker der russischen Küche enthalten.

TÄGLICH NEUE HÖHEPUNKTE

Auf der Brücke hat Kapitän Juri Kowtunow das Kommando. Die fast 2000 Kilometer lange Strecke zwischen Moskau und St. Petersburg kennt er im Schlaf, er liebt die Einsamkeit der großen Seen. Die Tour, die in der Regel zwischen 9 und 11 Tagen Dauer angeboten wird, bietet fast täglich interessante und abwechslungsreiche Destinationen: Moskau ist die viertgrößte Stadt der Welt. Berühmt sind der Kreml, das davor liegende Luxus-Kaufhaus Gum, die alten Häuserfassaden, zwischen die sich am Ufer der Moskwa immer mehr futuristische Wolkenkratzer schieben. Die Moskauer Metrostationen mit ihren Gemälden, Statuen und Kristalllüstern sind wie Paläste gebaut und werden jeden Tag von acht Millionen Menschen frequentiert.

Die Erlöserkathedrale aus dem 15. Jahrhundert ist eines der Wahrzeichen von Uglitsch, eine der ältesten Städte an der Wolga. Beliebt sind die Führungen durch die »Bibliothek des russischen Wodkas«, eine der größten Sammlungen des Nationalgetränks aus verschiedensten Brennereien – Verkostung inklusive.

Kapitän Juri kennt die 2000 Kilometer lange Strecke im Schlaf.

Jaroslawl ist eine alte Kaufmannsstadt mit schönen klassizistischen Gebäuden aus dem 18. Jahrhundert und konnte bereits im Jahr 2010 sein tausendjähriges Jubiläum feiern. Das berühmte Christi-Verklärungskloster und die Prophet-Elias-Kirche gehören zum Weltkulturerbe der UNESCO.

Ein Mönch gründete 1397 das gigantische Wehrkloster Kirillo Beloserski. Gebaut wurde es in der Nähe des Städtchens Goritzy in traumhafter Lage am Sewerski-See. Bekannt ist das Kloster für seine Ikonensammlung, innerhalb der Wehrmauern finden regelmäßig mittelalterliche Schauspiele statt.

Auch die Museumsinsel Kishi ist als Weltkulturerbe eingetragen. Alle 82 Gebäude sind aus Espenholz gebaut, darunter alte Bauernhäuser, Windmühlen und Badehäuser. Viele von ihnen wurden aus verschiedenen Dörfern der Provinz Karelien abgebaut und auf der Insel Kishi wieder aufgebaut und so erhalten. Prachtstück und schon von Weitem vom Fluss erkennbar ist die 35 Meter hohe Christi-Verklärungskirche mit ihren 22 Kuppeln. Beim Bau dieser beeindruckenden Kirche soll kein einziger Nagel verwendet worden sein.

Das kleine Mandrogi liegt idyllisch am Fluss Swir. Nach der Zerstörung im Zweiten Weltkrieg wurde es von einem russischen Unternehmer neu aufgebaut und als lebendes Kunsthandwerksmuseum mit Dutzenden verschiedener Ateliers, Shops, Restaurants und Museen eingerichtet. Auch Putin ließ sich hier schon beim Bemalen von Souvenirs fotografieren.

Moskau und St. Petersburg bilden den fulminanten Auftakt und Schlusspunkt der Reise. Die Top-Attraktionen in der Hauptstadt sind die U-Bahn, der Kreml und die Basilius-Kathedrale am Roten Platz. Prachtvoll: die Palastanlage Peterhof in St. Petersburg. Wie vom Zuckerbäcker gebaut ist der Kreml der Stadt Uglitsch.

Mandrogi an der Swir ist ein lebendiges Kunsthandwerksmuseum. Schon Putin ließ sich hier beim Bemalen von Souvenirs ablichten.

In St. Petersburg kommt man nicht aus dem Staunen. Von Peter dem Großen persönlich geplant, entstand die Stadt mit ihren Hunderten von Palästen ab 1703 auf 24 befestigten Inseln. 500 Brücken und 60 Kanäle sowie prächtige Boulevards bestimmten das Bild dieser Metropole. Das weltbekannte Eremitage-Museum oder der Katharinenpalast mit dem berühmten Bernsteinzimmer gehören zum Pflichtprogramm jedes Besuches.

ZAR PETER ALS VISIONÄR

Der Wasserweg zwischen Moskau und St. Petersburg geht auf einen visionären Plan des Zaren Peter der Große zurück, wurde aber erst 1937 mit der Fertigstellung des 124 Kilometer langen Moskau-Wolga-Kanals komplett realisiert. Allein bei diesem Bau wurde mehr Erde bewegt als beim Bau des Panamakanals.

MISSISSIPPI – mitten ins HERZ AMERIKAS

Die American Queen fährt auf dem »Old Man River« – in die Welt von Mark Twain, zu Baumwollplantagen, Bürgerkriegsschauplätzen und zu Elvis.

Für Henry und seine Frau Carolin aus Colorado, 94 und 87 Jahre alt, geht ein Lebenstraum in Erfüllung: eine Reise mit einem Schaufelraddampfer auf dem Mississippi. Mit dabei sind auch ihre beiden Töchter und die zwei Enkelinnen. Die wechselhafte Geschichte des Schiffs kennt Henry aus dem Effeff. 1995 wurde die American Queen nach einjähriger Bauzeit als größter je gebauter Schaufel-

Der Charme und die Aura des amerikanischen Südens sind auf der American Queen in jedem Winkel gegenwärtig.

DAS SCHIFF
BRZ: 3400
Länge: 128 m **Breite:** 27 m
Tiefgang: max. 2,6 m
Bauwerft: McDermott Shipyard (USA)
Indienststellung: 9. Juni 1995
Taufe: Juni 1995 (Taufpatin Lynne Cooper Harvey)
Passagiere: 436
Crew-Mitglieder: 172
Passagierdecks: 6 **Kabinen:** 222
Bordsprache: Englisch
Restaurants: 3 **Bars:** 4
Sport & Wellness: Pool, Spa-Bereich, Fitnessraum
Entertainment: Shows, Vorträge, Livemusik, Theater
Info: American Queen Steamboat Company, www.americanqueensteamboatcompany.com
Preisklasse: €€

raddampfer von der Delta Queen Steamboat Company in Dienst gestellt. Die Kosten beliefen sich auf stolze 60 Millionen Dollar. Bei der Taufe ergossen sich statt Champagner 80 Liter Tabasco-Sauce über die Bugwand. Doch wenige Jahre später zogen dunkle Wolken herauf, die Raten für die Queen konnten nicht mehr bezahlt werden. Nach einem Besitzerwechsel wurde das Schiff 2008 stillgelegt – und harrte auf einem See in Texas einer neuen Zukunft entgegen. Die bot sich dann 2011 mit neuen Investoren, die 6,5 Millionen Dollar in eine umfassende Renovierung steckten.

UNTER VOLLDAMPF
Die American Queen ist nicht nur der größte, sondern auch der einzige echte Kreuzfahrt-Schaufelraddampfer auf dem Mississippi, der überwiegend mit Dampf betrieben wird.

PILGERZIEL GRACELAND

Und natürlich gab es auch eine neue Taufe in Memphis/Tennessee, dem neuen Heimathafen der »Queen« – diesmal klassisch mit Champagner. Taufpatin war Priscilla Presley, die ehemalige Frau von Elvis Presley, dessen einstiges

SKLAVEN, BÜRGERKRIEGE, JAZZ

Die Hauptroute der American Queen beginnt oder endet in der pulsierenden Jazz- und Karneval-Metropole **New Orleans**, Kulturmix pur (mindestens zwei Tage einplanen!). Die Fahrt führt durch Highlights amerikanischer Kolonialzeit mit prachtvollen Villen, etwa in **Natchez** und **Helena**, oder zu Filmkulissen wie der jahrhundertealten Eichenallee (Oak Alley) mit dem beeindruckenden Herrenhaus. Bedrückend: das kleine Museum zur Geschichte der Sklavenarbeit auf dieser Baumwollplantage. In **Vicksburg** besichtigt man die ehemaligen Schlachtfelder des amerikanischen Bürgerkriegs, der hier im Jahr 1863 entschieden wurde. Hauptattraktion in **Memphis** ist natürlich Graceland, das Anwesen von Elvis Presley mit seinem Grab. In der Beale Streat in Memphis spielten Louis Armstrong und B. B. King, heute reiht sich eine Musikkneipe an die andere. Sehenswert ist auch das Sun Studio, in dem Presley oder Johnny Cash ihre Platten aufnahmen.

Anwesen Graceland bei Memphis ein Pilgerziel für die Fans des »King of Rock 'n' Roll« ist und auch auf dem Ausflugsprogramm der achttägigen Mississippi-Kreuzfahrt steht.

Die Atmosphäre spiegelt die große Zeit des alten Südens wider: edle Holzarbeiten, Gesellschaftsräume für Damen und Herren mit Chaiselongues und Vitrinen mit Silbergeschirr einerseits, schwere Ledersessel und ausgestopfte Schwarzbär- und Wildschweinköpfe andererseits. Die Mark Twain Gallery ist mit Schiffsmodellen dekoriert. Kronleuchter und edles Mobiliar zieren den prachtvollen J. M. White Dining Room.

Edelhölzer, wertvolle Antiquitäten, schwere Lüster und hochwertiges Mobiliar vermitteln auf dem Schiff einen Eindruck davon, welchen Lifestyle die reichen Plantagenbesitzer einst gepflegt haben. Die Gäste werden von der charmanten, aufmerksamen Mannschaft umsorgt.

11

AMERICAN QUEEN

FLORA UND FAUNA

Der 3778 Kilometer lange Mississippi fließt durch acht US-Bundesstaaten und damit von seiner Quelle im Lake Itasca bis nach New Orleans am Golf von Mexiko fast durch das gesamte Gebiet der USA. Im Süden ist die Tierwelt einzigartig: Fischadler, Reiher, Pelikane und Weißkopfseeadler, aber auch Otter, Biber, Waschbären und der amerikanische Ochsenfrosch können gesichtet werden.

Der Grand Saloon nebenan ist dem Ford's Theater in Washington nachempfunden, in dem Abraham Lincoln 1865 erschossen wurde.

Allabendlich tritt hier das vierköpfige Show-Ensemble auf, zu dem auch Cruise Director Alex gehört. Das Repertoire reicht von Country bis Jazz – die bordeigene Band ist Spitzenklasse. Eine schöne Open-Air-Option zum Essen bietet das Front Porch Café mit seinen gemütlichen Schaukelbänken sowie freiem Blick in Fahrtrichtung. Hier gibt es Frühstück und Büfetts zu Lunch und Dinner, die Desserts sind hausgemacht. Lecker: die täglich gebrutzelten Brathühnchen und für zwischendurch das frische Popcorn.

Die meisten der 222 Kabinen sind relativ klein, verfügen aber über schönes altes Mobiliar und sind liebevoll dekoriert. Die Suiten haben Balkon oder Veranda. Die meisten der Kabinen öffnen

Typisch für das French Quarter in New Orleans sind die schmiedeeisernen Balkone. Für Musikfans gibt es unzählige Kneipen mit Jazzmusik vom Feinsten.

direkt auf das jeweilige Promenadendeck, zwei Stühle begrenzen den Privatbereich. Ein kleiner Außenpool mit Solarium liegt windgeschützt am Heck, dahinter ein kleiner Fitnessraum.

TANZENDE SCHAUKELSTÜHLE

Auf den breiten Holzpromenaden gibt es immer etwas zu sehen: die Schaukelstühle, die im Wind tanzen, die braunen Fluten des Mississippi, auf denen kilometerlange Schubverbände ziehen, die Wälder an den ausgewaschenen Ufern. Und natürlich die unbeschreiblichen Sonnenuntergänge, die den lehmigbraunen Fluss in sattes Rot tauchen.

Bei jeder Abfahrt kann man den Klängen der Dampforgel lauschen. Wie kleine Explosionen strömen die Dampf-

ADAC Tipp

Mark Twain Museum
Der amerikanische Erfolgsschriftsteller (1835-1910) hat seine Zeit als Lotse auf Dampfern der Route zwischen St. Louis und New Orleans in seiner Erzählung „Leben auf dem Mississippi" verarbeitet. Die Lehrjahre des Autors auf dem „Ol' Man River" sind auch in seinem Jugendbuch-Klassiker „Die Abenteuer des Tom Sawyer" verarbeitet, durchsetzt mit Legenden und Anekdoten. In Hannibal/Missouri gibt es ein Mark-Twain-Museum.
www.marktwainmuseum.org

Die American Queen in ihrem Königreich. So elegant ihre beiden Krönchen-Schornsteine auch wirken – unter Brücken müssen sie eingefahren werden.

Die Sun Studios in Memphis. Rechts: Die Eichenallee mit der Südstaaten-Prachtvilla und Besuch in Natchez.

ADAC Tipp

Mit Hop-on/Hop-off-Bussen zu den Highlights
Die Reederei American Queen Steamboat Company bietet für die Landausflüge ein wahrscheinlich einmaliges Konzept an. Neben einigen klassischen Ausflügen wird den Gästen mit eigenen Bussen an jedem Anlege-Ort ein Hop-on/Hop-off-System geboten, das die wichtigsten touristischen Highlights der Städte wie Kirchen, Museen, historische Gebäude oder Ausstellungen anfährt. Die Eintrittskarten der angesteuerten Institutionen sowie der Bus sind bereits im Reisepreis enthalten. Tickets für ein Zeitfenster können schon am Vorabend an einem Automaten an Bord gezogen werden.

wolken aus den Orgelpfeifen. Pianist Jay kann fast alle musikalischen Wünsche erfüllen.

Über dem Maschinenraum, der zu jeder Zeit besichtigt werden kann, liegt die Engine Room Bar. Zur abendlichen Livemusik geben die durch große Bullaugen sichtbaren Schaufelräder ihren ganz eigenen Rhythmus vor.

CAPTAIN ALS COUNTRY-GITARRIST

Kapitän Bobby kennt den Mississippi mit seinen wechselnden Strömungen wie seine Westentasche, er steuerte jahrelang Frachter und Schubschiffe auf dem Fluss. Seine Brücke schwebt wie eine eckige Gondel hoch oben über dem Schiff und kann bei niedrigen Brücken abgesenkt werden. Das gilt auch für die beiden langen schwarzen Schornsteine mit ihren Krönchen. Einmal pro Woche tritt der Captain als Gitarrist auf, spielt Rock- und Countrysongs – Standing Ovations sind ihm sicher. Fast alle seiner 160 Crew-Mitglieder kommen übrigens aus der Gegend, die das Schiff befährt.

Der schönste Platz auf der American Queen? Sicherlich die Schaukelstühle am Bug. Oder die beiden kleinen Außenterrassen der Engine Room Bar. Ganz nah drehen sich hier die riesigen Kolben, halten die knallroten, fast zehn Meter hohen Schaufelräder in Bewegung. Der Mechanismus zischt und faucht, die aufwirbelnden Wassertropfen reflektieren Regenbogen, die Gischt legt sich wie ein Schleier über den Mississippi.

TREME
Restaurant
OPEN

Irrawaddy – DURCH ASIENS geheimnisvolle WELT

Wunderschöne Landschaften, ein Meer von Pagoden, prächtige Tempel: Bei einer Flusskreuzfahrt mit der Road to Mandalay kommt man der Magie von Myanmar auf die Spur.

Sie schwimmen vorbei wie Sternschnuppen, die vom Himmel fallen. Erst sind es nur wenige Lichter, die auf den Wellen des Irrawaddy schaukeln. Dann werden es immer mehr – Hunderte von kleinen Papierschiffchen mit brennenden Kerzen, eine lange, funkelnde Prozession. Es ist ein Höhepunkt dieser Fahrt auf der Belmond Road to Mandalay, Auftakt für einen Cocktailempfang am Pool, auf dem ebenfalls illuminierte Papierschiffchen schwimmen.

Liegestuhl-Reservieren mit dem Handtuch auf die feine asiatische Art.

FRÜHER EIN RHEINSCHIFF

Das Schiff wurde im Jahr 1963 für die Kölnische und Düsseldorfer Gesellschaft für Rhein-Dampfschiffahrt für sieben Millionen Mark gebaut, 1964 von Lidia Luns, der Gattin des späteren Generalsekretärs der NATO, Joseph Luns, auf den Namen Nederland getauft und für Kreuzfahrten auf dem Rhein eingesetzt. Später fuhr sie unter den Namen Rhine Princess und Globus, lag 1990 als Wohnschiff für Asylbewerber in Düsseldorf und als Hotelschiff in Dresden. 1995 kaufte die Mutter der Orient-Ex-

Ein Meer von Pagoden und Stupas: Bei Sonnenauf- und Sonnenuntergang ist der Anblick der 2000 Sakralbauten von Bagan besonders überwältigend.

press-Gruppe, heute Belmond, für 5,3 Millionen Mark das Schiff, ließ es auf einer Lauenburger Werft komplett im Nostalgiestil mit Edelhölzern umbauen und modernisieren. Die Überführungsfahrt der Road to Mandalay per Hubschiff von Hamburg nach Yangon dauerte 33 Tage, in Mandalay wurde dann die Endausstattung mit landestypischen Schnitzereien und handgewebten Teppichen durchgeführt. Kosten: stolze 22 Millionen Mark. Am 31. Januar 1996 konnten zahlreiche Ehrengäste, unter ihnen das griechische Prinzenpaar und Prinz Michael von Kent, die Jungfernfahrt von Mandalay nach Bagan erleben. Beim Wirbelsturm Nargis im Jahr 2008 brach das Schiff auseinander, musste neu aufgebaut werden. Dabei wurde die Zahl der Kabinen von 66 auf letztendlich 43 für 88 Passagiere reduziert.

Ein Kurztrip mit dem legendären Schiff ist die ideale Möglichkeit, in einem kompakten Zeitrahmen ein Maximum von Myanmar kennenzulernen. Guide Kyu Kyu spricht exzellent Deutsch und kennt sich bestens in allen Epochen Myanmars mit seinen verschiedenen Herrschern, Tempeln und Pagoden aus.

ADAC Tipp

Mut zur Eigeninitiative
Einige Tage Vor- oder Nachprogramm lohnen vor allem in Bagan oder Yangon. Hotels sind preiswert und sauber. Am besten keine organisierten Ausflüge buchen, sondern einen lokalen Guide nehmen. So erfährt man mehr über Land und Leute.

Die Road to Mandalay ist zweifellos die Schönste auf dem Irrawaddy. Mit ihr kann man in kurzer Zeit sehr viel von Myanmar kennenlernen.

Kurz nach der Ankunft stehen die Gäste bereits in der 1312 erbauten Sun U Ponnya Shin Paya Pagode und bestaunen bronzene Figuren von Hasen und Fröschen, die frühere Buddha-Inkarnationen darstellen. Von der Terrasse aus bietet sich ein fantastischer Blick auf die trägen braunen Fluten des Irrawaddy und das Städtchen Sagaing mit seinen 600 Stupas und Klöstern, in denen mehr als 6000 Mönche und Nonnen leben. Bei einer Führung erfahren die Gäste, wie die Nonnen leben, ihre Verwandten an offenen Feuerstellen zum Essen empfangen, beten oder lernen.

DER FLUSS UND DAS LIED
Burma, wie Myanmar früher hieß, und der Fluss hat den britischen Schriftsteller Rudyard Kipling 1890 zu einem Gedicht »Mandalay« inspiriert, das Oley Speaks einige Jahre später vertont hat. Mehrere Künstler haben seither den Song »On The Road to Mandalay« interpretiert, darunter Peter Dawson, Bing Crosby, Frank Sinatra und Robbie Williams. Sinatras Änderungen von Text und Arrangement erbosten Kiplings Tochter Elsie. Sie erwirkte, dass der Song für einige Jahre nicht im britischen Radio gespielt werden durfte.

Mandalay ist bis heute die Stadt der Kunsthandwerker, etwa Blattgoldhersteller und Steinmetze.

Mit einem Ausflugsschiff geht es weiter zur legendären Königsstadt Mandalay. Die Kuthoda-Pagode ist eine 1868 fertiggestellte Anlage und besteht aus einer zentralen Stupa (Tempel) und 729 pavillonartigen kleinen Stupas, in denen je eine Marmorplatte zu sehen ist. Das Leben und die Lehren Buddhas sind hier eingraviert, daher hat die Anlage den Beinamen »größtes Buch der Welt«. Mandalay ist noch heute die Stadt der Kunsthandwerker, unter anderem Blattgoldhersteller. Die Straße der Steinmetze sieht aus wie verschneit - eine weißgraue Steinpuderschicht liegt über Häusern, Ateliers und Straßen.

TEESTUNDE MIT XYLOPHON

Die Rückkehr auf das Schiff fühlt sich jeden Tag mehr wie Nach-Hause-Kommen an. Die Küche an Bord ist abwechslungsreich: Es gibt die Wahl zwischen einem lokalen asiatischen Menü oder internationaler Küche, zum Frühstück werden auch frische Fruchtsäfte aus Orangen, Ananas oder Wassermelonen angeboten. Am Nachmittag ist die Tea Time selbstverständlich, ein Pattala- (Xylophon) Spieler animiert. Auf der Weinkarte finden sich übrigens auch trinkenswerte heimische Tropfen. Abends erwartet die Gäste eine Folkloreaufführung in der Observation Lounge.

Früh am nächsten Morgen führt Kyu Kyu zur Almosenspende der Schiffscrew an der Shwe Kyet Yet-Pagode in Mandalay. Die Hotelcrew hat ein kleines Büfett aufgebaut, an dem die Bettelmönche die Speisen in ihre Spendenschalen erhalten. Almosen zu geben und zu nehmen ist Teil der religiösen Philosophie in Myanmar.

Wackelige Angelegenheit: Die U-Bein-Brücke quert den Taungthaman See.

DAS SCHIFF
GT: 900
Länge: 101,6 m **Breite:** 11,6 m
Tiefgang: max. 1,45 m
Bauwerft: Kölner Werft (Köln, Deutschland)
Indienststellung: 6. Juli 1964
Taufe: 28. Juni 1964 (auf den Namen »Nederland«)
Passagiere: 82
Crew-Mitglieder: 70
Passagierdecks: 4 **Kabinen:** 43
Bordsprache: mehrsprachig
Restaurants: 1 **Bars:** Pianobar
Sport & Wellness: Pool, Wellness- und Fitnessbereich
Entertainment: Keine Angebote an Bord
Info: Veranstalter: Belmond, www.belmond.com
Preisklasse: €€€

REGER BERUFSVERKEHR

Auf der fast 2200 Kilometer langen Lebensader Myanmars herrscht reger Verkehr. Kähne mit riesigen Tontöpfen, Langboote mit Passagieren und Frachtschiffe aller Größen tuckern vorbei. Vor vielen Schiffen fahren kleine Boote, von denen aus Arbeiter mit langen Stöcken die Wassertiefe messen, auch vor der Road to Mandalay. »Der Flusslauf ändert sich an manchen Stellen täglich«, sagt Kapitän Hla Soe. »In Regenzeiten und bei der Gletscherschmelze im Himalaya Ende März wird er oft reißend schnell, bis zu 35 Knoten, und sehr tief. Und manchmal werden Sandbänke angeschwemmt, wo gestern noch keine waren.«

ZWISCHEN MANDALAY UND BAGAN - AUF DEM IRRAWADDY DIE WUNDER MYANMARS ENTDECKEN

Nächster Höhepunkt ist Bagan. Zahllose Pagoden und Ziegelstein-Stupas ziehen vorbei, es sind mehr als 2000. Die Stadt gilt heute als eines der wichtigsten archäologischen Zentren Südostasiens. Mittendrin der gigantische Ananada-Tempel (im indischen Stil) mit seinen vier je 12 Meter hohen vergoldeten Buddhastatuen oder die 1059 gebaute Shwezigon-Pagode mit ihrem vergoldeten Dach in Glockenform, in der sich angeblich ein Zahn und ein Kieferknochen Buddhas befinden. Den schönsten Blick über das Meer der Sakralbauten bietet aber die Shwesandaw-Pagode, auf deren Terrassen sich Hunderte von Touristen jeden Abend zum Sonnenuntergang einfinden.

Im Norden von Bagan wohnen die Geister, die sogenannten Nats. Sie sind auch die Schutzheiligen, wie die Einheimischen glauben. Ihr Wohnort ist der Mount Popa, ein Felsen, der schroff in den Himmel ragt, ein erloschener Vulkan. Auf seinem Gipfel drängt sich die Tuyin Taung Pagode – wer sie erreichen möchten muss eine endlos lange Treppe und Leitern hinaufklettern. An den 777 Stufen leben unzählige Affen, die sich von den Gaben der Besucher ernähren, diese auch manchmal recht energisch einfordern.

GEHEIMNISVOLLE KRÄFTE

Der Glaube an geheimnisvolle Kräfte und Vorhersehung überträgt sich auch auf die Gäste. Anders ist kaum zu erklären, dass der schiffseigene Wahrsager Sri Daramani stets ausgebucht ist. Doch die Ängste und Wünsche sind bei allen Menschen ähnlich, egal, aus welchem Land oder Kulturkreis sie kommen.

Heißluftballons stehen bei Tagesanbruch startklar an der U-Bein-Brücke. Sie wurde um 1850 erbaut und gilt als älteste und mit 1,2 Kilometer längste Teakholz-Brücke der Welt.

Alltag in den Klöstern von Sagaing

Bootsverkehr auf dem Irrawaddy

Frische Brise auf Europas Flüssen

Altbacken ade. Flusskreuzfahrten mausern sich allmählich vom behäbigen Senioren-Zeitvertreib zu einem schicken Lifestyle-Produkt. Hier die wichtigsten Trends

Früher war klar: Wer zu alt oder gebrechlich für die manchmal schwankenden Kreuzfahrtschiffe war, ging zu Flusskreuzfahrten über. Dort gab es eine Lounge mit Bar, ein Restaurant mit fester Essenszeit und Menüwahl bereits beim Frühstück, Blümchengardinen und vereinzelt noch Klappsofas in den Kabinen. Heute hat sich der radikale Wandel der Kreuzfahrt seit Jahren auch auf dem Fluss niedergeschlagen. Natürlich können Flussschiffe nicht mit Broadway-Shows oder Eis-Arenen auftrumpfen, Schleusen und Brücken regeln die Größe und Länge der Schiffe genau. Aber sie bieten heute weitaus mehr persönlichen Platz, ein modernes Design, mehr Licht und Panoramaverglasungen sowie abwechslungsreiche und originelle Optionen für Aktivitäten und Landausflüge.

500 000 DEUTSCHE GÄSTE JÄHRLICH

Über 350 Kreuzfahrtschiffe mit je über 200 Betten finden sich heute auf den europäischen Flüssen, ihre Anzahl hat sich in zehn Jahren mehr als verdoppelt. Fast die Hälfte fährt für ausländische Märkte wie die USA, immer mehr Schiffe werden auch für chinesische Gäste gechartert. Fast 500 000 deutsche Passagiere buchten 2018 eine Flusskreuzfahrt, eine große Steigerung. Erreicht wurde dies mit neuen, modernen Schiffen. Benjamin Krumpen, Geschäftsführer von Phoenix Reisen: »Die Qualität von Schiffen und Service hat enorm zugenommen. Dazu kommen viele Neubauten.« Und Innovationen wie die Schaufelraddampfer der elsässischen Reederei CroisiEurope, die mit ihrem geringen Tiefgang von nur 0,70 Metern neue Fahrgebiete wie Teile der Elbe oder der Loire erschließen.

Landschaften vorbeiziehen lassen: Flussreisen sind eine erholsame Angelegenheit. Doch auch sportliche Aktivitäten sind gefragt – so kann man die Köstlichkeiten an Bord ohne Reue genießen.

THEMENREISEN SIND GEFRAGT

Im Trend liegen Themenreisen: Golf, Wandern und Radfahren, ornithologische Beobachtungen, Besuche von hochklassigen Sport- und Kulturveranstaltungen wie der Kieler Woche (Plantours Kreuzfahrten) oder Rhein in Flammen (nicko cruises). Auch musikalische Highlights mit diversen Künstlern und Talkshows (A-Rosa), Samba-Soireen (CroisiEurope) oder klassische Konzerte in Schleusenkammern (Excellence) gehören zum Portfolio.

KRIMI-DINNER AN BORD

Die Kulinarik nimmt einen immer größeren Stellenwert ein. Gab es früher nur die Wahl zwischen Fisch und Fleisch, können die Gäste heute von vegan bis vegetarisch in bis zu vier verschiedenen Restaurants an Bord essen. Fast jede Reederei veranstaltet Reisen zu bestimmten kulinarischen Themen, vom Krimi-Dinner bis zum Beaujolais-Event in Frankreich. Auf einmaligem Niveau bewegt sich das Gourmetfestival des Schweizer Schiffreiseveranstalters Reisebüro Mittelthurgau auf seinen Excellence-Schiffen. Geschäftsführer Stephan Frei: »Im Jahr 2019 kochen auf 48 Fahrten zwischen Basel und Straßburg Spitzenköche an Bord, die insgesamt über 48 Michelin-Sterne und 560 Gault-Millau-Punkte verfügen.«
Neben der Gastronomie an Bord gewinnt auch immer mehr die Möglichkeit aktiver

ADAC Tipp

Schnuppern für Einsteiger
Fluss-Neulinge buchen am besten erst mal eine Schnupperfahrt zwischen drei und fünf Tagen, wenn möglich in der Nebensaison. Auch Adventsfahrten (z. B. auf dem Rhein) sind für Einsteiger interessant. Achten Sie auf All-inclusive-Angebote oder vergleichen Sie die Preise an Bord vorher im Web. Da die Flussschiffe häufig in unmittelbarer Nähe des Stadtzentrums anlegen, können Landausflüge problemlos und preiswert auf eigene Faust unternommen werden.

Betätigung an Bedeutung. Fahrräder und gut ausgestattete Fitnessräume gehören bei vielen Reedereien zur Grundausstattung an Bord, einige bieten sogar einen kleinen Spa-Bereich. Anspruchsvolle Sportprogramme ergänzen das Angebot auf dem Schiff und an Land.

SCHLÖSSER UND POPCORN

Familien spielen bei Flusskreuzfahrten eine untergeordnete Rolle. Doch das könnte sich in naher Zukunft ändern. Bei A-Rosa gibt es schon seit Jahren Angebote, bei denen Kinder bis 15 Jahren in der Kabine der Eltern gratis mitfahren können. Kinderbetreuung und -animation an Bord gehören dazu. Auch US-Gigant Disney hat seit Kurzem die Flüsse entdeckt und offeriert mit seiner Tochter »Adventures by Disney« Familienreisen auf europäischen Flüssen – hier steht die spielerische Entdeckung von Schlössern, Burgruinen und anderen historischen Stätten auf dem alten Kontinent im Vordergrund. Begleitet werden die Kids von bekannten Disney-Figuren. So macht Kultur Spaß. Natürlich gibt es an Bord auch Kino mit Popcorn. Dazu wurden Schiffe der amerikanischen Reederei AmaWaterways gechartert.
Diese Reederei brachte 2019 den größten Neubau auf die Donau. Mit ihren 139 Meter Länge und 22 Meter Breite (fast doppelt so breit wie normale Flussschiffe) bietet die AmaMagna mit ihren Restaurants und Bars sowie der ausfahrbaren Marina fast Hochseeflair.

Gleiches Recht für alle: Auch Flussschiffe werden mit Pomp und Trallala getauft.

Viele Schlösser und Burgen gibt es links und rechts des Donauufers zu bestaunen, wie hier in der Wachau. Die Region gehört auch zu Österreichs Haupt-Weinanbaugebieten.

IDEAL FÜR EINSTEIGER

Ein »Schiff für besondere Ansprüche« nennt Phoenix Reisen die neue Viola, die über 34 rollstuhlgerechte Kabinen und extrabreiten Aufzug zum Sonnendeck verfügt.
Was vor nicht allzu langer Zeit als Endstation einer aktiven Kreuzfahrtkarriere galt, ist heutzutage manchmal sogar ein Einstieg. Tom Wolber, CEO der amerikanischen Luxusreederei Crystal Cruises: »Das Alter der Gäste auf unseren Flussschiffen ist niedriger als auf unseren Hochseeschiffen. Wir haben auch festgestellt, dass immer mehr Passagiere zu uns kommen, die noch nie zuvor eine Kreuzfahrt gemacht haben.«

PRIVATE SCHLOSSKONZERTE

Für das Konzept hat die amerikanische Reederei kräftig investiert und sicher eines der exklusivsten Produkte im Luxusbereich mit vier neuen Flusskreuzfahrtschiffen geschaffen. Für die Landausflüge werden Konzerte in privatisierten Schlössern angeboten, die Inhaber der großen Suiten dürfen zwischen verschiedenen Michelin-Sterne-Restaurants an Land wählen, fast alle Getränke wie Champagner oder Cocktails sind inkludiert.
Und umweltschonender soll die Zukunft der Flusskreuzfahrt aussehen – die ersten Reedereien (darunter A-Rosa) haben bereits Schiffe mit Elektro-Hybrid-Antrieb bestellt, die ohne Emissionen ihre Häfen anlaufen können. Dort sollen die Batterien per Landstromanschluss geladen werden.

BELLO AN BORD

Kreuzfahrten für Hunde und ihre Besitzer werden auf dem Schiff Poseidon (Veranstalter ist 1AVista Reisen) zu bestimmten Terminen angeboten. Vierbeiner sind hier nicht nur geduldet, sondern ausdrücklich erwünscht und in allen Schiffsbereichen gestattet. Es gibt eine kleine Hundewiese an Deck, außerdem werden regelmäßige Gassi-Stopps eingelegt.

Frauenpower auf der Brücke

In Verkehrsflugzeugen sind Frauen im Cockpit längst eine Selbstverständlichkeit. Auf Kreuzfahrtschiffen bilden sie in nautischen Führungspositionen immer noch die Ausnahmen.

Immer mehr Frauen finden ihren Platz in dieser Männerdomäne, arbeiten sich die Karriereleiter hoch zur Kapitänsbrücke. Früher war die Seefahrt mit körperlicher Schwerstarbeit verbunden, fanden sich nicht viele Frauen an Bord. Die zunehmende Technisierung änderte vieles und öffnete die Schifffahrt auch für Frauen. Nie wurden in deutschen Seefahrtsschulen so viele Frauen ausgebildet wie heute. Über 15 Prozent der Nautik-Studenten in Deutschland sind weiblich. Als Diplom-Wirtschaftsingenieure für Seeverkehr können sie weltweit als Offiziere anheuern, der Weg bis zur Frau Kapitän ist frei.

Der Weltreederverband beziffert den Anteil weiblicher Kapitäne mit rund einem Prozent. Da ist noch viel Luft nach oben – aber ein Anfang ist gemacht.
Den Durchbruch schaffte Karin Stahre-Janson, die 2007 als erste Frau auf einem Kreuzfahrtschiff auf dem 2400-Passagiere-Liner Monarch of the Seas (Royal Caribbean Cruises) das Kommando übernahm. Die Schwedin berichtet von ausschließlich positiven bis überschwänglichen Reaktionen seitens der Crew-Mitglieder und der Passagiere.

Nicole Langosch (oben) war die erste »Frau Kapitän« auf einem deutschen Kreuzfahrtschiff. Kate McCue wurde diese Ehre als erster Amerikanerin zuteil.

In den darauffolgenden Jahren vertrauten weitere namhafte Reedereien das Kommando auf Kreuzfahrtschiffen weiblichen Kapitänen unterschiedlicher Nationalitäten an. Riesig war das mediale Echo, als mit der aus Hessen stammenden Nicole Langosch erstmals ein »Frau Kapitän« die Leitung eines

deutschen Kreuzfahrtschiffs übernahm, die AIDAprima. Nach einem Nautik- und einem Logistik-Studium heuerte Langosch als 3. Offizier bei der AIDA-Flotte an. Sie arbeitete als nautischer Offizier und trug fünf Jahre lang als Vize-Kapitän auf der AIDAsol Verantwortung für die 600 Mann starke Crew. Die Stärken einer Frau – Multitasking, schneller Überblick über die Gesamtlage, Emotionalität und soziale Kompetenz – sind auch auf der Brücke eines riesigen Passagierschiffs überaus wertvoll. Der Arbeitsrhythmus von Nicole Langosch – drei Monate an Bord, drei Monate an Land – mag für manche Frauen hinsichtlich Familienplanung ein Hinderungsgrund sein, eine Karriere in der Schifffahrt anzupeilen. Für Nicole Langosch und ihre Kapitäns-Kolleginnen jedoch zählt nur, dass für sie ein Lebenstraum in Erfüllung gegangen ist.
Kreuzfahrt-Geschichte schreibt auch Serena Melani. Sie ist die erste Frau, die mit der Seven Seas Splendor (Regent Seven Seas Cruises) ein nagelneues Kreuzfahrtschiff bei der Markteinführung als Kapitänin steuert. Die Karriere der Italienerin begann in ihrer Heimatstadt Livorno, wo sie als 16-Jährige als Kadett auf einem Frachtschiff anheuerte. Nun ist sie ganz oben angelangt. »Es gibt eine wachsende Zahl an sehr talentierten Kapitäninnen in der Branche, und wir sind stolz darauf, Pionierarbeit für Frauen zu leisten, die danach streben, ein Kreuzfahrtschiff zu steuern«, sagt Serena Melani. »Die Welt zu entdecken und Schiffscrews zu leiten ist schon lange meine Leidenschaft, und ich genieße es, diese Begeisterung mit allen zu teilen, die mit uns reisen. Ich habe immer daran geglaubt, dass Salzwasser alles heilt – Schweiß, Tränen und das Meer.«
Viel Medienecho gab es auch für Kate McCue, die 2015 als erste Amerikanerin das Kommando auf einem Kreuzfahrtschiff übernahm. Nach der Celebrity Equinox hat Captain McCue die Celebrity Edge übernommen. Das Milliarden teure Schiff wurde von Frauen designt, unter Aufsicht von Lisa Lutoff-Perlo, Präsidentin und CEO von Celebrity Cruises. Bei Kate McCue sprang der Funke im Alter von zwölf Jahren während einer viertägigen Kreuzfahrt mit ihren Eltern über. Zunächst war Cruise Direktorin ihr Ziel. Dass sie es bis zur Kapitänin schaffte, zeigt einmal mehr, dass Mädchenträume wahr werden können.

Showdown der Meisterköche

Essen und Trinken spielen auf Seereisen eine überragende Rolle. Mit neuen kulinarischen Konzepten und den Stars unter den Küchenchefs werden Kreuzfahrten zu Offenbarungen für Gourmets.

Auch auf Kreuzfahrtschiffen gilt: Die Liebe geht durch den Magen. Deswegen überbieten sich die Reedereien mit exklusiven Restaurants, bekannten Sterne-Köchen oder Kreuzfahrten im Zeichen eines bestimmten Themas (z. B. Schokolade, Wein, regionale Küche).

In der klassischen Kreuzfahrt war der Tag gastronomisch straff durchorganisiert. Early Bird Frühstück für die Frühaufsteher, großes Frühstück à la carte im Restaurant oder am Büfett, 11 Uhr die legendäre Bouillon, meist am Pool, die bis zum Mittagessen reichen musste. Nachmittags wurde ein Sandwich- und Kuchensortiment offeriert, oft verbunden mit einer englisch-inspirierten Tea Time. Kleine Häppchen zum Aperitif läuteten später das Dinner ein.

Im Restaurant gab es feste Tischzeiten, oft in zwei verschiedenen Sitzungen, später ein Mitternachtsbüfett und danach gab es natürlich noch den Room-Service für den kleinen Hunger in der Nacht.

Da hat sich bis heute einiges geändert: Freie Tischwahl, essen, mit wem man möchte und zu verschiedenen Zeiten – das sind nur einige der Neuerungen. Auch auf die Mitternachtsbüfetts haben die meisten Reedereien jetzt verzichtet – sie finden auf vielen Schiffen allerdings noch als Galabüfett statt, das dann ein Mittagessen oder Dinner ersetzt.

Die kulinarische Vielfalt ist immer noch eines der wichtigsten Entscheidungskriterien im Kreuzfahrtgeschäft. Fast alle größeren Schiffe bieten mehrere Essensoptionen und sprechen auch die unterschiedlichsten Gewohnheiten an. Von vegan, vegetarisch und glutenfrei bis zu den religionsbedingten Vorschriften wie kosher oder Halal-Küche ist fast alles in der Küche parat.

Berühmte Köche »leihen« Know-how und ihren Namen, beraten und erarbeiten spezielle Menüs. Die meisten Meisterköche sind nur gelegentlich zu bestimmten Veranstaltungen an Bord der Schiffe. Zu den wenigen Ausnahmen gehört die Europa von Hapag-Lloyd Cruises. Hier hatte jahrelang

Auf Schiffen werden oft Tausende Passagiere zur gleichen Zeit kulinarisch verwöhnt.

der Drei-Sterne-Koch Dieter Müller »sein« eigenes Restaurant. Im Oktober 2019 entstand hier bei einer Renovierung ein völlig neues modernes Restaurant, das »Globe bei Kevin Fehling«. Der junge Drei-Sterne Koch Kevin Fehling wird an einigen ausgewählten Reisen selbst am Herd stehen, die Restzeit bestreitet sein Stellvertreter. Fehling hatte bereits vor etlichen Jahren als Souschef auf der Europa gearbeitet.

Die amerikanische Luxusreederei Crystal Cruises steht für eines der größten kulinarischen Angebote in der Branche. Auf ihren Hochseeschiffen beherbergt sie dazu exklusiv ein Restaurant (Umi Uma und Sushi Bar) des japanisch-peruanischen Chefs Nobuyuki Matsuhisa, der sich mit einer ungewöhnlichen Sushi-Küche einen Namen gemacht hat.

Mit dem Essen in die Kultur eines Landes einzutauchen und die Seele der Destination erkunden – das ist SALT (sea and land taste), das neue gastronomische Programm von Silversea Cruises, sicher eine der interessantesten neuen Ideen auf dem Markt. Bei SALT erfahren die Gäste an Land bei speziellen Exkursionen bereits vieles, das zum Verständnis für Geschmack, Esskultur und Gastronomie des entsprechenden Landes beiträgt. Workshops mit auf die lokalen Gerichte zugeschnittenen Kochkursen an Bord runden das Angebot ab. SALT soll auch auf der neuen Silver Moon im Angebot sein.

Bei SeaDream können sich interessierte Gäste über lokale Produkte informieren. »Shopping with the Chef« heißt das Programm, bei dem der Küchenchef die Passagiere auf lokale Märkte oder zu speziellen Geschäften mitnimmt. Bei Oceania kocht sogar der ehemalige Küchenchef des Pariser Élysées-Präsidentenpalastes Jacques Pépin persönlich.

Exklusive Kochschulen finden sich mittlerweile auf mehreren Schiffen wie der Europa

Kaviar und Champagner sind zur Stelle, wenn sich der kleine Appetit meldet.

2, der Regent Seven Seas Explorer oder bei Oceania; bei Holland America Line ist der Culinary Art Council eine Plattform für Showcooking und Seminare, z. B. zum Mischen eines eigenen Weines oder zum Kreieren neuer Cocktails.

Auch im Massenmarkt wird nicht mit großen Namen in der Gastronomie gespart. Während Sterne-Koch Tim Raue auf der Mein-Schiff-Flotte mit einem Restaurant (fernöstliche Küche) präsent ist, steht TV-Koch Tim Mälzer mit seinem Namen für eine Kochschule auf der AIDAprima.

Drei-Sterne-Koch Harald Wohlfahrt ist neben anderen Sterne-Köchen einer der Berater von MSC Cruises, der italienische Starkoch Bruno Barbieri für Costa Crociere.

Spezielle kulinarische Events an Bord wie Europa's Beste (jährliches Treffen bekannter Köche, Winzer, Chocolatiers u.a.) oder das Gourmetfestival des Schweizer Reisebüros Mittelthurgau auf den Flussschiffen der Excellence-Flotte (mehrere Wochen lang kocht an Bord jeden Abend ein anderer Sterne-Koch) unterstreichen den großen Stellenwert der Gastronomie in der Kreuzfahrt.

Die Kälte-Kennerin

Anja Erdmann ist an Bord, wenn Expeditionsschiffe zu abenteuerlichen Routen aufbrechen.

Expeditionsschiffe, die in seltene Regionen der Erde fahren, haben stets Experten an Bord. Biologen, Geologen, Glaziologen, Historiker und andere Sachkundige zu bestimmten Gebieten halten Vorträge und begleiten auch die Gäste an Land.
Mit einem Expeditionsschiff auf Reisen zu gehen heißt, kompakte Wissensvermittlung erwarten zu können. Zum Beispiel über arktische Regionen.
Anja Erdmann weiß enorm viel über die kalten Regionen unserer Welt und ist für die Leitung der Expeditionen von Poseidon zuständig. Die studierte Tourismusmanagerin aus Werder bei Potsdam hat schon früh ihre Leidenschaft für Schnee und Eis entdeckt. »Ich war noch sehr jung«, erzählt sie, »als ich als Praktikantin nach West-Grönland geschickt wurde. Dort wohnte ich in einem kleinen Dorf namens Oqaatsut, in dem auf 40 Einwohner 200 Hunde kamen. Dort bekam ich erstmals die Chance, als Tourguide auf ein Schiff zu gehen. Das war ein starkes Erlebnis.«
Später arbeitete sie in der ehemaligen britischen Station Port Lockroy, einem Naturhafen an der Antarktischen Halbinsel, und konnte auf den Falkland-Inseln die Albatrosse und Königspinguine beobachten.

Seit einem Praktikum in Grönland weiß die gelernte Tourismusmanagerin Anja Erdmann, dass Eis ihr Element ist.

Seit dem Jahr 2000 arbeitet Anja Erdmann als Expeditionsleiterin. Es ist ihr Traumberuf. Sie kennt alle organisatorischen Abläufe bis in letzte Feinheiten. Sie regelt in fünf Sprachen die Anlandungen und Zugänge in die Naturparks. Darum muss sie sich in behördlichen Angelegenheiten bis ins.

kleinste Detail auskennen. »In den kalten Regionen ist alles abhängig von Wetter und Wind. Am Morgen weiß ich nie, was der Tag bringen wird.«

Die Expeditionschefin fühlt sich vor allem für Zusammenkünfte von Einheimischen und Gästen zuständig. Die Passagiere sollen die Lebensbedingungen in Kaltregionen kennenlernen. Das muss sensibel angegangen werden. »Der Kapitän hat die Gesamtübersicht, mit ihm bin ich außerhalb des Schiffs ständig in Verbindung«, erklärt sie.

Anja Erdmann organisiert zum Beispiel Kajakausflüge mit Campingübernachtung. »Die Gäste erhalten Isomatten und wärmesichere Schlafsäcke, graben sich eine Kuhle im Schnee und legen sich zum Schlafen hinein«, berichtet sie. »Fast alle wollen das erleben, unser ältester Gast war 98 Jahre alt.«

Privat hat Anja Erdmann den richtigen Partner gefunden. Jüngst hat sie ihn geheiratet. »Er versteht, dass ich die Einsätze in den kalten Regionen brauche. Sie gehören zu meinem Leben. Ich muss immer wieder hinaus in die Kälte – ich empfinde diese eisigen Landschaften als wunderschön.«

Schiff-im-Schiff: Eine Klasse für sich

Suitengäste können auch auf Massen-Kreuzfahrtschiffen exklusiven Luxus genießen – in nur für sie zugänglichen Bereichen mit Infinity Pools, eigenen Restaurants, Butler und Spas.

Ein Gläschen Sekt beim Einchecken – und dazu noch am separaten Schalter? Auf Luxusschiffen eine Selbstverständlichkeit. Aber auch auf Schiffen des Massenmarktes ist dies für einige Privilegierte möglich. Das Zauberwort heißt: Schiff im Schiff. Es ist ein Suitenbereich, der abgetrennt vom Rest des Schiffes auf den obersten Decks eingerichtet ist. Eine Welt für sich, bei einigen Reedereien wie MSC oder NCL mit Schwimmbad, privaten Sonnendecks, Lounges und eigenem Restaurant. Butler servieren hier mit weißen Handschuhen den Nachmittagstee, helfen beim Kofferpacken. Sie oder der Concierge reservieren Plätze im Restaurant oder Theater, buchen Landausflüge.
Zu diesem Bereich schwebt der Gast bei einigen Schiffen sogar im privaten Aufzug, für den die Kabinenkarte das Sesam-öffne-Dich ist. Die jeweilige Lounge ist in der Regel stets gut bestückt mit Snacks und Getränken.

Der feine Unterschied: Manche Bereiche auf Schiffen sind nur für Clubmitglieder zugänglich.

Hier die wichtigsten Programme:

Norwegian Cruise Line

Die amerikanische Reederei gilt als Erfinder des modernen Schiff-im-Schiff-Konzeptes. Die Suiten sind um einen privaten Innenbereich mit Pool angeordnet. »The Haven« zieht sich mit einem eigenen Restaurant und Bar über drei Decks. Auch ein Teil des Sonnendecks ist privat. Verschiedene Extrapakete wie Internet, Getränke oder die Spezialitätenrestaurants sind inkludiert.

MSC Kreuzfahrten

Ein privater Aufzug bringt die Gäste zum »Yachtclub« mit seinen Kristalltreppen, dem Restaurant und der TopSail-Lounge, beide mit Panoramablick aufs Meer (bei den neueren Schiffen). Auch zum Aurea Spa gibt es einen direkten Zugang, hier ist der Thermalbereich mit Sauna und Dampfbad kostenfrei. Am Außenpool befindet sich eine kleine Bar. MSC hat mit seinem Yachtclub viel Erfolg – und wohl selber Appetit auf den Luxusmarkt bekommen. Die italienische Reederei orderte gerade vier kleinere Schiffe im Fünf-Sterne-Bereich.

Cunard Line

Tradition verpflichtet: Auf den Schiffen von Cunard hat es schon immer mehrere Klassen gegeben. Die Queens- und Princess-Suiten haben auf allen Queens (Queen Mary 2, Queen Elizabeth und Queen Victoria) eigene Restaurants, Lounges, Sonnendeckbereiche und Innenhöfe. Butlerservice ist bei den großen Suiten selbstverständlich wie das personalisierte Briefpapier.

TUI Cruises

Jeder Suitengast auf der Mein-Schiff-Flotte hat Zugang zur »X-Lounge«. Ein hochwertiges Büfett bietet Kaviar, Canapés und Salate, nachmittags Kuchenspezialitäten, dazu gibt es u.a. auch Champagner von der Open Bar. Bequeme Sitzmöbel, dazu ein Außenbereich und Concierge-Service.

Sesam öffne dich! Meist stehen die exklusiven Lounges Gästen hochpreisiger Suiten zur Verfügung.

AIDA Cruises

AIDAprima, AIDAperla und AIDAnova bieten exklusive Suitenbereiche für die Gäste der Premium-Suiten wie auch der Junior Suiten. Dazu gehört auch die AIDA Lounge, ein privater und ruhiger Rückzugsort, wo stets Getränke und Snacks zur Verfügung stehen. Der Concierge-Service beinhaltet auch die Buchung besonderer Ausflüge oder Tischreservierungen an Bord oder an Land.

Fast alle amerikanischen Reedereien bieten ihren Suiten-Passagieren mittlerweile eine eigene Lounge, z. B. Celebrity Cruises (»The Retreat«), Royal Caribbean (»Concierge Club«), Holland America Line (»Neptune Club«).

TIPPS UND INFOS – GUT ZU WISSEN

SCHIFFS-ABC

Von Achtern bis Zodiac: Mit diesen Vokabeln finden sich Passagiere an Bord gleich besser zurecht.

Achtern ... kommt aus dem Niederdeutschen und heißt hinten
All-inclusive ... suggeriert, dass alle Leistungen an Bord im Reisepreis inbegriffen sind. Das ist jedoch meist nicht der Fall. Die tatsächlichen Leistungen sind in den Reiseunterlagen oder online einzusehen. Meist sind hochwertige Getränke, Landausflüge und Spa-Behandlungen kostenpflichtig.
Backbord ... ist links und wird durch eine rote Positionslampe kenntlich gemacht.
Brücke ... ist das Reich des Kapitäns und seiner Offiziere. Von hier aus wird das Schiff gesteuert. Auf kleineren Schiffen werden Passagiere auf dem Kommandostand geduldet, bei den großen ist er tabu.
BRZ ... ist die Abkürzung für »Bruttoraumzahl« und die Nachfolge-Einheit für die zuvor verwendete, für viele geläufigere Bruttoregistertonne (BRT).
Bug ... bezeichnet die vordere Spitze des Schiffs, Heck den hinteren Teil.
Cruise Director ... ist für das gesamte Unterhaltungsprogramm an Bord verantwortlich und steht als Moderator der Abendshows gerne selbst auf der Bühne.
Bullauge ... bezeichnet das runde Kabinenfenster.
Deck ... bezeichnet die Stockwerke eines Passagierschiffs. Jedes Deck ist mit einer Nummer und einer Farbe gekennzeichnet – so fällt die Orientierung leichter.
Dock ... ist die Anlegestelle eines Schiffs. Wird auch Pier oder Kai genannt.
Dresscode ... ist die täglich wechselnde Bekleidungsvorschrift und reicht von casual (leger) über smart casual (sportlich-elegant) bis formal (Abendrobe, Smoking). Allgemein haben sich die Bekleidungsvorschriften in den letzten Jahren stark gelockert.
Gangway ... ist die Treppe oder der Steg, der als Zugang zum Schiff dient.
Kabine ... ist das private Reich an Bord, ist auf den meisten (neueren) Schiffen recht geräumig und hat gegen Aufpreis sogar einen Balkon. Luxus-Varianten sind Suiten, die es auf manchem Ozeanriesen auch in Maisonette- oder Penthouse-Ausführung gibt. Am preiswertesten sind Innenkabinen.
Kapitänstisch ... ist dem wichtigsten Mannes an Bord vorbehalten. Die Kapitäne entscheiden selbst, ob und wie oft sie dort tafeln und Gäste zu sich an den Tisch einladen.
Knoten ... ist die Geschwindigkeitseinheit für Hochseeschiffe. Sie sind meist zwischen 18 und 25 Knoten schnell (1 Kn = 1852 m/Stunde). Das entspricht 33 bis 46 Stundenkilometer.
Kurs ... bezeichnet die Fahrtrichtung des Schiffes. Gemessen wird in Grad.
Lotse ... ist der Mann, der dem Kapitän durch schwierige Fahrtgebiete hilft, dort jede hinderliche Sandbank und jedes Riff kennt.
Reling ... ist das Geländer auf einem Schiff – im Film »Titanic« in einer dramatischen Szene mit Kate Winslet und Leonardo Di Caprio zu Hollywood-Ehren gekommen.
Seenotrettungsübung ... ist Pflicht, dauert keine 20 Minuten und findet immer vor

DIE GROSSEN PLAYER DER KREUZFAHRT-BRANCHE

Vier starke Konzerne teilen 90 Prozent der Schiffskapazität unter sich auf

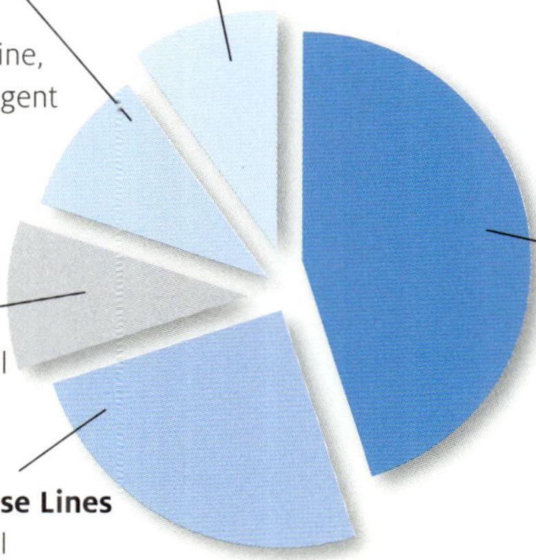

Norwegian Cruise Line Holdings
- ca. 10 % Marktanteil
- 27 Schiffe
- Norwegian Cruise Line, Oceania Cruises, Regent Seven Seas Cruises

MSC Crociere
- ca. 10 % Marktanteil
- aktuell 17 Schiffe, 12 Neubauten bis 2027

Sonstige Anbieter
- ca. 10 % Marktanteil

Carnival Corporation
- ca. 45 % Marktanteil
- mehr als 100 Schiffe
- AIDA, Costa Crociere, Carnival Cruise Lines, Princess Cruises, Holland America Line, Cunard, Seabourn, P&O Cruises, P&O Australia

Royal Caribbean Cruise Lines
- ca. 25 % Marktanteil
- 43 Schiffe
- Royal Caribbean International, Celebrity Cruises, Azamara; Anteile an TUI Cruises und Silversea Cruises

oder kurz nach dem ersten Auslaufen statt. Schwänzen zwecklos. Sie werden ausfindig gemacht und müssen »nachsitzen«.

Seetag ... ist für viele das Schönste auf einer Kreuzfahrt, weil man entspannen kann, ohne einen Landausflug zu verpassen.

Shuffle Board ... ist ein unausrottbarer Kreuzfahrt-Klassiker, bei dem auf einer länglichen Spielbahn Scheiben (Discs) mithilfe eines Schiebers (Cues) hin und her geschoben werden.

Smutje ... war früher die Seemannsbezeichnung für den Koch. Heute ist der oberste Koch an Bord eher ein Großküchenmanager, der Dutzende Mitarbeiter aus unzähligen Nationen dirigieren muss.

Stabilisator ... ist eine segensreiche Erfindung, der das Schiff auch bei Seegang einigermaßen im Gleichgewicht hält.

Staff Captain ... ist der zweite Mann an Bord, der sich Seite an Seite mit dem Kapitän um alles Nautische und um die Managementaufgaben kümmert.

Steuerbord ... ist rechts und durch eine grüne Positionslampe kenntlich gemacht.

Tender ... heißen die Rettungsboote, die jedes Kreuzfahrtschiff mit sich führt.

Windstärke-Skala ... von 0 bis 12 gibt Auskunft darüber, wie stark der Wind weht. Stufe 0: Windstille bzw. nautische Stille, Stufe 12: Orkan.

Zahlmeister ... ist der Mensch, der das Geld verwaltet und die Extra-Ausgaben für die Passagiere am Ende der Reise zusammenrechnet.

Zodiac ... bezeichnet ein kleines Schlauchboot mit Motorantrieb. Sie werden hauptsächlich bei Expeditionskreuzfahrten eingesetzt, um die Passagiere an einen Ausflugsort zu transportieren.

KNIGGE AN BORD – BITTE NICHT!

Auch auf einem Kreuzfahrtschiff läuft das Miteinander viel reibungsloser, wenn man sich an ein paar Regeln hält:

Den Kapitän nicht warten lassen

Pünktlichkeit ist die Höflichkeit der Könige – und der Kapitäne. Auf Kreuzfahrtschiffen kann der lasche Umgang mit der Uhr fatale Folgen haben. Wer bei individuellen Landausflügen den Ablegetermin verpasst, hat das Nachsehen und muss sich selbst darum kümmern, wie er den nächsten Hafen erreicht. Wer an einem organisierten Landausflug teilnimmt, hat diesen Stress nicht. Der Kapitän wartet, bis die letzte Gruppe an Bord ist. Erst dann wird die Gangway eingeholt.

Seenot-Rettungsübung nicht schwänzen

Die Seenot-Rettungsübung zu Beginn der Reise ist international vorgeschrieben und für jeden Passagier Pflicht. Schwänzen wird nicht toleriert. Daher: brav mit der Schwimmweste pünktlich am zugewiesenen Sammelpunkt erscheinen Sonst wird man wiederholt über Lautsprecher aufgerufen – ein denkbar schlechtes Entrée.

Umgang mit Tischnachbarn

Bei festgesetzter Tischordnung sollte man sich seinen Tischnachbarn vorstellen. Sollte einem die Gesellschaft partout nicht zusagen, wendet man sich an den Restaurantchef. Meist bekommt man einen anderen Tisch zugewiesen.

Fön & Kerzen zu Hause lassen

Sicherheit wird an Bord großgeschrieben. Mit Feuer auf einem Schiff ist nicht zu spaßen, deshalb sind die Regeln streng. Rauchen in den Kabinen, Kerzen oder Räucherstäbchen sind bei allen Reedereien verboten. Auch Haarfön, Lockenstab oder Bügeleisen können einen Brand verursachen und dürfen nicht an Bord. Den Fön gibt es in der Kabine, und der Bügelservice macht zerknitterte Kleidung schnell wieder fit.

Bordkarte nicht verschludern

Das Kärtchen mit Foto ist Zimmerschlüssel, Zahlungsmittel und Ausweis zugleich und soll immer mitgeführt werden. »Ohne« kann man das Schiff weder verlassen noch betreten.

Liegestühle nicht reservieren

Verpönt an den Stränden und Pools dieser Welt – und auch auf Kreuzfahrtschiffen. Mit dieser Unsitte handelt man sich abfällige Blicke der Mitreisenden ein, und oft sammelt das Personal die ausgelegten Handtücher einfach ein.

Kein Schlabberlook im Restaurant

Auch wenn sich die Bekleidungsvorschriften/-empfehlungen deutlich gelockert haben, sollte man nicht in Shorts, T-Shirts oder Tanktops im Speisesaal erscheinen. Das wird nicht einmal auf Clubschiffen gerne gesehen.

Keinen Alkohol an Bord schmuggeln

Alkoholische Getränke werden in der Regel bei Betreten des Schiffs abgenommen und dem Passagier am Ende der Reise wieder ausgehändigt. Natürlich wollen die Reedereien, dass die Passagiere Getränke an Bord bestellen, zumal die Preise meist unter den üblichen Barpreisen liegen. Doch Geiz macht offenbar erfinderisch und verleitet manche Passagiere zu der Unsitte, Spirituosen in Wasser oder Rasierwasserflaschen zu füllen.

STICHWORT OVERTOURISM

Dubrovnik, Santorini, Venedig – viele beliebte Kreuzfahrtdestinationen ächzen unter explodierenden Passagierzahlen, verursacht durch immer mehr Schiffsanläufe. Da die Reedereien in harter Konkurrenz zueinander stehen, sehen sie sich nicht in der Lage, ihre Fahrpläne aufeinander abzustimmen, um die Häfen zu entlasten. Doch inzwischen reagieren die ersten Behörden an Land und begrenzen die Zahl der täglichen Besucher: Vor Dubrovnik dürfen seit Jahresanfang nur noch zwei Kreuzfahrtschiffe pro Tag mit maximal 5 000 Passagieren auf Reede liegen. Auch Santorin und Bergen haben bereits Höchstgrenzen festgelegt. Barcelona, Venedig und Amsterdam steuern mit einer neuen Eintrittsgebühr gegen. Gerade in diesen großen Städten machen die Kreuzfahrtpassagiere jedoch oft nur einen Bruchteil der Touristenflut aus.

UMWELT: NACHHALTIGKEIT IST KEINE HEXEREI

Etwa 100 Tonnen Treibstoff benötigt ein Kreuzfahrtschiff pro Tag. Früher war es Schweröl, heute ist es Marinediesel und demnächst überwiegend verflüssigtes Erdgas – kurz LNG. In der globalen Schifffahrt haben Reeder von Fähr- und Kreuzfahrtschiffen die Rolle der Vorreiter übernommen. 2010 begann die Meyer Werft mit den Planungen für den Bau eines LNG-Kreuzfahrtschiffes. 2018 kam es als AIDAnova in Fahrt. Der Antrieb ist aber nur ein Baustein. Der Einbau neuester Klimatechnik, LED-Beleuchtungstechnik und einer digitalisierten Messtechnik mit Tausenden Sensoren sorgen für Einsparungen. Der Einbau modernster Abwasseraufbereitungsanlagen, Müllsortierung und Wertstoffaufbereitung sind Teil der Ausrüstung. Die Nutzung der Abwärme der Diesel-Generatoren ist auf Kreuzfahrtschiffen heute genauso Standard wie Elektromotoren als Antriebsmotoren für die Propeller. Weitere Maßnahmen sind innovative Rumpfformen, neue Unterwasseranstriche mit Silikonanteil und natürlich die Nutzung der Wetterkarten für die Routenplanung. Moderne Vorschiffe helfen bei optimierten Geschwindigkeiten zur Reduzierung des Energiebedarfs, wenn sie die Wellen mit wenig Widerstand zerteilen. Neue Formen der Propeller sorgen außerdem dafür, dass Treibstoff gespart werden kann. Aber auch in Restaurants und Bars ist der Geist der Nachhaltigkeit eingezogen. Strohhalme, Einwegbesteck und Folien sind inzwischen auf modernen Schiffen durch Produkte aus biologisch abbaubaren Materialien ersetzt. Was früher ins Meer gelangte, wird heute verbrannt und wieder in Energie umgewandelt.
Der Passagier kann sich über den Stand der Nachhaltigkeit bei fast allen Kreuzfahrt reedereien informieren.

EINBLICKE HINTER DIE KULISSEN

Wer sich für die organisatorischen Abläufe im Crewbereich interessiert, kann bei einigen Reedereien eine »Behind the scenes«-Tour buchen. Auf den Schiffen der AIDA-Flotte lernt man beispielsweise für 29,50 Euro pro Person die Küche und den Proviantbereich kennen. Bei Norwegian Cruise Line geht es zusätzlich noch in die Wäscherei und hinter die Theaterbühne, Kostenpunkt: 79 US-Dollar pro Person. Auch TUI Cruises bietet eine derartige Tour an, Erwachsene zahlen 79 Euro pro Person, Teenager 69 Euro und Kinder bis 13 Jahre nehmen kostenfrei teil.

THEMENKREUZFAHRTEN: MUSIK & MEHR

Musikliebhaber oder Gourmets, Fitness- oder Tanzfans, FKK-Anhänger oder die bunte Regenbogen-Community: Für sie gibt es spezielle Kreuzfahrten. Oft sind die Reedereien selbst die Veranstalter, in manchen Fällen sind es andere Anbieter, die diese Schiffe chartern. Hier ein beispielhafter Rundumschlag an Angeboten. Einige werden jedes Jahr neu aufgelegt und haben bereits Kultstatus erworben. Manche werden einmalig angeboten.

TUI Cruises zünden mit ihren **Musikkreuzfahrten** ein Feuerwerk nach dem anderen: Schon seit Jahren legt die Mein Schiff-Flotte als **Schlagerliner** zu Kurzreisen ab, an Bord namhafte Chart-Stürmer, die für Partystimmung am laufenden Band sorgen. Demnächst stechen die Mitglieder der Kelly Family mit ihren Fans auf der Mein Schiff 3 in See. Mit Schlagerstars wie Tony Marshall sticht MS Berlin (FTI Cruises) ins Mittelmeer. Und Rock 'n' Roll Legende Peter Kraus sorgt bei der Schlagerkreuzfahrt der Costa Pacifica für gute Laune.

Ebenfalls Tradition hat die **Full Metal Cruise** von TUI Cruises, bei der acht bis zehn Heavy-Metal-Bands auf einem Schiff voll mit entfesselten Headbangern unterwegs sind und es vier Tage lang krachen lassen. Ultimativer Szene-Höhepunkt auf See ist der Heavy-Metal-Klassiker 70 000 Tons of Metal: Tausende Headbanger und 60 Bands cruisen auf einem der Riesenschiffe von Royal Caribbean Cruise Line (RCCL) von Florida für vier Tage in die Karibik.

Neu bei TUI Cruises ist der **Jeckliner**, eine schwimmende Karnevalshochburg. Jecken, die nicht ein ganzes Jahr auf den nächsten Rosenmontag warten wollen, schaukeln und schunkeln durchs Mittelmeer.

Udo Lindenberg mit seinem Panikorchester ist der gefeierte Star bei den **Rockliner-Kreuzfahrten**. Deutschlands Rock-Legende scheint ein ausgesprochener Kreuzfahrt-Fan zu sein, hat er doch schon die Bühnen auf Schiffen der Cunard Line oder auf MS Europa zum Beben gebracht. Bei der **Country Music Cruise** der Ocean Majesty im Mittelmeer sind zahlreiche Country Bands mit an Bord und laden zum Dauer-Schwofen ein. Dieses Angebot gibt es bei dem Schweizer Veranstalter Hotelplan Suisse. Auch Norwegian Cruise Line macht mit einer Outlaw-Country-Kreuzfahrt von sich reden.
Großen Anklang bei Freunden **klassischer Musik** findet das Ocean Sun Festival auf der Europa. Renommierte Solisten und

Ensembles geben Konzerte in intimer Atmosphäre an Bord oder bei Auftritten an außergewöhnlichen Orten an Land.
Mit ihren **Golfkreuzfahrten** hat sich Hapag-Lloyd Cruises einen Namen gemacht. Auf den abwechslungsreichen Reiserouten steuert z. B. die Europa 2 die schönsten Grüns der Welt an. Die Gäste werden von PGA Professionals betreut. An Bord können sie an zwei hochmodernen Golfsimulatoren trainieren.

Außerdem im Angebot: **Gartenreisen**. An Bord stimmen Experten die Passagiere mit spannenden Vorträgen zum Thema Pflanzen und Gartenkunde ein. An Land steht das Erkunden von Parkanlagen im Vordergrund. Auch die Reederei PONANT bietet Gartenreisen an, z. B. in England.

Essen und Trinken spielt auf Seereisen eine gewichtige Rolle. Daher ist das große Angebot an **Gourmet- und Weinkreuzfahrten** nur folgerichtig. Internationale Spitzenköche sorgen für kulinarische Höhenflüge.

Gut essen ohne Gewichtszunahme versprechen die **Weight Watchers Kreuzfahrten**, die z. B. auf der MSC Seaview angeboten werden. In allen neun Restaurants des Schiffs gibt es Mahlzeiten nach dem WW-Punkte-Prinzip.

Auch bei **Tanzkreuzfahrten** (z. B. auf den Schiffen von Cunard oder MSC) sollte es keine Probleme mit Gewichtszunahme geben.

Wer Freude an Bewegung hat, ist beim **Fun Sport Special** von AIDA gut aufgehoben. Bei Bungee-Fitness, Zumba, Jumping, Yoga, Workshops und Vorträgen von Ernährungsberatern kommt auch der Spaß nicht zu kurz.
Für Cineasten stößt die **»Star Trek« Karibik-Kreuzfahrt** des Anbieters Entertainment Cruise Productions vielleicht auf Interesse. Mit an Bord auf der jüngsten Karibikreise der Norwegian Jade waren zahlreiche Star-Trek-Darsteller. 2020 findet die vierte »Star-Trek«-Kreuzfahrt an Bord der Explorer of the Seas von Royal Caribbean statt.
Begehrt als Experten an Bord sind Profi-Fotografen auf **Natur- und Fotokreuzfahrten**. Beispielsweise kooperiert Hurtigruten mit der Canon Academy. Das Angebot richtet sich sowohl an Hobbyfotografen wie an Profis.

Im Zeichen von **Mode** steht eine Transatlantikreise der Queen Mary 2. Catwalk-Shows, Talks mit namhaften Modeschöpfern und Nachwuchsdesignern sowie Events rund um Mode ziehen sich wie ein roter Faden durch die Reise von New York bis Southampton.

Großer Beliebtheit erfreuen sich Kreuzfahrten für die **Regenbogen-Community** – mittlerweile unter der Abkürzung LGBTQ, also lesbisch, gay (schwul), bisexuell, transgender, queer. Zu ausgewählten Terminen brechen Schiffe mit hauptsächlich Männern an Bord (der Frauenanteil liegt erfahrungsgemäß bei unter zehn Prozent) zu den schönsten Kreuzfahrtrevieren auf, ob Mittelmeer, Karibik oder Alaska.

FKK-Anhänger können ihre Freude am textilfreien Urlaub auch auf hoher See ausleben. Mit dabei für diese Zielgruppe: Großsegler wie die Royal Clipper, kleinere Schiffe wie die Paul Gauguin (332 Passagiere) oder das »Big Nude Boat«, für den Veranstalter wie Bare Necessities ein Schiff von Celebrity Cruises oder Carnival Cruise Line chartern.

FAMILIEN AN BORD

Eine Kreuzfahrt kann der ideale Familienurlaub sein – wenn man das richtige Schiff auswählt. Die Angebote der Reedereien variieren zum Teil stark.

Die Kinder vergnügen sich im Spielzimmer, Papa kann zum Sport, und Mama gönnt sich eine Massage – Kreuzfahrten sind ein Reisekonzept, bei dem alle Familienmitglieder auf ihre Kosten kommen. Doch vor der Reise steht die Buchung, und Kinderermäßigungen sind nicht bei allen Reedereien selbstverständlich. Ein detaillierter Preisvergleich hilft, Kosten zu sparen.

Die deutschen Big Player AIDA und TUI Cruises arbeiten mit günstigen Kinderfestpreisen, wenn die Kinder in der Kabine der Eltern untergebracht sind. Auch Cunard, Holland America Line und Royal Caribbean bieten Kinderermäßigungen an. Allerdings erwarten diese Reedereien Trinkgelder in voller Höhe für alle Familienmitglieder.

Die attraktivste Preispolitik für Familien fährt Costa Kreuzfahrten: Zwei Kinder im Alter von bis zu 17 Jahren fahren in der Kabine der Eltern auf fast allen Routen kostenfrei zum Katalogpreis mit. Auch MSC bietet diese Regelung auf vielen Reisen an. Weiterer Pluspunkt: Bei beiden Reedereien wird für Kinder nur der halbe Trinkgeldsatz berechnet.

Neben dem Preis muss natürlich auch das Angebot an Bord stimmen. Einige Reedereien im oberen Preissegment – wie Oceania oder Silversea Cruises – wenden sich eher an Paare als an Familien. Spezielle Angebote für Familien sucht man hier

vergebens. Andererseits heißt das Luxusschiff Europa 2 wiederum insbesondere in den Ferienzeiten auch Familien willkommen und bietet Kinderbetreuung sowie Familien-Apartments. Auch MSC Kreuzfahrten, AIDA und Costa haben Familienkabinen im Angebot. Viele Reedereien punkten zudem mit einem Activity-Deck inklusive Wasserrutsche und Klettergarten. Und in Familienrestaurants gibt es immer mehr auch Büfetts auf Kinderhöhe.

Bei der Kinderbetreuung gibt es große Unterschiede. Meist findet sie in unterschiedlichen Altersgruppen ab drei Jahren statt. Manche Reedereien – wie TUI Cruises oder MSC – haben sogar spezielle Räume, in denen sich auch Eltern mit Kindern unter drei Jahren aufhalten können. MSC bietet einen Babysitter-Service für Kinder zwischen einem und drei Jahren an. Das

Mindestalter für die Mitnahme von Babys liegt bei den meisten Reedereien bei sechs Monaten, auf Strecken mit drei oder mehr Seetagen in Folge erhöht es sich auf zwölf Monate. MSC, AIDA und TUI Cruises haben zudem spezielle Landausflüge für Familien im Programm, neuerdings auch Costa Kreuzfahrten.

Ganz auf Kinder ausgerichtet ist die Disney Cruise Line. Auf den US-amerikanischen Schiffen dreht sich alles um Mickey, Goofy & Co, und es gibt sogar ein Deck mit extra niedrigen Decken, damit die Kleinen sich mal groß fühlen können.

ONLINE AUF HOHER SEE

Während Internet-Flatrates an Land längst eine Selbstverständlichkeit sind, hapert es auf hoher See oftmals noch mit den Übertragungsraten. Der Grund hierfür liegt in den Satellitenverbindungen, die die Schiffe nutzen: Sie sind langsamer und teurer. Doch die Reedereien arbeiten fieberhaft an besserer Technik. Für die Nutzung von Social-Media-Angeboten wie Facebook oder Whatsapp und teilweise auch für das Abrufen von E-Mails gibt es bei vielen Anbietern inzwischen Flatrates zu attraktiven Preisen. Wer auf Internetseiten zugreifen will, muss hingegen weiterhin Volumen- oder Datenpakete buchen. Das mobile Netz des eigenen Providers ist auf hoher See keine Alternative, denn hierfür fallen horrende Kosten an. In Küstennähe kann sich das Handy hingegen oft ins Landnetz einwählen, dann profitiert man innerhalb der EU vom kostenlosen Datenroaming. Die günstigste Alternative für die Internetnutzung auf Kreuzfahrt ist die Zeit des Landgangs. In vielen Häfen gibt es kostenloses WiFi.

TIPPS FÜR SPARFÜCHSE

Clever buchen und viel Geld sparen. So wird die Kreuzfahrt zum Schnäppchen

Angebote vergleichen

Für ein- und dieselbe Kreuzfahrt werden von unterschiedlichen Zwischenhändlern unterschiedliche Preise verlangt. Über Vergleichsportale wie Cruise24.de, Dreamlines.de, E-hoi.de, kreuzfahrten.de oder kreuzfahrtberater.de. kann man sich einen Überblick verschaffen.

Augen auf bei Nebenkosten

Welche Leistungen sind im Pauschalangebot enthalten? Das verlockendste Schnäppchenangebot für ein paar hundert Euro ist Augenwischerei, wenn jede Kleinigkeit extra berechnet wird. Getränkepauschalen können eine attraktive Lösung sein. Je nach Konsumverhalten und Getränkevorlieben betragen sie ca. 15 bis 50 Euro pro Tag.

Anreisekosten

Irgendwie müssen Sie zum Schiff kommen. Dafür bieten die Reedereien Anreisepakete an, zum Beispiel Flug und Vorübernachtung in einem Hotel am Hafen. Billig sind diese Angebote allerdings nicht. Wer die Anreise selbst in die Hand nimmt, kann oft viel Geld sparen. An- und Rückreise zum Schiff mit der Bahn oder einem Fernbus können sich als günstige Alternativen erweisen. Nachteil: Das Schiff wartet nicht, wenn es zu einer Verspätung kommt.

Überführungsreisen

Richtige Schnäppchen sind sogenannte Überführungsfahrten, wenn Schiffe etwa von ihrem winterlichen Einsatzrevier in der Karibik ins Mittelmeer verlegt werden.

Solche Törns, auch Repositionings genannt, kosten oft nicht mal die Hälfte des normalen Preises. Oft fällt auch kein Zuschlag für die Einzelkabine an.

Minikreuzfahrt als See-Test

Um herauszufinden, ob eine Kreuzfahrt die richtige Urlaubsform ist und ob man seefest ist, bucht man am besten eine Schnupper- oder Minikreuzfahrt. Solche Angebote gibt es bereits ab drei Nächten, zum Beispiel in der Ostsee.

Frühbucherrabatte und Last-Minute-Angebote

Wie bei anderen Pauschalreisen auch, werden Gäste, die sich sehr früh entscheiden und buchen, mit attraktiven Rabatten gelockt. Wer flexibel ist und auf Schiff und Route nicht festgelegt ist, findet vermehrt auch lukrative Last-Minute-Offerten. Eine bewährte Maßnahme von Reedereien, um leere Kabinen zu füllen.

Landausflüge selbst organisieren

Kenner wissen: Da lassen sich schnell Hunderte Euro sparen. Die Stadtrundfahrten und Bustouren der Reederei kosten nämlich schnell 100 Euro und mehr pro Tag. Wer selbst plant und eine Hafenstadt beispielsweise mit dem Linienbus erkundet, kann sein Geld später beim Einkaufen oder in einem guten Restaurant ausgeben. Aber Achtung: Sie sind dann auch selbst dafür verantwortlich, pünktlich zurück an Bord zu sein.

Eine Glückskabine buchen

Lass dich überraschen: Man bucht lediglich eine Kabinen-Kategorie, z. B. innen, außen, oder Kabine mit Balkon, und wartet, was aus dem normalen Verkauf übrig bleibt. Das ist im schlechtesten Fall die Kabine über dem Maschinenraum, aber mit Glück auch die teure Balkonkabine, die zum doppelten Preis keinen Liebhaber fand. Eine Abstufung der gewählten Kategorie ist nicht zu befürchten, dafür stehen die Chancen auf ein Upgrading gut. Das kleine Lotteriespiel wird auf jeden Fall mit einem niedrigen Reisepreis belohnt.

AUGEN AUF BEI DER KABINENWAHL

Wer einen leichten Schlaf hat oder zu Seekrankheit neigt, sollte die Kabinenwahl nicht dem Zufall überlassen. Besonders empfehlenswert für empfindliche Passagiere sind Kabinen in der Mitte und auf einem der unteren Decks, hier bewegt sich das Schiff am wenigsten. Weiter vorn können Geräusche der Ankerkette oder des Bugstrahlruders unter Umständen den Schlaf stören. Gäste, die gern früh zu Bett gehen sollten die Nähe zum Treppenhaus meiden: Der Lift ist durch Nachtschwärmer oft bis in die Morgenstunden aktiv. Wer hingegen etwas länger schläft, bucht seine Kabine lieber nicht unterhalb des Joggingtracks auf dem Sonnendeck.

UND WAS IST MIT TRINKGELD?

Wenn es einen Punkt gibt, bei dem sich alle Kreuzfahrtanbieter voneinander unterscheiden, dann sind das die Trinkgeldregelungen. Bei den großen deutschen Anbietern AIDA und TUI Cruises sind die Trinkgelder für die Crew offiziell im Reisepreis inbegriffen, aber darüber hinausgehende Zuwendungen werden selbstverständlich gern gesehen. Bei vielen internationalen Reedereien wird das Bordkonto mit einem empfohlenen Tagessatz belastet, der bei Unzufriedenheit stornierbar ist. Dabei sollte man jedoch bedenken, dass Trinkgelder für viele Crew-Mitglieder ein wesentlicher Bestandteil des Lohns sind. Gut zu wissen: Zusätzlich zum Tages-Trinkgeldsatz wird auf Spa- oder Bardienstleistungen häufig noch ein Serviceentgelt erhoben, das etwa in Höhe einer Mehrwertsteuer liegt.

SEEKRANKHEIT: SCHLUSS MIT LUSTIG

Eine Seefahrt, die ist bekanntlich lustig. Bei Seekrankheit hört der Spaß jedoch schlagartig auf. Tipps, wie sich die Übelkeit vermeiden lässt oder wie ihr beizukommen ist:

Am besten bucht man eine Außenkabine. In Kabinen ohne Fenster ist die Gefahr, seekrank zu werden, besonders groß.

Fetthaltige Mahlzeiten und Alkohol sind zu vermeiden, bevor es an Bord geht. Auch ein leerer Magen reagiert empfindlich auf Seegang. Ideal sind leichte Snacks, Obst und Salat. Abzuraten ist insbesondere von Salami und Rotwein. Grund ist der hohe Histamingehalt. Der Botenstoff spielt bei der Entstehung von Seekrankheit eine zentrale Rolle, indem er das Brechzentrum im Gehirn stimuliert.

Sobald sich Zeichen von Seekrankheit bemerkbar machen, ist man an Deck am besten aufgehoben. Am besten fixiert man den Horizont und verfolgt mit den Augen die Bewegungen in der Umgebung. So kommen visuelle Sinneseindrücke mit dem Gleichgewichtsorgan schneller in Einklang.

Grundsätzlich schaukelt es in der Schiffsmitte am wenigsten, an Bug und Heck am stärksten.

Will es einfach nicht besser werden, dann sollte man den Schiffsarzt aufsuchen. Er verabreicht in der Regel Antihistamine in Form von Tabletten oder Kaugummis. Ein anderes Mittel ist Scopolamin. Es ist z. B. in Pflastern enthalten, die hinters Ohr geklebt werden. In manchen Fällen hilft nur eine Spritze.

Die gute Nachricht: Die Beschwerden klingen nach zwei bis drei Tagen an Bord meist ab, und die lustige Seefahrt kann endgültig beginnen. Im Übrigen sind die meisten Kreuzfahrtschiffe mit Stabilisatoren ausgestattet, die dem großen Schaukeln weitgehend Einhalt gebieten.

KREUZFAHRT TROTZ EINSCHRÄNKUNGEN

Auch mobilitätseingeschränkte Urlauber haben ein von der EU verbrieftes Recht auf eine Beförderung mit Schiffen. Immer mehr Reedereien stellen sich auf die speziellen Bedürfnisse von Menschen mit Behinderungen ein. Blindenschrift, Kabinen für Rollstuhlfahrer und Lifte für das Bad im Pool gehören inzwischen zur Standardausstattung. Costa Kreuzfahrten und Silversea Cruises haben jüngst eine Reihe von Landausflügen für mobilitätseingeschränkte Gäste veröffentlicht. Phoenix Reisen bietet ein Flussschiff, das speziell auf Rollstuhlfahrer eingerichtet ist. Auf Hochseeschiffen gibt es meist nur wenige barrierefreie Kabinen, eine frühe Buchung ist daher empfehlenswert. Spezialveranstalter wie Runa Reisen helfen weiter.

HEIRATEN AUF DEM KREUZFAHRT-SCHIFF: ANKERN IM EHEHAFEN

Ewige Treue schwören auf den Weiten des Ozeans – so verlockend das klingt, so hoch können die bürokratischen Hürden sein. Einer feucht-fröhlichen Hochzeitsfeier steht dennoch nichts im Weg.

Ein Szenario, das romantischer nicht sein könnte: Man steht in festlicher Robe vor dem Kapitän, der die Fragen aller Fragen stellt. Und kurz bevor die Sonne am Horizon im Meer versinkt, fliegt der Brautstrauß über die Reling. Kein Wunder, dass immer mehr verliebte Paare den ehelichen Treueschwur auf hoher See leisten möchten.

So einfach ist es freilich nicht, auf einem Kreuzfahrtschiff rechtskräftig zu heiraten. Entgegen der landläufigen Meinung darf ein Kapitän keine rechtskräftigen Trauungen durchführen und als Standesbeamter fungieren. Ausnahmen sind die Schiffe jener Reedereien, die unter der Flagge Maltas oder der Bermudas fahren. Dazu gehören TUI Cruises, Celebrity Cruises und Azamara (jeweils Malta) sowie Princess Cruises, Cunard Line und P&O Cruises (Bermudas).

Auch an Bord der AIDA-Schiffe können Brautpaare den Bund fürs Leben schließen. In bestimmten Häfen ist das möglich, jedoch nicht auf hoher See. Hochzeitsarrangements an jedem Hochzeitshafen sind stets nur für ein Brautpaar möglich. Die zusammengestellten Arrangements beinhalten ein Rundum-Paket – vom Bügelservice für Anzug und Kleid über den Friseurbesuch, einen Fotoservice von den schönsten Momenten bis hin zum Brautstrauß.

Wer mit dem – zugegeben verlockenden – Gedanken einer Hochzeit auf hoher See liebäugelt, sollte genau überlegen, ob die Trauung tatsächlich amtlich und rechtskräftig auf dem Schiff vollzogen werden soll. Dafür spricht die Tatsache, dass die Hochzeitszeremonie »echt« ist. Allerdings geht mit dieser Entscheidung ein erheblicher Papierkram einher. Da die Hochzeit ja aller Wahrscheinlichkeit nach im Ausland stattfindet, sind die Formalitäten umständlicher, als dies bei der Eheschließung in der Heimat der Fall wäre. So ist beispielsweise ein Ehefähigkeitszeugnis erforderlich, das nur gegen Vorlage einer Reihe von Dokumenten ausgestellt wird. Paare, die diesen Weg gehen wollen, können sich auch bei der Reederei nach einem Hochzeitsplaner erkundigen, der den Heiratswilligen so manche Hürde aus dem Weg räumt.

Wem der Aufwand doch zu groß erscheint, der braucht nicht frustriert zu sein. Denn heiratswillige Paare können sich den

Traum von der Hochzeit auf See ganz ohne Komplikationen erfüllen: Wenn die offizielle Trauung schon vor Antritt der Kreuzfahrt vollzogen wurde, steht einer feierlichen Hochzeitszeremonie auf dem Kreuzfahrtschiff nichts im Wege. Wie wäre es, die Kreuzfahrt als Hochzeitsreise anzutreten und dort, weil doppelt bekanntlich besser hält, das Jawort im Rahmen eines romantischen Fests zu wiederholen. Der Kapitän wird sich nicht lange bitten lassen, den Zeremonienmeister zu geben.

Die Vorteile sind unschlagbar: Man kommt bei einer solchen Feier ganz ohne Papierkram aus, man kann sich spontan dazu entschließen, kann die Feier ganz nach seinen Wünschen gestalten – und gibt vor dem Kapitän das Eheversprechen. Alternativ dazu können Paare während einer Kreuzfahrt ihre Verlobung feiern und wie eine Trauung gestalten: Mit Jawort, Ringtausch und allem Pipapo, jedoch ohne Formalitäten.

Auch gleichgeschlechtliche Paare können sich an Bord trauen lassen, und zwar auf Schiffen, die unter maltesischer Flagge fahren (u.a. TUI Cruises, Celebrity Cruises). Ein entsprechendes Gesetz, das in Malta im Jahr 2018 erlassen wurde, eröffnet diese Möglichkeit.

Besonders beliebt bei Kreuzfahrten: Wenn Ehepaare an Bord ihr Eheversprechen bei einer stimmungsvollen Feier wiederholen oder ihren Hochzeitstag feiern. Auch hier steht von behördlicher Seite nichts im Weg. Der Bordpfarrer ist beim Organisieren gerne behilflich - doch nicht jede Reederei hat einen Bordgeistlichen. Es gibt also viele Möglichkeiten für Paare, ihre Liebe auf hoher See zu zelebrieren und den Hafen des Glücks anzusteuern.

Register

Titel: **Shutterstock**: Denis Belitsky
@PhoenixReisen: 012-013, 017 – **AIDA Cruises**: 003, 060-061, 064, 234-235 – **Alamy Stock Photo**: **imageBROKER**: 038, Joerg Joerns 041_2, **National Geographic Image Collection**: 224, Stefano Politi Markovina 225 – **Angelika Bucerius**: 090-091, 095 – **Anthony Smith**: 238 – **AWL Images Ltd**: Jason Langley 194_1, Marco Bottigelli 111_1, Michele Falzone 154 – **Christopher Ison Photography for Cunard**: 053_2 – **Crystal Cruises**: 087, 159 Ian Schemper 161 – **Cunard**: 052, 053_1, 241 – David Vargas 149_4 – **fotolia**: Vrej Gyozalyan 093_2 – **Getty Images**: Corbis Documentary 075_1, Daryl Benson 171, David Tipling 124-125, ferrantraite 089, Henk Goossens 177_1, James D. Morgan 140, Kjell Linder 150, Lonely Planet Images 194_2, 220, VW Pics 130, Wolfgang Kaehler 129_4, **Hapag-Lloyd Cruises:** 078, 080, Christian Wyrwa 236 – **Huber Images**: Bäck 083, Bertsch 223_2, Gräfenhain 051, 164, Maurizio Rellini 193_1, Pietro Canali 036 – **imago images**: CHROMORANGE 050, Design Pics 151, robertharding 169_2 – **John Bozinov**: 238-239, 239 – **laif**: Christian Heeb 174-175, 179, Decoin/Le Figaro Magazine 252, Kirchgessner 132, 134, Patrice Hauser/hemis 162-163, RHPL/robertharding 193_2, RIEGER Bertrand /hemis 196 – **Lauren Farmer**: 116 – **Look**: Christian Bäck 230, Heinz Wohner 193_3 – **Marco Ricca**: 149_2 – **mauritius Images**: 178, age fotostock 070, 074, Alaska Stock 072, Dave G. Houser/Alamy 073, Design Pics Inc/Alamy 233, John Peter Photography/Alamy 031, Neil Watkin/Alamy 034 – **Michael S. Nolan**: 147 – **Michael Wolf/enapress.com**: 018, 022, 041_1, 045, 047_1, 053_3, 055, 056, 057, 058, 059, 071, 075_2, 084, 086, 098_2, 105, 107, 108, 112, 152, 180-181, 182_1, 182_2, 184, 205, 211, 212, 213, 216-217, 219_1, 219_2, 219_3, 219_4, 219_5, 221, 231_1, 231_2, 232, 237 – **MSC Seaside**: Ivan Sarfatti 042-043, 065, 069 – **Peggy Günther**: 201 – Ponant: François Lefebvre 122 – **PressCenter Royal Caribbean International/SBW-Photo**: 044, 047_2, 048, 049 – **Ralph Lee Hopkins**: 144-145, 168, 169_1 – **Sea Cloud Cruises GmbH**: 172-173, 189_2, 189_3, 253, Dirk Weyer-Fotografie 188, 189_1, Frank-Michael Arndt 187 – **SeaDream Yacht Club**: 076-077, 096, 097 – **Shutterstock.com**: Alexey Suloev 024, Allard One 208, Anastasia Mazureva 197_2, Andrea Sirri 100-101, Andrey Shcherbukhin 026-027, anek.soowannaphoom 229_2, Antonis Kanaris 030, Baturina Yuliya 214_2, Brendan van Son 223_1, Catarina Belova 214_3, DonLand 153, edusma7256 229_3, Estea 029, f11photo 222, FamVeld 250, Foto 4440 123, Georgios Tsichlis 032, Gimas 215, Huy Thoai 197_3, Jakub Barzycki 016, Jan Bures 136, Jarmo Piironen 167, kavalenkava 010-011, Ken Phung 014, KOSTAS TSEK 177_2, marekuliasz 190-191, Martin M303 226, Martin Valigursky 143, maziarz 198-199, Miazyou 066-067, Nanisimova 081, 082, OPIS Zagreb 156-157, OSTILL is Franck Camhi 098_1, Panuvat Ueachananon 214_4, Pecold 207, Richard Cavalleri 035, S.Borisov 088, SantiPhotoSS 229_1, Seqoya 227, Sergey Dzyuba 214_5, Simon Dannhauer 135, Songquan Deng 085, StevanZZ 195, Ttstudio 200, 202, Umomos 142, Uskarp 214_1, Vlada Zhi 093_1, Von 079, vulcano 021, WitR 197_1 worldclassphoto 197_4 – **Silhouette Cruises**: 114-115 – **Silversea Cruises**: 104 – **Stewart Cohen**: 149_1 – **stock.adobe.com**: Aleh Varanishcha 106, Betty Sederquist 129_2, djekker 209, emperorcosar 139, JFL Photography 102-103, jotily 194_3, Maridav 126, 129_3, National Parked 129_1, Olena Z 111_2, todoryankov 160 – **Studio Ponant**: Laureen Robert 120-121 – **Sven-Olof Lindblad**: 149_3 – **TUI Cruises**: 008, 009, 028, 240, Ulrich Schaarschmidt 246

Impressum

Herausgeber: GRÄFE UND UNZER Verlag GmbH, Postfach 86 03 66, 81630 München

Autoren:
Michael Wolf (Hrsg.), sowie: Frank Behling (S.65-69), Ingrid Brunner (S.144-149, 162-167), Dr. Angelika Bucerius (S.90-95), Beat Eichenberger (S.44-49, 132-137), Grégory Gérault, Roland Mischke (S.138-143), Peggy Günther (S.26-29, 34-37, 50-54, 60-64, 174-179, 198-203), Brigitte von Imhof (S.8-9, 126-130, 192-197, 230-237), Roland Mischke (S.238-239), Peter von Sassen (S.116-119), Dr. Peer Schmidt-Walther (S.38-41), Helmut Stapel (S.18-21), Tristan Terstegen (S.12-17), Michael Zehender (S.120-125); Service (Peggy Günther, Brigitte von Imhof; Umwelt: Frank Behling)

Verlagsredaktion:
Benjamin Happel, Larissa Köpp, Nadia Terbrack, Gernot Schnedlitz, Silke Tauscher
Lektorat: Brigitte von Imhof, Eva Stadler
Satz: Natalia Gospodarek, Eva Stadler
Bildredaktion: Dr. Nafsika Mylona, Gräfe und Unzer Verlag GmbH
Schlusskorrektur: Ulla Thomsen
Layout: Eva Stadler
Gestaltung Titel, Rücktitel: Independent Medien Design, Horst Moser, München
Gestaltung Innenklappen: Patrick Tümmers
Kartografie: Huber Kartografie GmbH, www.kartographie.de
Herstellung: Mendy Willerich
Druck: Drukarnia Dimograf Sp z o.o. (Polen)

GRÄFE UND UNZER

Ein Unternehmen der
GANSKE VERLAGSGRUPPE

ISBN 978-3-95689-513-5
1. Auflage 2020

Leserservice
adac@graefe-und-unzer.de
Tel. 00800/72 37 33 33 (gebührenfrei in D, A, CH)
(Mo–Do 9–17 Uhr, Fr 9–16 Uhr)

Das Routenportfolio der Kreuzfahrtanbieter ist fortlaufend Änderungen unterworfen, weshalb nicht alle in diesem Buch beschriebenen Routen jederzeit buchbar sind. Die hier beschriebenen Routen spiegeln die Erfahrung unserer Autoren wider. Reedereien, Werften und Veranstalter machen zum Teil abweichende Angaben zu den technischen Daten der Schiffe.

Aus Gründen der besseren Lesbarkeit wird in diesem Buch bei Personenbezeichnungen das generische Maskulinum verwendet. Es gilt gleichermaßen für alle Geschlechter.